Wein und Essen
Essen und Wein

Olaf Wilhelm

Wein und Essen
Essen und Wein

Grundregeln und wie man sie bricht

Illustriert von Fabian Lange

Hallwag Verlag Bern und Stuttgart

Lektorat: Eva Zwahlen
Umschlag und Gestaltung: Robert Buchmüller
Satz und Lithos: Utesch GmbH, Hamburg
Druck und Bindung: Franz Spiegel Buch GmbH, Ulm

ISBN 3-444-10554-1

Hallwag

Inhalt

Zweiter Teil

Die wichtigsten Weinbaugebiete, ihre Weine und die passenden Gerichte 39

Dritter Teil
die wichtigsten Menüteile und die passenden Weine 199

Dank

Die Idee zu diesem Buch verdanke ich der Tatsache, dass ich seit meiner frühesten Kindheit Essen und Trinken nie als pure Nahrungsaufnahme, sondern stets als genussvollen Zeitvertreib erlebt habe. Deshalb gilt mein erster Dank meinem Großvater, der mir meine Kindtaufe mit einem einzigen Tropfen eines mir nicht bekannten 47er-Gewächses aus der Pfalz versüßte und dessen Vorliebe für Châteauneuf-du-Pape mir zum Erbe wurde. Die früh geweckte Lust, nicht nur zu essen, sondern auch zum Kochlöffel zu greifen, verdanke ich meiner Großmutter, der ich, auf einem Schemel stehend, am Herd die Geheimnisse des Zubereitens von Suppen, Saucen und anderen Köstlichkeiten entlockte. Die Kunst, auch aus einfachen Zutaten ein feines Gericht zu kreieren, die Freude, im Keller den passenden Wein auszusuchen und den Tisch liebevoll zu decken, und all die oft unscheinbaren Tricks und Kniffe konnte ich zu Hause meinen Eltern abschauen. Gerne denke ich an die vielen Familienfeiern zurück, an Geburtstage und Weihnachtsfeste, wenn aus einem schieren Stück Fleisch ein köstlicher Sauerbraten gezaubert oder eine verführerisch nach Äpfeln und Majoran duftende knusprige Gans auf den Tisch gebracht wurde. Fast wörtlich kann ich mich erinnern, wie meine Mutter von der Notwendigkeit von Lorbeerblättern oder Pimentkörnern sprach und mein Vater die Sonnenseite von Rheingau oder Mosel pries.

Die Liebe zu gutem Essen und feinen Weinen teile ich heute mit meiner Frau und meinen Kindern, die allesamt gerne am Herd stehen und (leider) auch eine Vorliebe für meinen Weinkeller haben. Ihnen verdanke ich auch die großartige Unterstützung und dauerhafte Motivation beim Schreiben dieses Buches.

Ein ganz besonderer Dank gilt meinen Freunden Alfred Friedrich aus Frankfurt/M., der mir so manchen Einblick in seine sternegeweihte Kochkunst gestattete, und Adi Jäger für viele rotweinselige Stunden in seinem wunderschönen Hotel und Restaurant in Nidda-Bad Salzhausen sowie meinem alten Kumpel Norbert Spielmann aus Wertheim für die unzähligen Gespräche über die lustvollen Seiten des Lebens. Dank auch an all die vielen Winzer, Köche und Restaurateure hierzulande und rund um den Globus für informative Gespräche und wichtige Hinweise.

Einleitung

Über Geschmack lässt sich bekanntlich streiten, zumindest jedoch angeregt diskutieren. Gourmets und Weinliebhaber versuchen seit jeher, eine Formel für die perfekte Harmonie von Essen und Wein zu finden. Das Ergebnis ist meistens das selbe: Einzig und allein der individuelle Geschmack und die persönliche Definition von Genuss entscheiden darüber, welcher Wein zu welchem Essen passt.

Das muss nun beileibe nicht zu einem unüberschaubaren Chaos unterschiedlichster Geschmäcker führen, denn für den Genießer ist eine Weinwahl, die sich nicht mit der seinigen deckt, dann nachvollziehbar und akzeptabel, wenn die Harmonie zwischen Essen und Wein nicht beeinträchtigt wird.

Über Generationen hinweg galten folgende Grundregeln: Zu weißem Fleisch und Fisch trinkt man Weißwein, zu dunklem Fleisch und Wild Rotwein. Man sollte diese Regeln nicht missachten, besonders nicht bei Rezepten der klassischen Küche, darf sie aber auch nicht zum Dogma erheben. Zu uneinheitlich und speziell sind die Zubereitungsarten der aktuellen Küche, die modischen Trends sowie die Einflüße exotischer Speisen und Zutaten. Hinzu kommt, dass kaum ein Koch ein und dasselbe Gericht exakt so zubereitet, wie es ein anderer tut.

Rund um den Erdball wird man in vielen Restaurants beispielsweise Lachs auf der Speisekarte finden. Jede Zubereitungsart ist anders, und ebenso unterschiedlich sind die Weine, die dazu getrunken werden. Am Rhein beispielsweise empfiehlt man zum Lachs eine trockene Riesling Spätlese, im Burgund einen Meursault oder einen Corton-Charlemagne, in San Francisco einen Fumé blanc aus dem Napa Valley. Der Sommelier eines Wiener Restaurants wird mit entwaffnender Selbstverständlichkeit einen Grünen Veltliner Smaragd anpreisen, sein Kollege in Mailand dagegen die Vorzüge eines Gavi di Gavi zum Lachs loben. So könnte man getrost und ohne enttäuscht zu werden auf all diese Empfehlungen hören – um letztlich herauszufinden, dass zwar alle diese Weine sehr gut mit dem Lachs harmonieren, man selbst aber dennoch einen Pouilly Fumé von der Loire vorzieht.

Dieses Buch soll helfen, vorhandenes Wissen zu überprüfen, Schwellenängste abzubauen und mit Begeisterung neue Empfehlungen auszuprobieren. Vor allem aber soll es Lust auf Neues machen. Ein altes Sprichwort sagt: «Was der Bauer nicht kennt, frisst er nicht.» Leider trifft das auch für viele Gourmets und Weinkenner zu. Jeder Mensch ist von seinen Lebensgewohnheiten und von seinem Umfeld geprägt, was sich natürlich auch in seinen Ess- und Trinkgewohnheiten niederschlägt. Viele Menschen in unserem Kulturkreis brechen nur ungern mit diesen Traditionen. Andererseits sind uns keine kulinarischen Grenzen mehr gesetzt. Die Gastronomie wird zum internationalen Stelldichein, und die Verfügbarkeit von Lebensmitteln aus aller Welt beschert uns die Möglichkeit, am eigenen Herd nach Lust und Laune zu experimentieren. Weine aus aller Welt und für jedes Portemonnaie sind überall erhältlich, sodass sich ein weites Feld an Kombinationsmöglichkeiten eröffnet. Das Verschwinden von traditionellen Bräuchen und Konventionen sowie die Vielfalt der modernen, kreativen Küche bilden die Voraussetzungen für ein Abenteuer, auf das sich jeder Gourmet genüsslich einlässt. Wenn Sie, liebe Leserin, lieber Leser, durch dieses Buch angeregt werden, Ihre eigenen Vorlieben zu überprüfen und zu erweitern, sich auf Unbekanntes einzulassen und spielerisch Essen und Wein zu kombinieren beginnen – dann hat es seinen Zweck erfüllt!

Erster Teil

Von Rebsorten, Weintypen und dem richtigen Umgang mit Wein

Die wichtigsten Rebsorten

Einen Wein nach seiner Farbe zu unterscheiden, ist denkbar einfach – zumindest, wenn man nicht blind degustiert. Ungleich schwieriger ist es, an seinem Geschmack die Herkunft des Weins festzustellen. Mit einiger Erfahrung wird man herausfinden, ob man einen Bordeaux oder einen Burgunder im Glas hat. Schwierig wird es sogar für Fachleute, bei einem unbekannten Wein herauszuschmecken, aus welcher Rebsorte er gekeltert wurde.

In vielen Ländern und Anbaugebieten ist es üblich, sortenreine Weine nach ihrer Rebsorte zu benennen. In manchen Regionen gibt man dem Wein jedoch den Namen der Gegend oder des Dorfes, in dem er angebaut wird (z. B. Côtes du Rhône, Châteauneuf-du-Pape) oder nur den Namen des Weingutes, das ihn vinifiziert hat (z. B. Château Margaux, Domaine Leflaive). Nur der gut informierte Weintrinker weiß, aus welchen Traubensorten diese Weine gekeltert wurden. Noch schwieriger wird es, wenn ein Wein nicht nur aus einer, sondern aus mehreren Sorten besteht.

Um Weine besser zuordnen und genussgerecht zu einem Essen auswählen zu können, sollte man die wichtigsten Rebsorten und ihre Merkmale kennen:

Airén Airén, eine außerhalb Spaniens weitgehend unbekannte weiße Sorte, ist – was manchen Weinkenner verblüffen mag – die meistangebaute Weintraube der Welt. Dies verdankt sie weniger ihrer Qualität (einfach und neutral) als ihrer Bedeutung für die Brandyproduktion. Das Hauptanbaugebiet für Airén liegt in La Mancha und Valdepeñas.

Albariño Albariño, in Portugal Alvarinho genannt, ergibt im Nordwesten Spaniens, im Gebiet Rías Baixas, ausgesprochen würzige, fruchtige Weißweine mit vielfältigen Aromen. In Portugal ist die Alvarinho-Traube nur in der Gegend von Monção zugelassen, wo die einzigen sortenreinen weißen Vinhos Verdes aus ihr gekeltert werden.

Aligoté Aligoté ist hinter Chardonnay die zweite zugelassene weiße Sorte im Burgund und steht immer etwas im Schatten des qualitativ überlegenen Chardonnay. Sie ergibt herbe, frische Weine mit rassiger Säure, die jung getrunken werden sollten. Die besten Aligoté-Weine kommen aus Bouzeron, einem Weinort der nördlichen Côte Chalonnaise. Auch in der Schweiz, vor allem im Kanton Genf, gehört der Aligoté zu den beliebten Alltagsweinen.

Arneis Die Heimat des Arneis ist das Piemont, wo diese weiße Sorte dank dem Engagement einiger Winzer in den 80er-Jahren vor dem Aussterben bewahrt wurde. Heute erlebt der Arneis eine Renaissance und wird wieder in beachtlichem Umfang angebaut. Die Weine – ebenbürtige Partner der großen Roten aus dem Land des Barolo – sind leicht und duftig, mit feinen, an Mandeln erinnernden Aromen.

Barbera Die rote Sorte Barbera, hinter Sangiovese die wichtigste Italiens, wird zwar auch in der Lombardei und in der Emilia-Romagna kultiviert, ihre Heimat ist aber das Piemont. Hier steht sie prestigemäßig etwas im Schatten der Nebbiolo-Traube, liefert aber süffige, fruchtige Weine, die leicht und bieder, aber auch üppig und kraftvoll sein können. Die besten Barbera-Weine kommen aus Alba, Asti und Monferrato.

Seit einigen Jahren wird Barbera zunehmend auch im kalifornischen Central Valley angebaut, und zwar mit wachsendem Erfolg.

Blauburgunder siehe Pinot noir

Blaufränkisch Die rote Sorte Blaufränkisch (in Deutschland Lemberger und in Ungarn Kékfrankos genannt) ist vor allem in Österreich verbreitet. Besonders im Burgenland liefert sie beachtliche Qualitäten, auch in der Assemblage mit anderen roten Sorten. Die dunkelroten, fruchtigen Weine sind säure- und tanninreich, weisen eine angenehme Fülle auf und gefallen mit schönen Kirscharomen. In Deutschland wächst der Lemberger vorwiegend in Württemberg und in der Pfalz.

Bourboulenc Bourboulenc ist eine der ältesten südfranzösischen Rebsorten und war früher im ganzen Midi verbreitet. Heute findet man sie vor allem noch im Languedoc und in der Provence, vereinzelt auch in den Anbaugebieten der südlichen Rhône. Meistens wird sie mit anderen weißen Sorten assembliert. Die aus Bourboulenc gekelterten Weine sind sehr fruchtig und besitzen eine feine Säure.

Cabernet franc Der Cabernet franc steht im Schatten des Cabernet Sauvignon, ist aber trotzdem für viele Bordelaiser Weine von Bedeutung. Besonders die Cuvées aus St-Emilion weisen recht große Anteile von Cabernet franc auf. Rebsortenrein wird Cabernet franc in Frankreich nur an der Loire ausgebaut, in der Region von Anjou und Saumur; die bemerkenswertesten Weine kommen aus Chinon und Bourgueil: mittelgewichtig, von feiner Frucht, mit dezenten Zedernholzaromen.

Cabernet franc wächst auch im Nordosten Italiens, im Friaul. In den überseeischen Anbaugebieten besitzt diese Rebsorte nur geringe Anteile; sie wird hauptsächlich zum Verschnitt mit Cabernet Sauvignon und Merlot verwendet.

Cabernet Sauvignon Weltweit ist Cabernet Sauvignon wohl die berühmteste und begehrteste rote Rebsorte. Sie ist nicht nur Hauptbestandteil der großen Crus des Haut-Médoc und der Graves, sondern auch der begehrten «Supertoskaner», vieler Gewächse aus dem Penedès sowie einiger anderer namhafter spanischer Weine. Viele bedeutende Rotweine aus Übersee sind rebsortenreine Cabernet-Sauvignon-Weine oder Cuvées mit einem hohen Anteil an Cabernet.

In ihrer Jugend sind die tiefdunkelroten, tanninstrengen Weine oft unzugänglich, entfalten jedoch in der Reife ihren Charme mit traumhaft verführerischen Aromen von Schokolade, Teer, Zedernholz, Cassis, Brombeeren, Minze und Eukalyptus.

Carignan Carignan, die meistangebaute Rebsorte Frankreichs, findet hauptsächlich im Verschnitt von einfachen Rotweinen des Languedoc und der Provence Verwendung. Die besten Carignan-Weine kommen aus den Corbières. In Spanien, dem Herkunftsland dieser Traube, kennt man sie unter dem Namen Cariñena.

Chardonnay Der Chardonnay zählt zu den besten Weißweinsorten der Welt und findet seinen besonderen Ausdruck in den großen Burgunderweinen des Chablis und der Côte de Beaune (Montrachet, Meursault, Corton-Charlemagne). Das Burgund ist seine Heimat. Der Chardonnay ist auch die weiße Rebsorte der Champagne und die beliebteste weiße Traube in der Neuen Welt. Besonders aus Kalifornien, Australien und Neuseeland kommen teilweise großartige Weine. Chardonnay ist extraktreich und eignet sich hervorragend für den Ausbau im Barrique, das ihm buttrige, honigartige Aromen verleiht, manchmal mit deutlichen Nuancen von gebrannten Mandeln und Nüssen.

Chasselas Die feinsten Weine dieser in Deutschland als Gutedel bekannten Rebsorte kommen aus der Schweiz. In der ganzen französischsprachigen Westschweiz ist der Chasselas die wichtigste weiße Sorte, in der Waadt gar die unangefochtene Königin. Im Wallis kommen die Chasselas-Weine unter dem Namen «Fendant» auf den Markt. Die an sich eher neutrale Traubensorte spiegelt perfekt das Terroir, auf dem sie wächst, und kann dann entweder mineralisch geprägt sein oder leichte und duftige Weine mit elegantem Bouquet und feinen Fruchtaromen ergeben.

Chenin blanc Die Heimat des Chenin blanc liegt am oberen Lauf der Loire in der Touraine und in der Region von Anjou-Saumur. Hier werden aus Chenin blanc sowohl trockene, fruchtige als auch edelsüße Weine erzeugt. Die Weine benötigen zur vollen Entfaltung einige Jahre der Reife, verwöhnen dann jedoch mit einem vollen Bouquet von Pfirsichen, Aprikosen und Haselnüssen.

Große Bedeutung hat der Chenin blanc (Steen genannt) auch in Südafrika, obwohl er dort nicht die Spitzenqualität der Weine von der Loire erreicht.

Cinsaut Die rote Sorte Cinsaut, die selten rebsortenrein ausgebaut wird, ist in Frankreich weit verbreitet. Vor allem in Südfrankreich wird sie in Cuvées zur Produktion von Roséweinen verwendet. An der südlichen Rhône, in der Provence und im Languedoc wird Cinsaut auch in geringen Anteilen für Rotwein-Cuvées genutzt. In Südafrika wurden Cinsaut und Pinot noir miteinander gekreuzt; das Resultat: der Pinotage.

Clairette Clairette ist eine säurearme, wenig aromareiche, aber alkoholstarke weiße Traube, die ihr wesentliches Verbreitungsgebiet in Südfrankreich hat. Hier wird sie vornehmlich mit Ugni blanc zu einfachen Weinen verschnitten.

Cortese Gavi und Gavi di Gavi sind die bekanntesten – und überall in Italien und im deutschsprachigen Raum sehr geschätzten – Weine, die aus dieser weißen Piemonteser Rebsorte gekeltert werden. Es sind zwar keine großen Weine, aber im Sommer herrliche Begleiter zu vielen Gerichten: eher neutral im Aroma und mit spritziger Säure.

Dolcetto Dolcetto ist fast ausschließlich im Piemont zu finden. Hier werden aus dieser säurearmen Traube fruchtig-milde, sehr angenehme Rotweine erzeugt, die jung getrunken werden sollten.

Dornfelder Am erfolgreichsten wird die viel versprechende deutsche Neuzüchtung Dornfelder in der Pfalz kultiviert, wo sie die besten Rotweinqualitäten Deutschlands hervorbringt – nach dem Spätburgunder natürlich. Auch in der Schweiz erfreut sich der Dornfelder zunehmender Beliebtheit. Er ergibt sehr dunkle, vollmundige Weine mit markanter Frucht und blumigem Bouquet.

Gamay Der Gamay ist eine der bedeutendsten Rebsorten Frankreichs und die Beaujolais-Traube schlechthin. Neben den zwar immer noch beliebten, aber qualitativ eher weniger erfreulichen «Nouveaux» kommen aus den Dorflagen des Beaujolais hervorragende, feinfruchtige Weine mit Aromen von Beerenkonfitüre und roten Früchten. Außer im Beaujolais wird Gamay vor allem an der Loire, in Savoyen und in der Westschweiz angebaut.

Gewürztraminer Der charaktervolle und ausdrucksstarke Gewürztraminer gehört zu den bedeutendsten Weißweinsorten der Welt. Die Weine aus dieser Traube sind sehr würzig und betören mit Düften von Rosen, Grapefruit und exotischen Früchten, zeigen eine üppige Fülle und sind sehr weich, sogar wenn sie trocken ausgebaut werden. Die besten Gewürztraminer kommen aus dem Elsass. Auch im Südtirol, in der Pfalz, in Baden und in der Steiermark findet man schöne Beispiele für diese Sorte.

Grauburgunder siehe Pinot gris

Grenache/Garnacha/Cannonau Die Rebsorte Grenache, in Spanien, wo sie ihren Ursprung hat, Garnacha genannt und auf Sardinien unter dem Namen Cannonau bekannt, gehört qualitativ nicht zu den ganz großen Rotweinsorten, mengenmäßig hingegen zu den wichtigsten. Sie bringt Weine der unterschiedlichsten Qualitäten hervor. Verbreitet ist sie im gesamten Süden Frankreichs und findet ihren besten Ausdruck in den Weinen von Châteauneuf-du-Pape, wo sie von einigen namhaften Winzern sogar rebsortenrein ausgebaut wird. Darüber hinaus dominiert Grenache in den meisten Rotweinen der südlichen Côtes du Rhône, von Gigondas und Vacqueyras.

In den berühmten Roséweinen von Tavel hat Grenache meist den größten Anteil, ebenso in anderen Roséweinen der Côtes du Rhône und der Provence. Im Languedoc spielt Grenache eine untergeordnete Rolle.

Von großer Bedeutung ist Garnacha in der Rioja, ihrem Hauptanbaugebiet. Meist wird sie hier mit Tempranillo verschnitten. Die Rotweine aus Navarra bestehen überwiegend aus Garnacha und gefallen mit reifen Fruchtaromen.

Grüner Veltliner Der Grüne Veltliner, der unbestrittene Lieblingswein der Österreicher, wird wegen seines «Heurigenstatus» oft unterschätzt, doch muss man ihn zu den herausragenden trockenen Weißweinen zählen. Die besten Ergebnisse erzielt er in den österreichischen Anbaugebieten der Wachau, im Kamptal, im Kremstal und in der Region von Wien. Die Weine der großen Erzeuger sind würzig, rassig und sehr lebendig.

Kerner Die weiße Sorte Kerner ist eine Kreuzung zwischen dem roten Trollinger und dem weißen Riesling. Sie ist die erfolgreichste aller deutschen Neuzüchtungen und bringt sehr ansprechende Resultate hervor. Der Kerner ist ein frühreifer, blumiger Wein mit guter Säure, der entfernt an einen Riesling erinnert, jedoch nicht dessen Eleganz erreicht. Schöne Qualitäten findet man bei den edelsüßen Gewächsen.

Lagrein Der Lagrein ist die traditionelle rote Rebsorte des Südtirols. Früher wurde er häufig als Rosé (Lagrein Kretzer) ausgebaut, heute kommt fast nur noch der qualitativ hoch stehende Rotwein (Lagrein Dunkel) auf den Markt. Winzer, die diese Traube mit Hingabe hegen, erzielen sehr gute, charaktervolle, samtige Weine mit viel Frucht.

Lemberger siehe Blaufränkisch

Malbec Einst gehörte der Malbec (auch Cot genannt) zu den bedeutenden Rebsorten des Bordelais. Heute hat er nur noch einen kleinen Anteil an den Rotwein-Cuvées. Von Bedeutung ist er jedoch in Cahors und vor allem in Argentinien, wo er seine Wahlheimat gefunden hat. Hier ergibt er dunkle, volle und gerbstoffreiche Weine mit viel Persönlichkeit und großem Alterungspotential.

Marsanne Neben Roussanne ist Marsanne die wichigste weiße Rebsorte der nördlichen Côtes du Rhône (Hermitage, Crozes-Hermitage und St-Joseph), wo sie entweder sortenrein oder im Verschnitt mit Roussanne gekeltert wird. Auch in Teilen der Provence und im Languedoc breitet sich die Marsanne langsam aus. Im Wallis ist sie unter dem Namen Ermitage bekannt und beliebt. Die Weine sind oft strohgelb, gefallen mit mandel- und honigartigen Düften und präsentieren sich sehr füllig und körperreich.

Merlot Die großen Gewächse von St-Emilion und Pomerol verdanken ihren Ruhm nicht zuletzt dem Merlot. Weniger tanninreich, weicher und geschmeidiger als der Cabernet Sauvignon, weist er üppige Aromen reifer Pflaumen und dunkler Konfitüre auf.

Neben dem Bordelais erobert sich der Merlot auch Anbaugebiete im Midi und im Südwesten Frankreichs. In Italien gewinnt er in der Toskana für die so genannten «Supertoskaner» zunehmend an Bedeutung, hat aber auch im Südtirol und im Friaul einen beachtlichen Stellenwert. In der Schweiz bringt er im Tessin hervorragende Resultate; in den Überseeländern, vor allem in Kalifornien, hat er einen richtigen Siegeszug angetreten.

Mourvèdre Die Sorte Mourvèdre, würzig und gerbstoffreich, gehört zu den geschätztesten Rebsorten Südfrankreichs. In der südlichen Rhône, in der Provence, im Languedoc und im Roussillon schätzt man sie vor allem für Cuvées mit anderen roten Trauben. Einen besonderen Stellenwert genießt sie in den mächtigen Weinen von Bandol, wo sie mit massiven Aromen von Brombeeren und schwarzen Kirschen besticht. Ihre Vielseitigkeit beweist sie in den Süßweinen von Banyuls.

Müller-Thurgau Die in Deutschland am häufigsten angebaute weiße Rebsorte geht auf eine Züchtung aus dem Jahre 1882 von Professor Hermann Müller aus dem Ostschweizer Kanton Thurgau zurück. Man kennt die Rebsorte auch unter dem Namen Rivaner. In der Schweiz heißt sie vorläufig noch Riesling × Sylvaner, da man bis vor kurzem davon ausging, dass es sich bei dieser Sorte um eine Kreuzung zwischen Riesling und Sylvaner handelte. Forschungen ergaben nun allerdings, dass anstelle des Sylvaners der Chasselas/Gutedel ein Kreuzungspartner war.

Der Müller-Thurgau liefert weiche, sehr blumige und gefällige Weine, die im Bouquet oft einen charakteristischen Muskatton aufweisen.

Muscadelle Neben Sauvignon blanc und Sémillon gehört Muscadelle zu den Trauben, aus denen die Cuvées der weißen Bordeaux-Weine komponiert werden. Anteile von Muscadelle findet man sowohl in den trockenen Weinen des Médoc und der Graves als auch in den edelsüßen Gewächsen von Barsac, Sauternes und Monbazillac. Die Muscadelle-Traube verleiht den Weinen eine würzige Note, bei hohem Anteil auch merkliche Muskattöne.

Muscadet (Melon de Bourgogne) Der Muscadet oder Melon de Bourgogne gedeiht vor allem in der Region von Nantes, im Loiretal. Aus ihm wird der bekannte Muscadet de Sèvre-et-Maine produziert. Die besten Muscadet-Weine werden «sur lie», auf der Hefe, ausgebaut und weisen einen charakteristischen Salzgeschmack auf. Diese trockenen Weißweine passen hervorragend zu Fisch.

Muscat (Muskateller) Die Muskateller-Familie umfasst zahlreiche Unterarten; die bekanntesten – und besten – sind der Muscat blanc à petits grains und der Muskat-Ottonel. Der meistangebaute Muscat d'Alexandria ist qualitativ weniger überzeugend. Muskateller-Trauben sind sehr ausdrucksvoll und aromatisch und ergeben meist bouquetreiche Süßweine. Nur im Elsass wird der charakteristische trockene Muscat erzeugt, der Fülle, Körper und Eleganz in sich vereint.

Nebbiolo Der Nebbiolo gehört zu den herausragenden roten Rebsorten Italiens. Seine Heimat und sein Hauptverbreitungsgebiet ist das Piemont, wo aus ihm die berühmten Barolo- und Barbaresco-Weine erzeugt werden. Die aus Nebbiolo gekelterten Weine zeichnen sich durch einen enormen Körperreichtum aus, haben eine beachtliche Säure und einen bemerkenswerten Alkoholgehalt (13,5 bis 14,5 %-vol.). Jung sind die Weine oft unzugänglich und gerbstoffreich, entfalten jedoch nach Jahren der Reife phantastische Fruchtaromen.

Palomino Palomino ist die dominierende Traube zur Erzeugung trockener Sherrys (Finos) im Gebiet von Jerez. Auch in einigen Anbaugebieten von Argentinien, Australien, Kalifornien und Südafrika wird Palomino haupsächlich als Verschnittwein oder zur Herstellung von Brandy und sherryartigen Weinen verwendet.

Petit Verdot Diese im Bordelais und dort hauptsächlich im Médoc angebaute Traube wird von manchen Châteaux in kleinen Mengen den Rotweincuvées beigegeben. Ähnlich dem Cabernet Sauvignon weist sie eine sehr dunkle Farbe auf und ergibt konzentrierte und tanninreiche Weine. Ihre Anbauflächen gehen immer mehr zurück.

Picolit Im Nordosten Italiens, in der Region Friaul, wird aus den getrockneten Trauben des Picolit ein goldgelber, alkoholreicher Dessertwein erzeugt, der mit herber Süße besticht. Selten wird er auch trocken oder halbtrocken ausgebaut.

Pinotage Diese erfolgreiche südafrikanische rote Rebsorte wurde im Jahr 1925 geboren, und zwar als Resultat einer Kreuzung von Pinot noir und Cinsaut. Pinotage-Weine sind von angenehmer Fülle und weisen fein-fruchtige, süßliche Noten auf.

Pinot blanc/Weissburgunder Der Pinot blanc, im deutschsprachigen Raum als Weißburgunder und in Italien als Pinot bianco bekannt, darf nicht mit den weißen Burgunderweinen (die aus Chardonnay erzeugt werden) verwechselt werden. Der Pinot blanc, ein Verwandter des Pinot noir, ist ein trockener, milder, frischer, fruchtiger Wein, den man am besten jung trinkt. Duft und Geschmack weisen eine lebendige Frucht auf, die an grüne Äpfel und Zitrusfrüchte erinnert.

Pinot gris/Tokay Pinot gris/Grauburgunder/ Ruländer Die feinsten Pinot-gris-Weine findet man im Elsass, wo man den Pinot gris bis vor kurzem Tokay nannte. In Deutschland heißt diese Sorte, besonders wenn sie süß ausgebaut wird, Ruländer, in Italien Pinot grigio, im Wallis Malvoisie.

Der Pinot gris wird meist trocken ausgebaut, man findet jedoch auch hervorragende süße Versionen (Ruländer Auslesen, Tokay Pinot gris Sélection des Grains Nobles, Malvoisie flétrie). Tokay Pinot gris sind sehr füllige, jedoch weiche und runde Weine. Sie besitzen ein eher dezentes Bouquet, aber eine unwiderstehliche Fülle von Aromen (Gewürze, reife

Frucht, Butter, Honig, geröstete Mandeln, feine Röstaromen). Deutsche Grauburgunder sind in der Regel leichter, etwas säurebetonter, weisen aber ähnliche Aromen auf. Italienischer Pinot grigio ist, von Ausnahmen (z.B. Friaul und Südtirol) abgesehen, oft flacher und nicht so konzentriert wie die französischen und deutschen Weine.

Pinot grigio siehe Pinot gris

Pinot Meunier Der Pinot Meunier spielt rebsortenrein, als Stillwein ausgebaut, keine Rolle. Von großer Bedeutung ist er jedoch bei der Champagner-Erzeugung, wo er neben Pinot noir und Chardonnay wichtiger Bestandteil vieler Cuvées ist. In Deutschland kennt man diese Sorte als Schwarzriesling.

Pinot noir/Blauburgunder/Spätburgunder Aus kaum einer anderen roten Rebsorte werden derart feine und großartige Weine erzeugt wie aus Pinot noir. Die größten Pinots noirs kommen natürlich aus dem Burgund, vor allem aus der Côte d'Or, die unvergleichlich elegante, füllige und aromatische Weine hervorbringt. Auch in Deutschland (Spätburgunder), Österreich (Blauburgunder), der Schweiz (Blauburgunder), der Toskana (Pinot nero), in Oregon und Kalifornien werden sehr ansprechende Qualitäten erzeugt.

In bester Form präsentieren sich die Weine mit sehr aromatischem Bouquet von Himbeeren, Erdbeeren und roten Johannisbeeren. Die gleiche fruchtige Vielfalt findet sich im Gaumen. In ihrer Jugend sind die Pinots oft weich und geschmeidig, mit dezenter Säure, manchmal würzig und kraftvoll mit dominanten Tanninen. Edle Gewächse aus guten Jahrgängen erlangen in der Reife eine unübertroffene Eleganz.

Riesling Der Riesling zählt unbestritten zu den feinsten Weißweinsorten der Welt. Außer in den namhaften deutschen Anbaugebieten findet man hervorragende Vertreter dieser Sorte in der österreichischen Wachau, im Kamptal und Kremstal sowie im Elsass.

Der Riesling findet seine Größe sowohl in trockenen als auch halbtrockenen und edelsüßen Weinen, denn wie kaum eine andere weiße Traube weist er eine perfekte Harmonie von Zucker, Säure und Extrakt auf.

Je nach Lage und Boden entwickelt der Riesling blumige und würzige Aromen, die an Zitrusfrüchte, an grüne Äpfel, auch an Aprikosen und Pfirsiche erinnern, er bringt aber auch mineralische Aromen hervor, die sich besonders im Alter in markante Petroltöne verwandeln können.

Roussanne Die Roussanne gehört zu den qualitativ bedeutenden Weißweinsorten der Côtes du Rhône, wo sie ihren besonderen Ausdruck in vielen weißen Cuvées findet, besonders in Châteauneuf-du-Pape und, allerdings seltener, in Hermitage.

Ruländer siehe Pinot gris

St. Laurent Die feinsten Weine dieser Traube findet man in Österreich rund um den Neusiedlersee, wo man sowohl rebsortenreine, tiefdunkle und samtige Rotweine als auch interessante Cuvées mit Cabernet Sauvignon, Pinot noir oder Blaufränkisch erzeugt. Auch in der Pfalz wird St. Laurent in geringem Umfang angebaut.

Sangiovese Neben Barbera ist Sangiovese die meistangebaute Rotweinsorte Italiens. Ihre Heimat liegt in der Toskana. Man unterscheidet im wesentlichen zwei Unterarten des Sangiovese: den kleinbeerigen Sangiovese piccolo (auch Sangioveto genannt), aus dem die berühmten Chianti erzeugt werden, und den großbeerigen Sangiovese grosso, aus dem man Brunello di Montalcino und Vino Nobile di Montepulciano keltert. In der Gegend von Montepulciano heißt die Sorte Prugnolo gentile.

Die rebsortenreinen Weine sind von kräftigen Aromen geprägt. Besonders im Verschnitt mit Cabernet Sauvignon gelingen auch wundervolle Cuvées, unter denen sich einige der bemerkenswerten «Supertoskaner» befinden.

Sauvignon blanc In den letzten Jahren wurde der Sauvignon blanc immer mehr zur Modesorte. Außer an seinen berühmten Standorten an der Loire (Sancerre, Pouilly Fumé) und im Bordelais (Graves) bringt der Sauvignon blanc auch in der österreichischen Steiermark und im italienischen Friaul außerordentliche Weine hervor. Neben Chardonnay ist Sauvignon blanc die beliebteste weiße Traube der Anbaugebiete in Übersee, wo sie manchmal auch Fumé blanc genannt wird. Brillante Sauvignons blancs kommen aus Neuseeland.

Die Weine bestechen meist durch ausdrucksvolle, aromatische Bouquets mit Noten von Zitrusfrüchten und Gras, Pfirsichen und Aprikosen, manchmal auch mit einem gewöhnungsbedürftigen, von Kennern jedoch geschätzten Buchsbaumton.

Im Bordelais wird Sauvignon blanc sowohl für trockene als auch für süße Weine mit Sémillon und Muscadelle assembliert.

Scheurebe Die Scheurebe gehört zu den wenigen wirklich hervorragenden deutschen Neuzüchtungen (Sylvaner × Riesling). Ihre Harmonie zwischen Süße und Säure erinnert an den Riesling, allerdings weist die Scheurebe eine größere Fülle auf, erreicht dafür nicht die Finesse des Rieslings. Besonders Spätlesen bestechen häufig durch ein markantes Bouquet von schwarzen Johannisbeeren.

Hauptverbreitungsgebiet der Scheurebe sind Rheinhessen und die Pfalz. In kleinerem Umfang findet man die Rebsorte auch in österreichischen Anbaugebieten.

Sémillon Sémillon wächst vor allem im Südwesten Frankreichs, wo er im Verschnitt mit Sauvignon blanc und Muscadelle trockene weiße Graves und Bordeaux ergibt, vor allem aber den großen Süßweinen aus Sauternes zu mehr Fülle verhilft. Sémillon findet man auch in allen überseeischen Anbaugebieten, wo er besonders in Südamerika meistens zur Erzeugung einfacher Schankweine genutzt wird. In Kalifornien produziert er edelsüße Weine, in Australien wird er oft mit Chardonnay assembliert.

Spätburgunder **siehe Pinot noir**

Sylvaner Der Sylvaner ist in ganz Mitteleuropa verbreitet, genießt jedoch in den deutschen Anbaugebieten den höchsten Stellenwert, vor allem in Franken, wo er dank Klima und Kalkböden die besten Resultate hervorbringt. Der Sylvaner war lange Zeit zusammen mit dem Riesling der beliebteste deutsche Wein, bevor ihm der Müller-Thurgau, die Burgundersorten und verschiedene Neuzüchtungen diesen Rang streitig machten. Sehr schöne, kraftvolle Weine liefert er auch im Wallis, wo er Johannisberg genannt und sowohl trocken als auch süß ausgebaut wird.

Syrah Die Syrah von der Rhône gehört zu den großen roten Rebsorten der Welt. Hauptverbreitungsgebiete in Europa sind alle Regionen Südfrankreichs. An der nördlichen Rhône im Gebiet der Côte Rôtie sowie in den Lagen von Hermitage, Crozes-Hermitage, St-Joseph und Cornas wird Syrah meist zu reinsortigen Weinen ausgebaut, von denen einige zu den großartigsten Rotweinen der Welt gehören. In den Gebieten der südlichen Rhône, in Châteauneuf-du-Pape, in der Provence, im Languedoc, im Roussillon und in anderen kleinen Anbaugebieten Südfrankreichs wird Syrah oft mit anderen Rebsorten, hauptsächlich mit Grenache, Mourvèdre, Carignan und Cinsaut, verschnitten. Eine Wahlheimat hat die Syrah rhôneaufwärts im Wallis gefunden, wo sie ebenfalls dichte, pfeffrige, mächtige Weine hervorbringt.

Australien produziert «Shiraz» von hervorragender Qualität, die sich weltweit einen Namen gemacht haben. Auch in Kalifornien bemüht man sich in den letzten Jahren sehr um den Anbau von Syrah. Es gibt mittlerweile einige bemerkenswerte Weine, die nach französischem Vorbild produziert werden.

Je nach Alter und Herkunft präsentiert sich ein Syrah in kräftigem Purpur oder in tiefdunklem Violettrot. Er entfaltet ein unwiderstehliches Bouquet mit Nuancen von frischen

Kräutern, orientalischen Gewürzen, schwarzen Früchten, deutlichen Cassis-Noten, in manchen Fällen sogar von animalischen Tönen. In gereiften Syrah-Weinen kann man Aromen von Trüffeln, Tabak und Lakritze erschnüffeln. Die Weine sind vollmundig und an ihren pfeffrig-fruchtigen Geschmackstönen zu identifizieren.

Tannat Dem Engagement einiger Winzer im Madiran in Südwestfrankreich ist es zu verdanken, dass diese rote Rebsorte in Europa noch nicht ausgestorben ist. So steht im wesentlichen Madiran als Synonym für die extraktreichen, üppigen und in ihrer Jugend tanninüberladenen Weine aus der Tannat-Traube.

Tempranillo Kaum einer der großen spanischen Rotweine wäre ohne Tempranillo denkbar, entweder sortenrein oder im Verschnitt mit Garnacha (Grenache), Monastrel (Mourvèdre) oder Cabernet Sauvignon. Im Penedès kennt man ihn als Ull de Llebre, in Valdepeñas als Cencibel und in der Ribera del Duero als Tinto fino. Die bekanntesten Weine aus Tempranillo stammen aus den Anbaugebieten der Rioja.

Tempranillo-Weine sind meist kräftig, von großer Fülle und äußerst langlebig, ohne übertrieben viel Alkohol aufzuweisen. Sie gefallen mit einer Vielzahl von würzigen Düften und Geschmacksnuancen.

Teroldego Der Teroldego, der ausschließlich in der Rotaliano-Ebene im norditalienischen Trentino angebaut wird, ist ein Gewächs, auf das sich immer mehr einheimische Winzer zurückbesinnen. Sie erzeugen aus ihm individuelle, charaktervolle Weine mit feinem Heidelbeer- und Veilchenduft sowie würzigen Noten.

Trebbiano siehe Ugni blanc

Ugni blanc Obwohl Ugni blanc in Frankreich und in Italien, wo die Sorte Trebbiano genannt wird, über große Anbauflächen in den unterschiedlichsten Regionen verfügt, ergibt er kaum bemerkenswerte Weine. Ausnahmen findet man an der Côte d'Azur (südliche Provence, Cassis, Ile de Porquerolles), wo unbeirrte Winzer Böden und Kleinklima nutzen, um den Weinen Profil und Charakter zu verleihen. Von großer Bedeutung ist Ugni blanc für die Erzeugung von Cognac.

Vernaccia Unter dem Namen Vernaccia findet man überall in Italien verschiedene, nicht miteinander verwandte weiße Rebsorten, deren bekannteste Variante die Vernaccia di San Gimignano ist. Markantes Merkmal eines fein-herben Vernaccia di San Gimignano sind seine meist ausgeprägten Feuersteinaromen.

Viognier Noch vor zwanzig Jahren musste man um das Überleben der weißen Rebsorte Viognier bangen, heute ist sie in Europa und Übersee auf dem besten Weg, zur Modesorte zu werden. Viognier – das sind die großartigen Weißweine aus Condrieu, dem kleinen Anbaugebiet an der nördlichen Rhône. Dort ist die Heimat des Viognier, und dort bringt er die schönsten Resultate hervor: Die Weine betören mit einem Bouquet von Pfirsichen und Aprikosen, manchmal auch von Grapefruit und Ananas. Ihr trockener, aber nicht herber, nachhaltiger Geschmack weist feine mineralische Töne auf. Ein Viognier sollte jung getrunken werden, dann, wenn er mit seiner jugendlichen Frische sein vielschichtiges fruchtiges Aroma am lebendigsten präsentiert.

Weissburgunder siehe Pinot blanc

Zinfandel Diese in Kalifornien heimische rote Traubensorte hat ihren Ursprung vermutlich in Süditalien, wo sie heute unter dem Namen Primitivo eine Renaissance erlebt. Der Zinfandel war einst die meistangebaute Sorte Kaliforniens und erfreute sich schon zu Zeiten des Goldrauschs Mitte des 19. Jahrhunderts größter Beliebtheit. Durch den Cabernet Sauvignon wurde diese Sorte dann stark zurückgedrängt.

Der Zinfandel ist ein fruchtiger, aber robuster und kräftiger Rotwein, der zwar trocken vinifiziert wird, jedoch oft dezente süßliche Geschmacksnuancen aufweist und mit einem betörenden Brombeeraroma überrascht.

Zweigelt Der Zweigelt ist wohl die populärste rote Rebsorte Österreichs. Die Kreuzung aus Blaufränkisch und St. Laurent erreicht jedoch selten die Größe der beiden Ursprungsreben.

Weintypen und Weinstile

Die Wahl des richtigen Weins zum Essen wird von vielerlei Faktoren bestimmt. Umgekehrt kann man sich auch überlegen, welche Speisen am besten einen bestimmten Wein begleiten. In beiden Fällen ist es wichtig, die Harmonie zwischen Gericht und Wein zu finden.

Harmonie von Wein und Essen ist durchaus eine sehr individuelle Empfindung, dennoch sollte man einige grundlegende Entscheidungsmerkmale berücksichtigen. Harmonie erzielt man nicht allein durch die schnöde Überlegung: «Trinke ich Weißwein oder Rotwein zur Lammkeule, oder bereite ich eine Forelle oder ein Kalbskotelett zum Riesling?» Genauso unsinnig ist die Frage: «Machen wir einen Italiener oder einen Franzosen zum Gänsebraten auf?» Sicherlich gilt es Vorlieben und Neigungen zu berücksichtigen, doch steht man sich bei der Weinwahl oft selbst im Weg, weil einem der Mut fehlt, einen neuen Wein und unter Umständen auch ein besseres Geschmackserlebnis kennen zu lernen. Deshalb: Verlassen Sie die ausgetretenen Pfade und wagen Sie etwas Neues!

Die Rebsorte, das Klima, der Boden, der Ausbau und die Philosophie des Winzers bestimmen Geschmack und Charakter eines Weins. Aber auch die Lagerung, der Umgang mit dem Wein vor dem Servieren, die Serviertemperatur und das Glas, aus dem er getrunken wird, entscheiden darüber, wie sich ein Wein präsentiert. Weiß man um diese Einflüsse, wird man bei der Weinwahl entsprechend umsichtig vorgehen.

Stillweine Zu den Stillweinen gehören alle Weine, die im Gegensatz zu den Schaumweinen keine oder fast keine Kohlensäure enthalten. Meist fällt die Wahl auf einen Stillwein als Begleiter zum Essen, da es eher ungewöhnlich ist, einen Schaumwein bei Tisch zu genießen.

Stillweine zum Essen

Es ist durchaus möglich, dass zu einem bestimmten Gericht sowohl ein Weiß- als auch ein Rosé- oder Rotwein passt. Für welche «Farbe» man sich auch entscheiden mag, ausschlaggebend ist die Frage, ob der Wein geschmacklich mit dem Gericht harmoniert. Man unterscheidet getrennt nach «Farben» folgende Geschmackstypen:

Weisswein

Trockene, einfache, leichte Weissweine

Weine von geringem Extrakt, minderer Fülle und ohne auffälligen Eigengeschmack. Diese Weine sollte man jung genießen.
Trinktemperatur: 8°–10° C.

Beispiele:
Deutschland: Müller-Thurgau.
Schweiz: Riesling × Sylvaner, Aligoté.
Frankreich: Aligoté, Muscadet de Sèvre-et-Maine, Entre-Deux-Mers.
Italien: Gavi, Soave, Orvieto.
Übersee: Chenin blanc aus Südafrika.

Trockene, fruchtige, leichte Weissweine

Weine dieser Kategorie weisen feine Aromen und erkennbare Geschmacksnuancen auf, sind jedoch nicht füllig. Man kann diese Weine jung trinken und sollte sie nicht länger als zwei bis drei Jahre lagern.
Trinktemperatur: 9°–11° C.
Beispiele:
Deutschland: Riesling, Sylvaner, Weißburgunder (jeweils trockene QbA und Kabinett, auch Spätlesen aus unbedeutenden Lagen).
Österreich: Riesling und Weißburgunder von einfacher Qualität (Steinfeder).
Schweiz: Fendant und trockener Johannisberg aus dem Wallis, Chasselas aus der übrigen Westschweiz.
Frankreich: Pinot blanc und Sylvaner aus dem Elsass.
Italien: Arneis, Soave Classico, Pinot grigio und Chardonnay aus dem Veneto.
Portugal: Vinho verde.

Trockene, elegante, fruchtige und würzige Weissweine mit Körper

Weine mit angenehmem, auffälligem Bouquet und nuancenreichen Geschmacksaromen von mittlerer Fülle. Um die Weine optimal genießen zu können, sollte man ihnen zwei bis drei Jahre der Reife in der Flasche gönnen. Eine Ausnahme ist der Condrieu, der in aller Regel jung getrunken werden sollte.
Trinktemperatur: 10°–12° C.
Beispiele:
Deutschland: Riesling, Weiß- und Grauburgunder (jeweils Spätlesen).
Österreich: Riesling und Grüner Veltliner (Spätlese bzw. Smaragd).
Schweiz: Trockene Petite Arvine aus dem Wallis.
Frankreich: Riesling und Tokay Pinot gris aus dem Elsass, Sancerre, Pouilly Fumé, Savennières, Condrieu, weißer Côte de Beaune-Villages, Mâcon, Pouilly-Fuissé, Weißwein aus der Provence.
Italien: Chardonnay, Pinot grigio, Sauvignon blanc aus dem Südtirol und dem Friaul.
Spanien: Weißer Rioja, Albariño.
Portugal: Vinho verde (Alvarinho).
Übersee: Sauvignon blanc aus Kalifornien, Chile, Australien und Neuseeland.

Trockene, füllige oder opulente, extraktreiche Weissweine

Diese Weine besitzen ein dominantes, häufig überschwängliches Bouquet sowie üppige Geschmacksaromen. Auch wenn sie trocken sind, weisen viele dieser Weine einen buttrig-milden Schmelz auf, manchmal mit einem feinen Hauch von Süße im Abgang. Diesen Weinen sollte man mindestens drei bis vier Jahre der Reife zugestehen.
Trinktemperatur: 10°–12° C.
Beispiele:
Deutschland: Riesling, Weiß- und Grauburgunder (jeweils Spätlesen und Auslesen aus ersten Lagen).
Frankreich: Riesling und Tokay Pinot gris aus Grand-Cru-Lagen, Gewürztraminer, weißer Burgunder aus den Dorflagen (besonders 1er und Grand Cru), weißer Hermitage, weißer Châteauneuf-du-Pape, weißer Graves, Vin jaune.
Spanien: Chardonnay aus dem Penedès.
Übersee: Chardonnay aus Kalifornien, Chile und Australien.

Halbtrockene, fruchtige und blumige Weissweine mit mittlerem Körper

Hauptsächlich in Deutschland, aber auch in Österreich findet man den Geschmackstyp der halbtrockenen Weine, deren feine Restsüße, gepaart mit eleganter Säure, vielen anderen Weinen zu bestimmten Speisen überlegen ist. Auch in Frankreich, allerdings selten, gibt es «Demi-sec»-Weine mit ähnlicher Charakteristik. Man kann diese Weine meist schon jung trinken, sollte jedoch Spätlesen mindestens drei Jahre und einen Vouvray mindestens fünf Jahre reifen lassen.
Trinktemperatur: 8°–10° C.
Beispiele:
Deutschland: Riesling, Sylvaner, Weißburgunder, Grauburgunder (QbA, Kabinett oder Spätlese).

Österreich: Riesling (Kabinett oder Spätlese bzw. Federspiel oder Smaragd).
Frankreich: Vouvray.

Süsse und edelsüsse Weissweine

Diese Weine haben von Natur aus einen vergleichsweise hohen Restzuckergehalt und weisen im Geschmack, oft auch schon im Bouquet, eine deutliche Süße auf. Die edlen Vertreter dieser Weine entstehen durch *Botrytis cinerea*, einen Schimmelpilz, der bei den befallenen Trauben die geschätzte Edelfäule und somit eine gewaltige Konzentration und unverkennbare Aromen bewirkt. Je nach Zuckergehalt, Zeitpunkt der Lese oder nach Art der Herstellung werden die Weine in verschiedene Qualitätskategorien eingeteilt.
Süße Weine erfordern Geduld. Oft entfalten sie erst nach vielen Jahren der Lagerung im Keller ihre einmalige Charakteristik und ihre unnachahmlichen Aromen. Fünf, besser zehn Jahre sollte man die Weine reifen lassen; manchmal kann man sie ein ganzes Leben lang genießen – falls man sich genügend große Vorräte angelegt hat…
Trinktemperatur: 5°–7° C.
Beispiele:
Deutschland: Riesling, Weißburgunder, Grauburgunder (Auslese, Beerenauslese und Trockenbeerenauslese, Eiswein).
Österreich: Verschiedene weiße Rebsorten (Auslese, Beerenauslese, Trockenbeerenauslese, Ausbruch, Eiswein).
Schweiz: Edelsüße Weißweine verschiedener Rebsorten aus dem Wallis (Johannisberg, Malvoisie, Ermitage, Petite Arvine usw.).
Frankreich: Riesling, Tokay Pinot gris und Gewürztraminer (Vendange tardive und Sélection des Grains Nobles), Vouvray, Barsac und Sauternes, Monbazillac, Vin de paille, Jurançon.
Italien: Picolit, Verduzzo, Torcolato, Vin Santo.
Ungarn: Tokaji.
Übersee: In allen Überseeanbaugebieten wird mit wechselndem Erfolg von unterschiedlichen weißen Rebsorten Süßwein erzeugt (Beeren- und Trockenbeerenauslese).

Roséwein

Trockene Roséweine

Roséweine werden aus Rotweintrauben erzeugt. Dennoch sind es eigenständige Weine, da sie durch das besondere Herstellungsverfahren einen eigenen, meist spritzig-frischen, auch feinherben Charakter annehmen.
Roséweine sollten jung, in den ersten beiden Jahren nach der Lese, getrunken werden.
Trinktemperatur: 6°–8° C.
Beispiele:
Deutschland: Spätburgunder Weißherbst.
Schweiz: Œil-de-Perdrix, Blauburgunder Rosé aus der Ostschweiz.
Frankreich: Sancerre rosé, Côtes du Rhône rosé, Provence rosé, Tavel.
Italien: Chiaretto.
Spanien: Rosé aus dem Penedès und aus Navarra.
Übersee: Zinfandel rosé aus Kalifornien.

Rotwein

Leichte bis mittelschwere, feinfruchtige Rotweine

Nicht alle Rotweine müssen nachhaltig und schwer sein oder gar Jahre der Reife im Keller verbringen. Verschiedene Rebsorten, der Einfluss des Klimas und auch die Machart einzelner Rotweine führen dazu, dass diese teils schon sehr jung getrunken werden können. Mit «jung» sind allerdings nicht die meist bedeutungslosen «Nouveaux» gemeint, sondern leichte, oft auch frische Rotweine mit angenehmen Fruchtaromen, feiner Säure, jedoch ohne spürbare Tannine. Man sollte sie innerhalb der ersten drei Jahre genießen.
Trinktemperatur: 11°–13° C.
Beispiele:
Deutschland: Trockener Spätburgunder, Dornfelder.
Österreich: Zweigelt.
Schweiz: Pinot noir, Dôle oder Gamay.
Frankreich: Pinot noir aus dem Elsass, Côte de Beaune-Villages, Beaujolais-Villages, Côtes du Rhône, St-Joseph, Crozes-Hermitage, Rotwein aus dem Languedoc-Roussillon, Corbières.

Italien: Barbera, Bardolino, Valpolicella Classico, Chianti Classico, Lagrein, Teroldego, Rosso di Montalcino.
Spanien: Rioja Crianza.
Übersee: Pinotage aus Südafrika.

Mittelschwere, gehaltvolle Rotweine

Der überwiegende Anteil aller Rotweine ist diesem Bereich zuzuordnen. Die Weine haben ein feines bis auffälliges Bouquet, sind trocken, von ansprechender Fülle und fruchtiger bis herber Eleganz. Geschmacklich können sie je nach ihrer Rebsortenherkunft sehr unterschiedlich sein. Feine Aromen von roten und schwarzen Früchten sind kennzeichnend für diese Gewächse.
Am besten entfalten sich diese Weine nach drei bis etwa sechs Jahren.
Trinktemperatur: 13°–15° C.
Beispiele:
Österreich: Blaufränkisch und St. Laurent.
Schweiz: Syrah aus dem Wallis, Merlot aus dem Tessin, barriqueausgebaute Blauburgunder aus dem Bündner und St. Galler Rheintal und anderen guten Lagen der Ostschweiz.
Frankreich: Dorflagen der Côte d'Or (z.B. Gevrey-Chambertin, Vosne-Romanée, Nuits-St-Georges, Pommard, Volnay), Chinon, Bourgueil, Cru Bourgeois aus dem Médoc oder nicht klassifizierte Graves, St-Emilion Grand Cru, einfacher Pomerol, Cahors, Rotwein aus der Provence.
Italien: Barbera, Chianti Classico Riserva, Vino Nobile di Montepulciano.
Spanien: Rotwein aus dem Penedès, Rioja Reserva und Gran Reserva, Navarra.
Übersee: Pinot noir aus Kalifornien und Oregon, einfacher Cabernet Sauvignon aus Kalifornien, Chile und Australien, Malbec aus Argentinien.

Schwere, gehaltvolle, üppige Rotweine

Die Eigenschaften dieser Weine werden nicht nur von den Rebsorten oder ihren Cuvées bestimmt, sie hängen auch von der Lage des Weinbergs und seinem Boden, der Machart und ganz besonders von der Qualität des Jahrgangs ab.
Diese Weine haben meist ein auffälliges, teils überschwängliches Bouquet von opulenter Fülle und weisen einen Hauch fruchtiger Süße auf. Aufgrund sehr unterschiedlicher Rebsorten lässt sich kein einheitliches Geschmacksbild definieren. Oft weisen solche Weine jedoch Aromen von Schokolade, Teer, Tabak, Leder, gedörrtem Obst, Pflaumen, Cassis, Kirschen, Minze oder Eukalyptus auf. Ihre Trinkreife erreichen diese Gewächse erst nach fünf bis sieben Jahren, große Jahrgänge extraktreicher Weine gar erst nach zwölf bis fünfzehn Jahren. Solche Kreszenzen werden nicht selten dreißig bis fünfzig Jahre alt, Ausnahmeweine überdauern ein Menschenleben.
Trinktemperatur: 16°–18° C.
Beispiele:
Frankreich: 1er Cru und Grand Cru der Côte d'Or (z.B. Chambertin, Clos de Vougeot, Clos de la Roche, La Tâche, Echézeaux, Corton), Cru Classé aus dem Médoc und den Graves, Cru Classé aus St-Emilion, große Gewächse aus Pomerol, Côte Rôtie, Hermitage, Châteauneuf-du-Pape, Bandol, Madiran.
Italien: Barbaresco, Barolo, Amarone, Brunello di Montalcino, Elite-Tafelweine aus der Toskana («Supertoskaner»).
Spanien: Cabernet Sauvignon Gran Reserva aus dem Penedès, Priorato, Ribera del Duero.
Übersee: Großer Cabernet Sauvignon aus Kalifornien, Chile und Australien, Shiraz aus Australien.

Gespritete Weiss- und Rotweine

Man unterscheidet zwei Verfahren, um aufgespritete Weine zu erzeugen. Stoppt man durch die Zugabe reinen Alkohols die Gärung eines Weines, bewahrt man seine natürliche Süße (z.B. Port, Banyuls). Gibt man den Alkohol erst nach Beendigung des Gärvorganges zu, erhält man trockene Weine (z.B. Sherry, Madeira).
Der höhere Alkoholgehalt garantiert eine sehr lange Haltbarkeit dieser Weine. Viele aufgespritete Weine brauchen Jahre der Geduld, bis man sie vollendet genießen kann. Es gibt allerdings auch Ports und Sherrys, die nach speziellen Her-

stellungsverfahren für frühen Genuss produziert werden.
Trinktemperatur: 7°–8°C für Weißweine, 9°–10°C für Sherry, einfachen Port und Madeira, 11°–12°C für Banyuls, alten Madeira und Jahrgangs-Port.
Beispiele:
Frankreich: Muscat de Beaumes-de-Venise, Muscat de Rivesaltes, Banyuls.
Italien: Marsala.
Spanien: Sherry, Madeira, Malaga, Tarragona.
Portugal: Portwein.

WEINE AUS DEM TANK UND AUS DEM FASS

Haltbarkeit, Struktur und Geschmack werden nicht zuletzt durch das Behältnis beeinflusst und bestimmt, in welchem der Wein ausgebaut wird. Den natürlichen Gegebenheiten des Rebgutes und seiner Philosophie, mitunter aber auch der Mode und gesetzlichen Richtlinien folgend, entscheidet jeder Winzer für sich, worin und wie lange er einen Wein vor der Flaschenabfüllung reifen lässt.
Ein Wein, der im Edelstahltank ausgebaut wird, schmeckt anders als einer, der seine Entwicklung in einem Barrique aus Eichenholz (Fassungsvermögen 225 l) durchlebt. Zwischen diesen beiden Extremen gibt es sehr viele Nuancen des Weinausbaus. Große oder kleine, alte oder neue Fässer, Eiche oder Esche, Stahltank oder Glastank – jeder Behälter verleiht dem Wein individuellen Geschmack und Persönlichkeit.
Kenntnisse über die Ausbauart können bei der Wahl eines Weins zum Essen sehr hilfreich sein. Ein sehr barriquebetonter Weißwein kann sich beispielsweise als zu mächtig erweisen als Begleiter zu einer leichten Vorspeise, ein im Barrique gereifter Rotwein dagegen weist ausreichend Struktur auf, um mit der kräftigen Sauce eines Wildgerichtes zu harmonieren.

KABINETT, SPÄTLESE, AUSLESE & CO.

In Deutschland und Österreich ist es gesetzlich vorgeschrieben, die Qualitätsstufen der Weine auf den Etiketten zu vermerken. Man unterscheidet zwischen Qualitätsweinen und Qualitätsweinen mit Prädikat. Die Prädikate richten sich, je nach Anbaugebiet und Rebsorte, nach der Höhe des Mostgewichtes.
Im Einzelnen unterscheidet man:
KABINETT · SPÄTLESE · AUSLESE
BEERENAUSLESE · TROCKENBEERENAUSLESE
EISWEIN
Während Kabinett, Spätlese und Auslese sowohl trocken als auch halbtrocken und süß ausgebaut werden können, handelt es sich bei den übrigen Prädikatsstufen immer um süße und edelsüße Weine. Von edelsüßen Weinen spricht man, wenn das Lesegut vom Pilz *Botrytis cinerea* befallen wurde, der den Trauben die gewünschte Edelfäule und somit einen besonderen Geschmack verleiht.
In Österreich kennt man auch das Prädikat Ausbruch für Weine, deren Mostgewicht zwischen Beerenauslese und Trockenbeerenauslese liegt. Auch in Frankreich, besonders im Elsass, nutzt man Prädikate für spät gelesene Weine. Hier unterscheidet man zwischen Vendange tardive (meistens süß), einer Qualitätsstufe zwischen Spätlese und Auslese, sowie der Sélection des Grains Nobles (immer süß), die zwischen Beeren- und Trockenbeerenauslese einzustufen ist.
Auch in Kalifornien und Australien findet man immer häufiger edelsüße Weine von spät- und ausgelesenen Trauben. Eine gesetzlich festgelegte Bezeichnung gibt es in diesen Ländern jedoch (noch) nicht.

RÉSERVE, RESERVA, RISERVA

Nicht selten findet man solche und ähnliche Bezeichnungen auf Weinetiketten und ist geneigt zu glauben, es handle sich um einen besonders hochwertigen Wein. In manchen Fällen trifft dies auch zu, in anderen ist man enttäuscht. Die Weinbauländer, die solche Attribute kennen, besitzen völlig unterschiedliche Richtlinien für deren Gebrauch.
Auf französischen Weinetiketten findet man die Bezeichnung «Réserve» nur sehr selten. Sie hat keinerlei rechtliche Bedeutung, soll jedoch auf

eine höherwertige Qualität des Weines hinweisen. Bei elsässischen Weinen wird gelegentlich auf eine «Réserve personnelle» verwiesen.
In Italien hat der Gesetzgeber die Bezeichnung «Riserva» für verschiedene Weinbaugebiete definiert. Weine mit diesem Prädikat müssen je nach Region zwei bis vier Jahre im Fass und in der Flasche lagern, bevor sie in den Verkauf gelangen dürfen. Ein bekannter Wein dieser Qualitätsstufe ist der Chianti Classico Riserva.
Auch in Spanien gilt die Länge der Reifezeit im Fass und in der Flasche als entscheidend für die Einstufung in verschiedene Kategorien. Als «Crianza» bezeichnet man hier einen Wein, der nicht weniger als zwei Jahre und davon mindestens ein Jahr im Eichenfass gereift ist. Eine «Reserva» hat eine Mindestreife von drei Jahren, wovon mindestens ein Jahr Eichenfasslagerung Pflicht ist. «Gran Reservas» sind auserlesene Jahrgangsweine mit einer zweijährigen Eichenfass- und einer dreijährigen Flaschenreife.
Solche Prädikate geben also lediglich einen Hinweis auf die Reifezeit der Weine, nicht aber auf ihre Qualität.

Vieilles Vignes

Diesen Begriff findet man ab und zu auf französischen, selten auch auf Etiketten von Weinen aus Übersee. Mit dieser Bezeichnung will der Winzer darauf hinweisen, dass die Trauben für diesen Wein von besonders alten Rebstöcken stammen. Es gibt keine Vorschriften für das Mindestalter dieser Reben, aber meistens sind die Stöcke über vierzig, manchmal sogar sechzig bis achtzig Jahre alt.
Der Hinweis «Vieilles Vignes» kann, muss aber nicht zwingend mit einer außerordentlich guten Qualität in Verbindung gebracht werden. Einen besonderen Reiz haben solche Weine allerdings schon, da Rebstöcke hohen Alters meist nur noch wenig Ertrag, dafür hohen Extraktgehalt liefern.

Schaumweine Alle schäumenden Weine gehören unabhängig von der Art ihres Herstellungsverfahrens zu dieser Kategorie. Ihren schäumenden und prickelnden Charakter erhalten diese Weine durch eine zweite Gärung. Zu den Schaumweinen zählt man Champagner, Sekt, Crémant, Cava und Spumante sowie die meisten amerikanischen Sparkling Wines. Sie unterscheiden sich von Weinen, die mittels künstlicher Kohlensäure oder anderer Verfahren ihren schäumenden Charakter erhalten (z. B. Perlwein, Frizzante etc.).

Schaumwein zum Essen

Schaumwein verträgt sich nicht mit vielen Gerichten. Speziell der Geschmack von Saucen wird durch Schaumweine oft gestört. (Köstliche) Ausnahmen sind einige Fischgerichte, Austern, Muscheln und Kaviar (sofern sie nicht von Saucen oder geschmacksintensiven Beilagen begleitet werden).
Trinktemperatur: Frizzante, einfacher Markensekt sowie alle halbtrockenen oder süßen Schaumweine 5°C, feiner Winzersekt, Spumante, Cava, Champagner 6°–7°C, Jahrgangs-Champagner 7°–8°C.

Der Umgang mit Wein

Edle, perfekt ausgereifte und gesunde Trauben aus hervorragender Lage, ein großer Jahrgang und ein genialer Winzer sind die besten Voraussetzungen zur Schaffung eines außergewöhnlichen Weins. Die besten Voraussetzungen, um ein solches Monument zu zerstören, sind falsche Lagerung, unfachmännische Behandlung und die Wahl ungeeigneter Gläser. Es lohnt sich also, einige Aufmerksamkeit auf Lagerung und Service des Weins zu verwenden. Welchen Preis man auch für einen Wein bezahlt, welche Mühe man sich macht, um ihn zu besorgen, wie großartig der Anlass ist, zu dem man ihn trinkt – sorgfältige Behandlung ist das A und O vollendeten Weingenusses.

Die Lagerung Für eine Grillparty im Garten oder eine Vereinsfeier mag es angehen, wenn man im Getränkemarkt morgens einige Flaschen Weißwein besorgt, um diese nachmittags zu konsumieren. Großer Genuss ist nicht zu erwarten und leider oft auch nicht beabsichtigt.

Bereitet man jedoch mit viel Mühe und Engagement ein großes Essen oder ein stilvolles Menü zu, sollte dem Wein die gleiche Sorgfalt gewidmet werden wie den Speisen. Grundvoraussetzung ist, dass die Weine fachgerecht gelagert werden. Ideal ist ein klimatisierter Raum oder Klimaschrank. Die Kosten einer solchen Einrichtung sind für den privaten Verbraucher allerdings oft zu hoch. Dennoch sollte man im Keller, der Speisekammer oder einem selten genutzten, nicht beheizten Raum nach einer Möglichkeit suchen, Weine dunkel und so kühl wie möglich zu lagern.

Findet man keinen geeigneten Platz und ist folglich darauf angewiesen, die Weine je nach Anlass einzukaufen, sollte man einige Regeln beherzigen.

Weißweine, die man recht kurzfristig einkaufen kann, sollte man so lange in den Kühlschrank legen, bis sie die gewünschte Temperatur erreichen. Der Kühlschrank darf allerdings nicht zu kalt sein, denn ein Kälteschock könnte die Qualität des Weins beeinträchtigen. Rotweine sollte man so früh wie möglich einkaufen, sodass sie zu Hause einige Zeit ruhen können. Dies gilt besonders für extraktreiche und ungefilterte Weine. Durch eine Ruhezeit von zwei bis drei Tagen sammeln sich Trubstoffe (das so genannte Depot) am Boden der stehenden Flasche. Für die Zeit der Lagerung ist eine Temperatur von etwa 15°C am günstigsten. Vor dem Servieren kann der Wein bei Zimmertemperatur temperiert werden.

Das Entkorken und Dekantieren Bevor wir den Wein genießen können, kommt das Ritual des Entkorkens, das für den Kenner Spannung und Vorfreude bedeutet, denn erst jetzt erfahren wir, wie sich der gewählte Wein tatsächlich präsentiert.

Vor dem Entkorken ist mit einem scharfen Messer die Kapsel unterhalb des Flaschenhalses zu entfernen. Alle Fremdstoffe auf dem Flaschenhals müssen mit einem Tuch oder Küchenpapier sorgfältig weggewischt werden, damit sie beim Eingießen nicht mit in das erste Glas gelangen. Nun wird der Korkenzieher angesetzt. Am besten eignen sich Geräte mit einem Hebelmechanismus. Korkenzieher, die mit purer Muskelkraft bedient werden, sollte man meiden, denn Korkbruch, Schütteln der Flasche und Verschütten des Weins sind bei solchen Gerätschaften an der Tagesordnung. Im Normalfall steht die Flasche beim Entkorken senkrecht, nur bei sichtbarem Depot sollte man sie vorsichtig in einen Dekantierkorb legen und dann entkorken.

Um den Wein vom Bodensatz zu trennen, wird er ganz langsam in eine geeignete Karaffe umgefüllt. Der Gefahr, dass das Depot mitfließt, begegnet man, indem man die Flasche über eine brennende Kerze oder eine Tischleuchte hält. So erkennt man, wann der Dekantiervorgang abzubrechen ist.

Häufig stellt sich bei Rotweinen die Frage, wann sie dekantiert werden und für wie lange man ihnen Luft gönnen sollte. Zu diesem Thema gibt es (fast) so viele Ansichten wie Weinkenner und Wissenschaftler; eine allgemein gültige Empfehlung kann nicht formuliert werden. Wichtig ist, dass sich jeder Wein, unabhängig von Alter, Rebsorte und Herkunft, durch das Belüften verändert. Ob diese Veränderung positiv oder negativ ausfällt, kann nur der persönliche Geschmack entscheiden.

Die Weingläser Der Wahl geeigneter Weingläser sollte man größte Aufmerksamkeit schenken. Form, Material, Farbe und Art der Herstellung haben einen nicht unwesentlichen Einfluss auf den Genuss des Weins. Obwohl viele Fachhändler eine gute Auswahl genussgerechter Weingläser anbieten, findet man besonders in typischen Weingegenden noch häufig folkloristische Gläser, die zwar hübsch sein mögen, oft jedoch völlig ungeeignet sind, um Wein vollendet zu verkosten. In aller Regel reichen fünf verschiedene Glasformen aus, um die unterschiedlichsten Weine perfekt degustieren und genießen zu können.

Ein gutes Weinglas verzichtet auf jeden Schmuck, Einschliff und vor allem auf farbige Stiele. Nach Möglichkeit sollten die Gläser aus Kristall, farblos und ohne Einschlüsse und Bläschen gefertigt sein. Ganz besonders sollte man darauf achten, dass die Gläser einen geschliffenen Rand haben.

Das Sekt- oder Champagnerglas

Sekt- oder Champagnergläser sind für alle Arten von Schaumwein bestimmt und auch für einen Aperitif geeignet, der mit Sekt oder Champagner zubereitet wird (z. B. Kir Royal). Das ideale Glas ist eine schlanke, hohe Tulpe mit einem längeren Stiel. Abzuraten ist von Schalen und sich sehr breit nach oben öffnenden Kelchen, aus denen die Kohlensäure zu schnell entweicht.

Das kleine Weinglas

Das tulpenförmige, sich nach oben leicht verengende Weinglas hat eine Höhe von 8 bis 9 cm (ohne Stiel), die Öffnung misst im Durchmesser 5 bis 5,5 cm. Gläser mit dieser Form eignen sich am besten für einfache leichte Weißweine, für Süßweine, für Port, Sherry und Madeira.

Das mittelgrosse Weinglas

Dieses tulpenförmige Glas hat idealerweise eine Höhe von 9 bis 10 cm und einen Durchmesser von 6 bis 6,5 cm. Aus solchen Gläsern trinkt man fülligere Weißweine, leichte und mittelschwere Rotweine.

Das grosse Weinglas

Für große rote Gewächse, besonders außergewöhnliche Kreszenzen, ist ein tulpenförmiges Glas mit einer Körperhöhe von 10 bis 11 cm und einem Öffnungsdurchmesser von 6,5 bis 7 cm empfehlenswert.

Das Burgunderglas

Um große Burgunder perfekt zu genießen, sollte man zu einem besonderen Glas greifen, welches das oft überwältigende Bouquet vollendet zur Geltung bringt. Eine bauchige oder fast kugelartige Form von 10 bis 11 cm Höhe und einem Durchmesser von etwa 8 cm ist ideal. Der Glasrand kann leicht nach außen gewölbt sein.

Zweiter Teil

Die wichtigsten Weinbaugebiete, ihre Weine und die passenden Gerichte

In jedem Kapitel werden die einzelnen Anbaugebiete des betreffenden Weinbaulandes vorgestellt. Am Schluss jedes Länderteils folgen die wichtigsten Rebsorten sowie nützliche Tipps, zu welchen Gerichten diese Weine am besten passen.

Deutschland

Auch Deutschland – wie sollte es anders sein? – verdankt seine Geburt als Weinbauland den Römern. Hinter dem Limes, dem römischen Schutzwall, pflanzten die Legionäre im ersten Jahrhundert nach Christus an den Ufern des Rheins und seiner Nebenflüsse erstmals Reben an. Wie in anderen Ländern waren es die mittelalterlichen Mönche, in Deutschland vor allem die der Rheingauer Klöster, die systematisch Weinbau betrieben und denen die Entwicklung und Verbreitung der Weinkultur zu verdanken ist.

Deutschland zählt zwar nicht zu den typischen Weinbauländern, kann aber für sich in Anspruch nehmen, einige der besten Weißweine der Welt zu erzeugen, vor allem aus der Riesling-Traube. Im eher kühlen Klima Deutschlands finden die Reben in den Flusstälern, in denen sich die Wärme staut und das Licht vom Wasser reflektiert wird, die besten Wachstumsbedingungen. Deutsche Riesling-Weine von den steilen Schieferlagen an Rhein und Mosel, nicht zuletzt die edelsüßen Gewächse, genießen international einen hervorragenden Ruf. Auch Weiß-, Grau- und Spätburgunder sowie einige regionale Rebsorten erreichen ausgezeichnete Qualitäten, zumindest wenn sie von Spitzenerzeugern gekeltert werden.

Wo viel Licht ist, ist auch viel Schatten. Eine kaum überschaubare Zahl charakterloser Neuzüchtungen und der modebedingte Anbau importierter Sorten trüben das Bild der deutschen Weinbaulandschaft. Hinzu kommt, dass die vielfältigen Bezeichnungen auf deutschen Weinetiketten wenig Rückschlüsse über die wahre Qualität des deutschen Weins zulassen.

Um die Weine später besser mit den Gerichten abstimmen zu können, nachfolgend einige Hinweise zu den Bezeichnungen auf deutschen Weinetiketten:

Herkunft	Anbaugebiet (z. B. Rheingau)
	Lage (z. B. Erbacher Marcobrunn)
	Weingut (z. B. Schloss Reinhartshausen)
Rebsorte	Riesling
Qualitätsstufen	QbA (Qualitätswein bestimmter Anbaugebiete)
	QmP (Qualitätswein mit Prädikat)
Prädikate	Kabinett · Spätlese · Auslese · Beerenauslese
	Trockenbeerenauslese · Eiswein
Geschmacksangaben/	trocken · halbtrocken
Restzuckergehalt	Fehlt eine Geschmacksangabe auf dem Etikett, bedeutet das in aller Regel, dass es sich um einen milden, lieblichen oder süßen Wein handelt. Manche Winzer verzichten auch bei trockenen und halbtrockenen Weinen ganz auf die Geschmacksangabe.

Es gibt in Deutschland dreizehn Anbaugebiete, die sich nicht nur durch ihre geografischen, geologischen und klimatischen Merkmale sowie die vorwiegend angebauten Rebsorten unterscheiden, sondern auch durch unterschiedliche Richtlinien für die Herstellung von Wein.

Die Ahr Es mag verwundern, dass in der eher kühlen Weinbauregion Ahr, südlich von Bonn gelegen, überwiegend Rotwein kultiviert wird. Die Wachstumsbedingungen für den Spätburgunder (Blauburgunder) sind nicht schlecht, der Grund für die Ausrichtung auf Rotwein liegt aber in einer historischen Begebenheit: Ludwig XIV. besetzte im 17. Jahrhundert das linke Rheinufer. Seine Truppen hatten großen Bedarf an Rotwein, an dessen Genuss sie sich gewöhnt waren. So wurde Rotwein-Anbau an der Ahr zur Tradition.

Geschützt von den Bergen der Eifel, profitiert der Weinbau vor allem vom Wärmestau in der Enge des Ahrtals und von der milden Luft, die vom Rhein her einströmt. An den steilen Felshängen und auf den Terrassen des mittleren Ahrtals finden die Reben gute Wachstumsbedingungen vor.

Die Rotweine von der Ahr sollte man nicht mit ihren Verwandten aus dem Burgund vergleichen. Von all den Vorzügen der großen Gewächse der Côte d'Or haben sie nur einen bescheidenen Teil abbekommen, heben sich jedoch durch ihre eigenwillige Persönlichkeit ab. Einer Hand voll ehrgeiziger Winzer gelingt es heute, nicht die üblichen belanglosen Abfüllungen für Touristen, sondern sehr gute Weine zu erzeugen, rubinrote Spätburgunder mit einem oft verführerischen Bouquet von Himbeeren, Johannisbeeren sowie Kirschen und feinfruchtigen Geschmacksaromen.

Mosel–Saar–Ruwer Die steilen Lagen in den engen Flusswindungen der Mosel und an den Unterläufen von Saar und Ruwer zwischen Trier und Koblenz, die auch heute oft nur in mühsamer Handarbeit kultiviert werden können, liegen meist gut geschützt vor Kälte und dem Wind aus den Bergen des Hunsrück und der Eifel. Das Klima und die mineralreichen Schieferböden dieser Region verleihen den Weinen, allen voran dem Riesling, der hier klar dominiert, ihre einmalige Fülle in Duft und Geschmack.

Wohl nirgendwo sonst in Deutschland gibt es heute so viele herausragende Weinlagen und Weingüter wie an Mosel, Saar und Ruwer. Sie leisten einen bedeutenden Beitrag zum Weltruhm deutscher Rieslinge und lassen fast vergessen, dass auch viele unerfreuliche, süßsäuerliche Massenabfüllungen hier ihre Geburtsstätte haben. Solche Kurantweine werden oft aus qualitativ uninteressanten Traubensorten gekeltert, die in weniger ergiebigen Lagen neben dem Riesling angebaut werden.

Herausragende Riesling-Gewächse kommen von den Lagen der Mittelmosel, dem Bereich Bernkastel, aus den berühmten Weinorten Erden, Ürzig, Zeltingen, Wehlen, Graach, Brauneberg, Piesport und Trittenheim. Wehlener Sonnenuhr, Juffer Sonnenuhr, Ürziger Würzgarten, Trittenheimer Apotheke, Bernkasteler Alte Badstube und Graacher Himmelreich heißen einige der großen Riesling-Lagen, die weit über die Grenzen Deutschlands hinaus bekannt sind.

Von der Saar stammen Rieslinge von höchst eigenwilligem Charakter. Vom Klima nicht gerade verwöhnt, ergeben die besten Lagen dieser Region in großen Jahren Weine von außergewöhnlicher Qualität, deren Zusammenspiel von süßer Frucht und würziger Säure eine unvergleichliche Eleganz erzeugt, besonders bei süßen Weinen. Die Lagen Scharzhofberg, Braune Kupp, Gottesfuß und Oberemmeler Hütte stehen für Saar-Weine erster Güte.

Auch im nordöstlich von Trier gelegenen Ruwertal wachsen zwischen Kasel und Eitelsbach auf Schieferböden filigrane und finessenreiche Rieslinge. Von den Lagen Abtsberg, Herrenberg, Karthäuserhofberg und Kaseler Nies'chen kommen herausragende Weine.

MITTELRHEIN Von Bacharach bis vor die Tore der alten Bundeshauptstadt Bonn erstreckt sich dieses heute eher unbedeutende, mehr vom Tourismus als vom Wein lebende Weinbaugebiet. Enorme Bedeutung hatte Bacharach im Mittelalter und in den darauf folgenden Jahrhunderten, als es im großen Stil Wein in verschiedene Regionen Europas exportieren konnte.

Heute umfasst die Region Mittelrhein nur noch einen Drittel der Weinberge, die sich zu Anfang des 19. Jahrhunderts entlang den Ufern des Rheins an den steilen Schieferbergen hochzogen. In den schwierig zu bearbeitenden, steilen Hängen wächst überwiegend Riesling. Für einfache, leichte Weine werden auch Müller-Thurgau und Kerner angebaut. Der Riesling erreicht hier, von einigen wenigen Ausnahmen abgesehen, nicht die ganz großen Qualitäten der umliegenden Anbaugebiete.

DIE NAHE Als eigenständiges Weinbaugebiet kennt man die Nahe erst seit 1971, als man sich berechtigterweise von dem Begriff «Rheinwein» trennte. Trotz seiner geografischen Nähe zum Rhein verdient das Anbaugebiet Nahe, gesondert betrachtet zu werden, bringen doch Böden, Klima und Kunst der ansässigen Winzer ganz eigenständige Weine hervor.

Die geologische Vielfalt an der Nahe und in ihren Seitentälern erlaubt die Kultivierung einer großen Zahl von Rebsorten. Dominierend ist der Riesling, den mittlerweile eine beträchtliche Zahl von Winzern in hervorragender Qualität erzeugt. Müller-Thurgau ist die zweithäufigste Sorte, verdient jedoch nicht die gleiche Beachtung wie die in letzter Zeit immer häufiger anzutreffenden Weiß- und Grauburgunder.

Die Nahe ist in drei Regionen unterteilt, die jeweils sehr unterschiedliche Weinstile hervorbringen. Im Bereich der oberen Nahe zwischen Kirn und Schlossböckelheim dominieren vulkanische Böden und Buntsandstein. Am Mittellauf der Nahe bis Bad Kreuznach herrschen Lehm- und Lößböden vor, während die Weine am Unterlauf, bis zur Rheinmündung, vorwiegend auf Schieferböden wachsen.

In jedem der drei geologisch unterschiedlichen Bereiche findet der Riesling großartige Wachstumsbedingungen vor – und auch Winzer, die so exzellente Weine erzeugen, dass diese sich weder vor den Spitzengewächsen von der Mosel noch vor denen des Rheingaus verstecken müssen. Besondere Beachtung verdienen die Weine der Lagen Monzinger Halenberg, Schlossböckelheimer Felsenberg, Kupfergrube, Niederhäuser Hermannshöhle, Kerz, Norheimer Dellchen, Traisener Rotenfels, Bastei, Bretzenheimer Pastorei, Löhrer Berg, Laubenheimer Karthäuser, Münsterer Dautenpflänzer, Pittersberg sowie Dorsheimer Goldloch und Pittermännchen.

Der Rheingau Von Süden her kommend, fließt der Rhein bis Mainz in nördlicher Richtung. Einer Laune der Natur folgend, macht der Strom hier einen Knick nach Westen und schafft so die geografisch denkbar besten Voraussetzungen für den Weinbau, sind doch sämtliche Weinberge nach Süden ausgerichtet. Im Rücken von den Taunusbergen geschützt, profitiert der Rheingau von einem überaus milden Klima.

Im Mittelalter verstanden es die Klöster Johannisberg und Eberbach, diesen Vorteil systematisch wirtschaftlich zu nutzen. Den Mönchen dieser beiden Klöster sind auch die enormen Fortschritte des deutschen Weinbaus zu verdanken, die dazu führten, dass deutsche Weine und besonders die des Rheingaus zu Weltgeltung gelangten.

Der in seinem Kernstück nur etwa dreißig Kilometer breite Rheingau beheimatet auf unterschiedlichen Böden phantastische Riesling-Lagen, die weltweit zum Synonym großer deutscher Weine geworden sind. Neben dem Riesling haben im Rheingau nur noch die Spätburgundergewächse vom Assmannshäuser Höllenberg überregionale Bedeutung.

Im Osten, kurz vor Wiesbaden, noch am Main gelegen, finden sich die ersten bedeutenden Riesling-Lagen in Hochheim, von denen Hochheimer Domdechaney, Hochheimer Hölle und Königin-Viktoria-Berg zu den renommiertesten gehören. Am Rauenthaler Berg und bei Kiedrich nördlich von Eltville zählen Rauenthaler Gehrn, Baiken und Wülfen sowie der Kiedricher Gräfenberg zu den herausragenden Lagen. Entlang des Rheins zwischen Eltville und Oestrich befinden sich die berühmten Brunnen-Lagen; der Erbacher Marcobrunn und der Hattenheimer Wisselbrunnen gehören zu Deutschlands berühmtesten Weinbergen. Auch im mittleren Rheingau bis Geisenheim findet man einige beachtenswerte und sehr bekannte Lagen wie etwa den Geisenheimer Kläuserweg, Winkeler Jesuitengarten, Schloss Vollrads und Schloss Johannisberg. Im Westen, kurz bevor hinter Rüdesheim der Rhein wieder einen Schwenker nach Norden macht, liegen an den steilen Schieferhängen des Rüdesheimer Berges die namhaften Lagen Rosengarten, Roseneck, Rottland und Schlossberg.

Rheinhessen Gäbe es nicht einige erfreuliche Ausnahmen von Winzern an der Rheinfront sowie eine Hand voll Weingüter im Wonnegau und im Hinterland Rheinhessens – Deutschlands größte Weinbauregion wäre für anspruchsvolle Weine hoffnungslos verloren. Das Streben nach wirtschaftlichem Erfolg mittels Produktion billiger Massenweine der Sorten Bacchus, Huxelrebe, Siegerrebe, Morio-Muskat, Ortega und Optima hat das Ansehen der gesamten Region ramponiert. Dort, wo sich die Winzer auf die Klasse des Rieslings besinnen und in Ausnahmefällen auch aus Sylvaner, Scheurebe und Kerner niveauvolle Weine erzeugen, haben sie keine Imageprobleme und können sich problemlos mit anderen hochrangigen deutschen Produzenten messen.

Die derzeit besten Weine Rheinhessens findet man an der Rheinfront zwischen Nackenheim und Nierstein in den Lagen Rothenberg, Pettenthal, Hipping, Ölberg und Heiligenbaum, auf denen hervorragende Riesling-Weine, aber auch beachtenswerte Sylvaner und Weißburgunder gedeihen. Zu den Geheimtipps der Region gehören einige ausgezeichnete trockene Grau- und Weißburgunder sowie edelsüße Weine, die von teilweise noch unbekannten, aber sehr engagierten Winzern aus dem Kernland Rheinhessens aus den Sorten Kerner und Scheurebe erzeugt werden.

Die Pfalz Wo der nördliche Nachbar Rheinhessen um sein Ansehen ringt, hat die Pfalz eigentümlicherweise weniger mit ihrem Image zu kämpfen. Zweifellos gibt es auch in dieser Region, in der nach wie vor die höchsten Hektarerträge aller deutschen Weinbaugebiete eingebracht werden, Qualitätsmängel. Andererseits findet man aber auch in keinem anderen deutschen Gebiet so viele aufstrebende Weingüter mit beachtlichem Qualitätsniveau wie in der Pfalz.

Die Natur hat große Teile der Pfalz mit besten klimatischen und geologischen Voraussetzungen für den Weinbau gesegnet. Die meisten Winzer wissen diese Gunst zu nutzen und bauen auf den unterschiedlichen Böden ausgezeichnete Weiß- und Rotweine an. Hier gedeihen auch Rebsorten prächtig, die andernorts nur mittelmäßige Qualitäten ergeben. Neben dem allgegenwärtigen Riesling, der hier wunderschöne Weine mit sehr eigenständigem Charakter hervorbringt und sich deutlich von den filigranen, aber säurebetonten Weinen von Mosel und Rheingau abhebt, können Sylvaner, Gewürztraminer, Weiß- und Grauburgunder mit erstklassigen Qualitäten überzeugen. Selbst Rieslaner und Müller-Thurgau, selten von beachtenswerter Qualität, heben sich hier deutlich vom Durchschnitt ab. Immer häufiger werden in der Pfalz auch die Bemühungen einzelner Winzer belohnt, gute Rotweine zu erzeugen. Neben Spätburgunder ergeben Dornfelder und Schwarzriesling (Pinot Meunier) erstaunlich aromatische, fruchtige Weine.

Das Anbaugebiet der Pfalz erstreckt sich von Kirchheimbolanden im Norden über Neustadt an der Weinstraße und Landau bis hin zur französischen Grenze. Die besten Lagen befinden sich in der Region der Mittelhaardt um Kallstadt, Bad Dürkheim, Wachenheim und Deidesheim. Eine große Zahl von Einzellagen wie beispielsweise Kallstädter Saumagen, Forster Ungeheuer, Wachenheimer Gerümpel und Deidesheimer Kalkofen zählt zur ersten Klasse.

Württemberg Die Rotweintradition in Württemberg geht zurück auf das 17. Jahrhundert. Einheimische Rotweine, besonders der Trollinger, genießen bei der Bevölkerung schon seit dieser Zeit einen hohen Stellenwert. Der blassrote Trollinger (Vernatsch), Lieblingswein der Schwaben, lässt kaum vermuten, dass hierzulande auch hervorragende Rotweine angebaut werden. Die sonst eher als mittelmäßig einzustufende Sorte Lemberger (Blaufränkisch) erreicht stellenweise ein sehr gutes Qualitätsniveau; das gilt auch für den Spätburgunder, der oft im Barrique ausgebaut wird. Modernen, engagierten Winzern besonders in der Region zwischen Heilbronn und Ludwigsburg gelingt es, Jahr für Jahr bessere Weine zu produzieren. Die steilen Lagen auf beiden Seiten des Neckars und das für die Weinkultivierung ungewöhnlich günstige Klima schaffen beste Voraussetzungen für das Wachstum und die Reife anspruchsvoller Rotweine. Ausgezeichnete Riesling-Weine sowie Kerner und Gewürztraminer findet man in einzelnen Lagen des Remstales sowie vor den Toren Stuttgarts in Untertürkheim.

Baden Badischer Wein ist von der Sonne verwöhnt. So will es zumindest die Werbung für diese Weinbauregion glaubhaft machen. Für einen Teil der Anbaufläche trifft dies auch durchaus zu; man sollte aber berücksichtigen, dass das Anbaugebiet acht Unterregionen umfasst, die über ganz Baden verstreut und sehr unterschiedlichen klimatischen Bedingungen ausgesetzt sind.

Aushängeschild der badischen Weinlandschaft ist der Kaiserstuhl, ein erloschener Vulkankegel. Das milde Klima und die fruchtbaren Böden ermöglichen es den Winzern, erstaunliche Qualitäten zu produzieren. Die besten Lagen, von denen man einen herrlichen Blick über den Rhein ins benachbarte Elsass genießt, liegen am Südwesthang des Kaiserstuhls. Trotz der Nähe zum Elsass werden am Kaiserstuhl Weine von ganz anderem Stil erzeugt, filigraner und frischer als die wuchtigen Gewächse der französischen Nachbarn. Die besten Ergebnisse erzielt man hier mit Weiß-, Grau- und Spätburgunder, vereinzelt auch mit Sylvaner und Scheurebe, deren Spitzenweine weit über die Grenzen Deutschlands hinaus Ruhm erlangt haben.

Der Riesling, der am Kaiserstuhl keine ganz großen Qualitäten liefert, findet die besten Bedingungen in der Ortenau, südlich von Baden-Baden zwischen Oberkirch und Offenburg. Auf Granitböden wachsen Rieslingweine, die sich problemlos mit den Spitzengewächsen von Rhein und Mosel messen können.

Die Weine der übrigen badischen Anbaugebiete, mit einer kaum überschaubaren Anzahl unterschiedlicher Rebsorten, sind nur in Ausnahmefällen wahrhaft groß. Erwähnenswert sind dagegen die Weine aus der Gutedeltraube (Chasselas) aus dem Markgräflerland, die über die Grenzen des Gebiets hinaus immer mehr Freunde in Deutschland gewinnen. Es handelt sich in der Regel um trockene, süffige Weine, die besonders gut mit der einheimischen Küche harmonieren.

Hessische Bergstrasse Der Frühling beginnt in Deutschland an der Bergstraße. Wenn anderswo der letzte Schnee schmilzt, blühen zwischen Darmstadt und Heidelberg bereits die Mandelbäume und locken zahlreiche Touristen an, die dieses zauberhafte Naturschauspiel bewundern wollen.

Dank ihrer geografischen Lage ist die Hessische Bergstraße klimatisch bevorzugt. Parallel zum Rheinbecken gelegen, schützen die Ausläufer des Odenwaldes die Weingärten vor unliebsamen Witterungseinflüssen. Somit herrscht an der Bergstraße fast das ganze Jahr über ein milderes Klima als im restlichen Land. Die Reben, meist südwestlich ausgerichtet, wachsen auf fruchtbaren Lößböden. In höheren Lagen findet man auch Verwitterungsböden aus Granit, Kalkstein und Buntsandstein.

Besonders der anspruchsvolle Riesling und auch einige Burgundersorten finden entlang der Bergstraße die allerbesten Bedingungen, und es gelingt einer Reihe von Winzern, großartige Weine zu erzeugen. Angebaut wird auch Müller-Thurgau, der aber wie in anderen Gegenden Deutschlands über kein großes Qualitätspotential verfügt.

Leider sind die Weine dieses kleinen Anbaugebiets außerhalb seiner Grenzen kaum bekannt und nur selten erhältlich. Dennoch sollte man sich die Namen so bemerkenswerter Lagen wie Auerbacher Höllberg, Zwingenberger Steingeröll, Bensheimer Streichling, Heppenheimer Centgericht oder Heppenheimer Steinkopf einprägen.

Franken Zwischen Bamberg und Aschaffenburg, wo der Main in großen Schleifen träge dem Rhein entgegenfließt, liegen auch noch weit von beiden Flussufern entfernt die Weinberge des Frankenlandes. Das Anbaugebiet wird in die drei Regionen Steigerwald, Maindreieck und Mainviereck unterteilt.

Würzburg mit seinen geschätzten Kalkböden gilt als die Weinhauptstadt des Frankenlandes. Von diesen Böden stammen die unnachahmlichen Sylvanerweine der namhaften Weingüter des Bürgerspitals und des Juliusspitals sowie hervorragende Riesling-Weine, die in Franken sonst eher selten zu finden sind. Die ausgezeichnete Lage Würzburger Stein stand Pate für den ursprünglich reichlich unpräzis für Frankenwein allgemein verwendeten Namen «Steinwein». Weitere namhafte Lagen findet man in der Gegend von Würzburg bei Randersacker sowie etwas weiter östlich in Richtung Steigerwald um Iphofen; besonders renommiert ist der Iphofer Julius-Echter-Berg.

Wenn auch der Sylvaner als qualitatives Aushängeschild Frankens gilt, so überwiegt doch der Anbau von Müller-Thurgau, der hier stellenweise sogar überdurchschnittliches Niveau erlangt. Spitzenwinzer aus anderen Gegenden Frankens, besonders im Mainviereck bei Bürgstadt und Klingenberg, kultivieren auch erfolgreich andere Rebsorten, besonders weiße und rote Burgunderreben.

Auf den ersten Blick zu erkennen ist der Frankenwein dank der unverwechselbaren, bauchig-flachen Bocksbeutelflasche, die sich von allen anderen gebräuchlichen Weinflaschen unterscheidet. Neben Franken ist es nur einigen Orten der badischen Ortenau und des zu Baden gehörenden Tauberfranken gestattet, ihre Weine ebenfalls in Bocksbeutel abzufüllen.

Sachsen und Saale-Unstrut Der Weinbau hat in Sachsen (zum Bundesland Sachsen gehört auch Saale-Unstrut) einen schweren Stand. Zu DDR-Zeiten galten Winzer und Weinbau als landwirtschaftliche Vorzeigeminderheit. Heute jedoch werden die beiden kleinen Weinregionen innerhalb des Kanons namhafter deutscher Anbaugebiete häufig von oben herab behandelt und belächelt.

Trotz ungeheurer Anstrengungen und großer Investitionen will es den sächsischen Winzern nicht gelingen, außerhalb der Landesgrenzen Freunde für ihre Weine zu gewinnen. Dies ist nicht nur eine Folge ausschliesslich durchgegorener Weine (unter denen sich gar oft manch saurer Tropfen befindet), die sich in der Heimat problemlos absetzen lassen, sondern vor allem Ausdruck des noch immer vorhandenen Misstrauens gegen diese Region. Die Kunden trauen einem so weit im Nordosten gelegenen Weinbaugebiet einfach weniger zu als den scheinbar klimatisch verwöhnten Gebieten im Südwesten Deutschlands.

Erfreulicherweise arbeiten einige engagierte Winzer unbeirrbar an der Verbesserung ihrer Weinqualität und bringen durchaus empfehlenswerte Tropfen auf den Markt. Interessierte Weingenießer sollten sich Lagen wie Freyburger Schweigenberg, Naumburger Sonneck, Schloss Proschwitz und Pillnitzer Königlicher Weinberg merken. Neben den klassischen deutschen Rebsorten Riesling, Müller-Thurgau und Sylvaner werden auch Burgundersorten und einige Neuzüchtungen kultiviert.

Riesling Der Riesling zählt unbestritten zu den edelsten Weißweinsorten der Welt. Bei keiner anderen weißen Traube findet man eine größere Harmonie von Zucker, Säure und Extrakt. Je nach Lage und Boden entwickelt der Riesling blumige und würzige Aromen, die an Zitrusfrüchte, an grüne Äpfel, Aprikosen und Pfirsiche erinnern; typisch sind auch mineralische Noten, die sich besonders im Alter in markante Petroltöne verwandeln können. Neben den Gewächsen aus dem Elsass und denen aus der Wachau zählen deutsche Riesling-Weine – besonders von Mosel–Saar–Ruwer, der Nahe und dem Rheingau – zu den besten Rieslingen überhaupt und als edelsüße Kreszenzen zu den besten Weißweinen der Welt. Vereinzelt kommen auch aus Rheinhessen, aus der Pfalz, aus der Ortenau, von der Hessischen Bergstraße und aus Franken bemerkenswerte Rieslinge.

Deutscher Riesling zum Essen

Entscheidend für die Wahl eines Rieslings zum Essen ist nicht so sehr das Anbaugebiet, aus dem der Wein stammt, sondern der Restzuckergehalt. Wichtig ist also, ob der Wein trocken, halbtrocken oder süß ausgebaut wurde und zu welcher Qualitäts- bzw. Prädikatsstufe (z.B. Kabinett oder Spätlese) er gehört. Deutsche Rieslinge lassen sich zu allen Teilen eines Menüs kombinieren. Man sollte einen Riesling jedoch immer vor einem Rotwein bzw. einem üppigen, im Barrique ausgebauten Weißwein servieren.
Will man verschiedene Rieslinge zum Essen kredenzen, muss man auf die Reihenfolge der Qualitätsabstufungen achten und nach Möglichkeit einen trockenen vor einem süßen Riesling ausschenken.

Suppen und Vorspeisen

Trockenen oder halbtrockenen Riesling QbA oder Kabinett kann man zu Consommés und klaren Suppen von Fleisch, Geflügel und Fisch sowie hellen gebundenen Suppen servieren.
Bei kalten und warmen Vorspeisen eignen sich sowohl helles Fleisch und Geflügel wie auch Fisch. Salate, auch als Beilage, können eine dezente Säure haben, dürfen die natürliche Säure des Rieslings aber nicht übertrumpfen. Perfekt harmoniert ein trockener Riesling QbA oder Kabinett mit Sülzen sowie mariniertem Fleisch und Fisch.
Ein halbtrockener Riesling passt ausgezeichnet zum klassischen Krabbencocktail und ähnlichen Vorspeisen wie z.B. Avocado mit Krabben oder Crevetten.

Fleisch und Geflügel

Alle Zubereitungsarten von Schweinefleisch, besonders auch Spanferkel, Schweinefilet und gepökelte Teile vom Schwein, vertragen sich wunderbar mit einem trockenen Riesling. Trockener, aber auch halbtrockener Riesling harmoniert perfekt mit allen Gerichten von Poularden, Stubenküken und Kalbfleisch.
Köstlich ist eine trockene Spätlese zu pochiertem Rindfleisch. Es sollten jeweils würzige helle Fonds oder Saucen dazu gereicht werden.
Zu klassischen Gerichten wie Schweinebraten, Wiener Schnitzel, Königsberger Klopsen, Kasseler Rippenspeer und gepökeltem Eisbein ist ein trockener Riesling stets eine gute Empfehlung.

Fisch, Schalen- und Krustentiere

Edle Fische aus Meer oder Süßwasser, auch Muscheln, Austern und alle Arten von Krustentieren werden harmonisch von einem trockenen Riesling begleitet, möglichst von einem Kabinett. Zu Austern, Hummer oder Languste serviert man eine Spätlese. Es sollten, wenn überhaupt, nur feinste Saucen gereicht werden.

Zutaten

Weißer Pfeffer, Kapern, Gartenkräuter wie Petersilie, Kerbel, Dill, Borretsch, Sauerampfer, Melisse und Liebstöckel lassen sich gut mit einem Riesling kombinieren.
Bei den Zutaten sollte man stark parfümierende Gewürze (Nelken, Zimt, Piment etc.) meiden oder wenigstens nur sparsam einsetzen. Ebenso ist auf Sahne in großen Mengen zu verzichten.

Beilagen

Neben allen Zubereitungsarten von Kartoffeln empfehlen sich als Beilage besonders weißes und grünes Gemüse. Riesling passt ausgezeichnet zu Kartoffel- und Gemüsegratins (z. B. Gratin dauphinois, Selleriegratin).

Käse

Einen halbtrockenen Riesling sollte man zu Sauermilchkäse wie z. B. Harzer, Handkäse, Graukäse oder Olmützer probieren.

Deutsche Riesling Auslese, Beerenauslese, Trockenbeerenauslese und Eiswein zum Essen

Die extraktreiche Fülle und opulente Süße sowie die unvergleichlichen Aromen eines edelsüßen Rieslings sollte man nur mit ausgewählten Gerichten vermählen. Feine Pasteten und Terrinen von Stopfleber, ausgesuchte Weichkäse- und Blauschimmelsorten sowie üppige Desserts werden durch diese kostbaren Weine perfekt abgerundet.

Sylvaner Der Sylvaner war lange Zeit hinter dem Riesling der beliebteste deutsche Wein, bevor ihm Müller-Thurgau, die Burgundersorten und verschiedene Neuzüchtungen diesen Rang abliefen. Der Sylvaner zeichnet sich durch eine markante Säure aus, die wegen des weniger prägnanten Extrakts deutlicher hervortritt als beim Riesling. Wenn der Sylvaner auf geeigneten Böden kultiviert wird, gelingt es sorgfältigen Winzern, bemerkenswerte Weine von dieser Traube zu erzeugen, Weine, die den Charakter des Bodens, das so genannte Terroir, deutlich widerspiegeln.

Die feinsten deutschen Sylvaner findet man in Franken, wo das Klima und die Kalkböden ideal sind für diese Rebsorte. Auch aus der Gegend um Nierstein (Rheinhessen), aus der Pfalz und vom Kaiserstuhl kommen einige sehr gute Sylvaner.

Sylvaner zum Essen

Bei einem großen Menü serviert man den Sylvaner, am besten eine fränkische Spätlese, zu den Vorspeisen. Auch zu alltäglichen Gerichten und währschafter Hausmannskost passt ein Sylvaner hervorragend.

Suppen und Vorspeisen

Ein Sylvaner begleitet perfekt leichte Salate. Vorsicht ist bei den Salatsaucen geboten: Wenn der Salat mit einer Vinaigrette angemacht wird, kann die Säure des Essigs den Genuss des Weins beeinträchtigen oder gar verunmöglichen. Ein paar Tropfen feiner Weinessig, Joghurt oder Crème fraîche, auch etwas Grapefruit- oder Orangensaft in der Sauce ergeben eine schmackhafte Kombination mit der frischen Säure eines Sylvaners.

Auch zu anderen kalten Vorspeisen mit Sülzen oder ähnlichen Gelees, mariniertem Fleisch, Geflügel und Fisch sowie kalten Zubereitungen von Gemüse, mariniertem Gemüse und Gemüseterrinen harmoniert ein Sylvaner gut.

Fleisch und Geflügel

Sehr gut passt ein Sylvaner zu Gerichten von gepökeltem Fleisch oder Kasseler Koteletts und Kasseler Rippenspeer, wozu Sauerkraut als Beilage serviert wird.

Ebenso schmackhaft ist die Kombination mit Geflügelragouts, die von einer Weinsauce begleitet werden.

Fisch

Einfache Fischgerichte wie z.B. panierte Filets von Kabeljau, Goldbarsch oder Seehecht lassen sich gerne von einem Sylvaner begleiten.

Zutaten

Bei allen trocken-fruchtigen Weinen mit filigraner Säure sollte man auf stark parfümierende Gewürze (Nelken, Zimt, Piment etc.) verzichten. Weißer Pfeffer, Kapern, Gartenkräuter wie Petersilie, Kerbel, Dill, Borretsch, Sauerampfer, Melisse, Liebstöckel, Schnittlauch und Schalotten dagegen eignen sich gut.

Beilagen

Kartoffelsalat, Blatt- und Gemüsesalate, Kartoffelgratins und -pürees sowie weißes und grünes Gemüse sind zu bevorzugen.

Käse

Die feine Säure einer Sylvaner Spätlese oder einer fränkischen Auslese verträgt sich sehr gut mit vielen Sorten von frischem Ziegenkäse.

Müller-Thurgau Die große Beliebtheit von Müller-Thurgau, speziell in Deutschland, steht in keinem Verhältnis zu seiner Qualität. Die Weine gefallen zwar mit floralen, blumigen Noten, wirken jedoch wegen ihres mangelnden Extrakts und ihrer geringen Säure am Gaumen eher etwas langweilig und flach.

Müller-Thurgau zum Essen

Zu einem wirklich anspruchsvollen Essen sollte man auf einen Müller-Thurgau verzichten. Zu einfachen Gerichten der Hausmannskost, speziell zu kalten Speisen, kann man einen fränkischen Müller-Thurgau eines profilierten Winzers dagegen durchaus empfehlen.

Grauburgunder In Deutschland ist Grauburgunder vielerorts noch unter dem Namen Ruländer anzutreffen; insbesondere süß ausgebaute Weine werden so genannt. Als Tokay Pinot gris kennt man diese Rebsorte im Elsass, als Pinot grigio in Italien. Grauburgunder sind Weine von meist kräftiger Farbe. Besonders Spätlesen zeichnen sich durch ein dezentes Bouquet mit einer großen Fülle von Aromen aus, mit Noten von reifen Früchten, Butter, Honig, gerösteten Mandeln und Rauch. In den meisten Fällen werden Grauburgunder trocken ausgebaut, in der Pfalz und in Baden findet man mitunter aber auch hervorragende süße Varianten (Ruländer).

Grauburgunder zum Essen

Ein Grauburgunder harmoniert mit vielen cremigen oder sahnigen Zubereitungsarten, besonders mit Gerichten, die schlecht zu säurereichen Weinen wie Riesling oder Sylvaner passen. Weißweinliebhaber sollten zu einer Grauburgunder Spätlese greifen, wenn zu einem Gericht eigentlich ein Rotwein empfohlen wird, sie aber (aus welchen Gründen auch immer) auf diesen verzichten möchten.

Suppen und Vorspeisen

Grauburgunder passt besonders gut zu hellen, gebundenen Suppen, kalten und warmen Vorspeisen von weißem Geflügel, Kaninchen und Kalbfleisch, deren Terrinen und Pasteten sowie anderen Kreationen mit Brioche- und Blätterteig. Empfehlen kann man ihn auch zu Pastagerichten sowie zu Risotto und Eierspeisen.

Fleisch und Geflügel

Gerichte von pochiertem Kalb- und Rindfleisch und zart gebratenes Geflügel lassen sich besonders gern von einem Grauburgunder begleiten. Wegen ihrer Konsistenz und ihres Eigengeschmacks haben es Innereien (besonders Leber) schwer, einen passenden Wein zu finden. Grauburgunder ist eine ideale Lösung dieses lukullischen Problems. Außerdem passt Grauburgunder sehr gut zu mild geräuchertem Fleisch.

Fisch

Fisch, zu dem man einen Grauburgunder wählt, sollte von einer geschmacksintensiven Art sein wie z. B. Lachs, Steinbutt oder Seeteufel.

Zutaten

Mit Maß kann man alle gängigen Küchenkräuter und Gewürze nutzen, mit Ausnahme der scharfen und stark parfümierten Zutaten der asiatischen Küche.

Beilagen

Nudeln, Kartoffelpüree und Reis sind ideale Beilagen. Spinat, Kohlrabi, Mangold, Steinpilze, andere edle Röhrlinge, Pfifferlinge und Morcheln ergänzen die Aromenvielfalt des Grauburgunders aufs Schönste. Feine Gemüseflans sind ebenfalls sehr zu empfehlen.

Weissburgunder In Frankreich kennt man diese Rebsorte als Pinot blanc, in Italien als Pinot bianco. Speziell in Deutschland erfreut sich Weißburgunder einer zunehmenden Beliebtheit, und mittlerweile kommen rassige Weißburgunder gehobener Qualität nicht mehr alleine aus Baden, sondern auch von der Nahe, aus der Pfalz und aus Franken.

Mit etwas höherer Säure als Grauburgunder ausgestattet, wird der relativ körperreiche Weißburgunder manchmal mit Chardonnay (mit dessen Größe er sich allerdings nicht messen kann) verwechselt, da er durchaus ähnliche Aromen wie dieser aufweist.

Weissburgunder zum Essen

Weißburgunder lässt sich als Essensbegleiter sehr vielseitig einsetzen, denn er harmoniert mit vielen kalten und warmen Gerichten der alltäglichen Küche.

Suppen und Vorspeisen

Man kann einen Weißburgunder zu jeder Bouillon, Consommé oder gebundenen Suppe von Fleisch, Geflügel oder Fisch servieren. Er passt ganz ausgezeichnet zu feinen Salaten von Geflügel, Fisch, Schalen- und Krustentieren, marinierten Spezialitäten und Carpaccio von Kalbfleisch, Ente und Fisch, Tatar von Edelfischen sowie zu Terrinen und Pasteten von Fisch.
Bei den warmen Vorspeisen serviert man ihn zu feinen Zubereitungsarten von Kalbfleisch (Bries, Zunge und Kalbskopf), Geflügel sowie Fisch, Schalen- und Krustentieren. Auch Nudel- und Pastagerichte ergänzt ein Weißburgunder ausgezeichnet.

Fleisch und Geflügel

Weißburgunder passt zu vielen Variationen von Kalbfleisch und auch zu pochierten Zubereitungsarten von Ochsenfleisch (Filet, Tafelspitz, Zunge).
Zu Stubenküken und Poularden wie auch zu Kaninchen eignet er sich ebenfalls sehr gut. Dazu serviert man helle Saucen und Fonds, die mit Sahne, Butter, Weißwein und Gartenkräutern verfeinert sein können.

Fisch, Schalen- und Krustentiere

Zu Süßwasser- und Meeresfischen ist der Weißburgunder eine gute Wahl. Hierzu passen alle Kräutersaucen und alle aus Butter gefertigten Saucen wie Beurre blanc, Sauce hollandaise etc. Ebenso gut harmoniert er mit Jakobsmuscheln, Scampi, Garnelen oder Flusskrebsen.

Zutaten

Petersilie, Kerbel, Schnittlauch, Dill, Estragon, Liebstöckel, weißer Pfeffer, Koriander- und Fenchelsamen, Lorbeerblatt und Safran sind empfehlenswerte Zutaten. Chili, Cayennepfeffer, Nelke, Zimt, Muskat und andere stark parfümierende oder scharfe Gewürze sollte man vermeiden oder nur sehr sparsam einsetzen.

Beilagen

Alle Zubereitungsarten von Kartoffeln, weißes und grünes Gemüse.

Andere Gerichte

Weißburgunder passt sehr gut zu kalten Platten, Eierspeisen, Omeletts, Tartes, Quiches und Aufläufen.

Kerner und Scheurebe Von allen deutschen Neuzüchtungen des zwanzigsten Jahrhunderts verdienen Kerner und Scheurebe die größte Aufmerksamkeit, denn es gelingt immer mehr Winzern, beachtenswerte Weine aus diesen beiden Rebsorten zu erzeugen. Sicherlich reichen diese Weine nicht an die Größe eines Rieslings heran, dennoch ähneln sie in ihrem Charakter dem Riesling so weit, dass man sie zu den gleichen Gerichten empfehlen kann, zu denen man auch einen Riesling trinkt.

Spätburgunder Von allen in Deutschland angebauten roten Rebsorten genießt der Spätburgunder (Blauburgunder, Pinot noir) die höchste Wertschätzung. Wenn er auch hierzulande nicht den edlen Charakter und die Opulenz der französischen Pinots noirs erreicht, so gelingt es immer mehr Winzern an der Ahr, im Rheingau, in der Pfalz, ja sogar in Franken und speziell in Baden, hervorragende Spätburgunder zu erzeugen.

Spätburgunder zum Essen

Man kann Spätburgunder zu einem einfachen Mittagsgericht genauso genießen wie zu einem festlichen Menü. Trocken ausgebaute Spätburgunder harmonieren mit vielen leichteren Speisen der alltäglichen kalten und warmen Küche. Man kann sie jedoch bei entsprechender Qualität (besonders trockene Spätlesen) auch zu einem großen Essen reichen.

Suppen und Vorspeisen

Die frische Fruchtigkeit von Spätburgundern verträgt sich weniger mit Suppen, abgesehen von klaren Ochsenschwanzsuppen oder Wildessenzen und anderen Wildsuppen.
Der Spätburgunder passt dagegen ideal zu Wurst- und Schinkenplatten, Aufschnitt von kaltem Braten und Roastbeef, bäuerlichen Terrinen und Pasteten, Steak Tatare, Fleisch- und Wurstsalaten.

Fleisch, Wild und Geflügel

Ein Spätburgunder ist jederzeit zu gebratenen und geschmorten Fleischgerichten vom Schwein, Rind, Geflügel und Kaninchen empfehlenswert. Auch zu gebratenem Hähnchen, Schnitzel oder Kotelett vom Schwein und Wildragouts passt er ausgezeichnet. Begleitende Fonds und Saucen dürfen als Grundlage einen Spätburgunder haben oder mit diesem fein abgeschmeckt sein.

Fisch

Für so manchen Weingenießer mag es noch außergewöhnlich sein, aber: Es lohnt sich, einen Spätburgunder zu gebratenem Filet von Kabeljau, Seelachs, Schellfisch, Rotbarsch oder zu einem auf der Haut gebratenen Filet eines Edelfisches zu probieren!

Zutaten

Um die Speisen mit einem Spätburgunder genießen zu können, sollte man auf aufdringliche und vor allem auf scharfe Gewürze wie auch auf sehr saure Zutaten verzichten. Die Saucen werden nach Möglichkeit ohne Sahne zubereitet, sondern mit einem einfachen Spätburgunder oder einem ähnlichen Wein abgeschmeckt.

Beilagen

Als Beilagen empfehlen sich Kartoffelgratins, Pommes soufflées, Pommes mousseline und Schupfnudeln, feine Gemüse wie Schwarzwurzeln, Kohlrabi, Möhren oder Mairübchen.

Käse

Ein Spätburgunder passt zu vielen, nicht allzu fetten Rohmilch-Weichkäsen.

Dornfelder, Lemberger, Schwarzriesling und St. Laurent Mit der wachsenden Beliebtheit des deutschen Rotweins gewinnen auch Rebsorten wie Dornfelder, Lemberger, Schwarzriesling und St. Laurent zunehmend an Bedeutung. Sie sind zwar nicht unmittelbar mit dem Spätburgunder vergleichbar, aber bei sorgfältiger Pflege im Weinberg und fachmännischer Vinifizierung ergeben auch diese Sorten durchaus ansprechende Rotweine. Man kann sie zu den gleichen Gerichten genießen, zu denen man einen Spätburgunder empfiehlt.

Österreich

Die Weine Österreichs werden außerhalb der Landesgrenzen – abgesehen von wenigen interessierten Weinliebhabern – leider immer noch unterschätzt. Dies mag im Zusammenhang mit dem österreichischen Weinskandal in den 80er-Jahren stehen, der verheerende Folgen für das Image des Weinlandes Österreich hatte. Und einen ramponierten Ruf wieder zu kitten, braucht viel Zeit und Geduld... Doch vielleicht war der Schock des Weinskandals auch heilsam, hat sich doch mittlerweile das Qualitätsdenken auf breiter Front durchgesetzt. So kann man nicht genug betonen, dass in Österreich viele Weißweine von internationaler Größe und zunehmend auch beachtenswerte Rotweine erzeugt werden.

Weinbau wird heute in Österreich in den östlichen und südöstlichen Landesteilen betrieben, nämlich in Niederösterreich, Wien, dem Burgenland und in der Steiermark, und zwar in sechzehn Weinbauregionen: Wachau, Kremstal, Kamptal, Traisental, Donauland, Weinviertel, Carnuntum, Thermenregion, Wien, Neusiedlersee, Neusiedlersee-Hügelland, Mittelburgenland, Südburgenland, Süd-Oststeiermark, Südsteiermark, Weststeiermark.

In diesen Regionen finden die unterschiedlichsten Rebsorten größtenteils hervorragende klimatische und geologische Anbaubedingungen vor. So verwundert es auch nicht, dass es in Österreich einen sehr umfangreichen Rebsortenspiegel für Qualitätsweine gibt. Nicht alle angebauten Sorten verdienen es, speziell hervorgehoben zu werden, doch die besten wollen wir besonders erwähnen.

Um einen österreichischen Wein später besser den jeweiligen Gerichten zuordnen zu können, sollte man die wichtigsten Details der österreichischen Weinetiketten kennen:

Herkunft	Anbauregion (z. B. Wachau)
	Ried (= Lage, z. B. Achleiten)
	Weingut (z. B. Weingut Prager)
Rebsorte	Grüner Veltliner
Qualitätsstufen	Qualitätswein
und Prädikate	Kabinettwein
Prädikatswein	Spätlese – Auslese – Beerenauslese – Ausbruch
	Trockenbeerenauslese – Eiswein
	Die Angaben Steinfeder, Federspiel und Smaragd
	sind Qualitätsangaben, die nur in der Wachau zulässig sind.
	Sie haben in dieser Reihenfolge die Bedeutung von
	Qualitätswein, Kabinettwein, Spätlese.
Geschmacksangaben/	trocken – halbtrocken
Restzuckergehalt	lieblich – süß

Niederösterreich Die Weinbaugebiete Niederösterreichs haben eine lange Geschichte, die weit bis in die Zeit vor der römischen Besetzung zurückreicht. Noch heute bestehen bewährte, jahrhundertealte Rieden (Lagen), ein Beleg für die Tradition der Winzerkunst in Niederösterreich.

Die renommiertesten Lagen und namhaftesten Winzer Niederösterreichs findet man entlang der Donau, in der Wachau, im Kremstal und im Kamptal. In diesen drei Regionen werden Grüner Veltliner und Riesling von großer Qualität erzeugt. Einigen engagierten Winzern ist es mit ihren Spitzengewächsen gelungen, zu internationaler Bedeutung aufzusteigen. Ihre Riesling-Weine können jedem Vergleich mit denen von der Mosel, aus dem Rheingau oder dem Elsass standhalten. Unvergleichlich in ihrer Art sind die Grünen Veltliner, die in der Spitze mit vielen anderen bedeutenden Weißweinsorten konkurrieren können.

In den anderen Regionen des Ostens und Nordostens Niederösterreichs, dem Traisental, dem Weinviertel, dem Donauland und dem Carnuntum bemühen sich die Winzer teilweise sehr, den Erfolgen der vorgenannten Regionen nachzueifern. Bisher haben sie aber nur wenige Weine von überregionaler Bedeutung hervorgebracht.

Bemerkenswert hingegen ist die qualitative Entwicklung vieler Winzer und ihrer Weine in der Thermenregion. Dieses Gebiet beginnt quasi am südlichen Stadtrand von Wien und erstreckt sich bis an den Rand der Region Neusiedlersee-Hügelland. Ihren Namen bekam die Region von den warmen Quellen und antiken Thermalbädern, die allerdings keinen Einfluss auf das Klima haben, das als wärmstes aller österreichischen Anbaugebiete gilt.

Diese vorteilhaften klimatischen und geologischen Voraussetzungen werden in Teilen der Region von umtriebigen Winzern zur Erzeugung feiner Weiß- und Rotweine der unterschiedlichsten Rebsorten genutzt, worunter sich auch erstaunlich gute Qualitäten importierter Rebsorten finden wie z.B. Chardonnay oder Cabernet Sauvignon.

Wien Weltweit genießt Wien als einzige Hauptstadt eines Landes das Privileg, ein abgeschlossenes Weinbaugebiet innerhalb seiner Stadtgrenzen zu beherbergen. Die Geschichte des Wiener Weinbaus geht archäologischen Funden zufolge bis auf die Kelten zurück. Große Bedeutung hatte der Weinbau im 2. und 3. Jahrhundert unserer Zeitrechnung im damaligen Vindobona (Wien) für die römischen Besatzungssoldaten. Da es zu aufwendig war, die Weine für die Legionen aus Italien einzuführen, bestockte man in und um Wien große Flächen mit Wein. Von der enormen Bedeutung des Wiener Weinbaus während des Mittelalters zeugen riesige, mehrere Stockwerke tiefe Weinkeller unterhalb der Innenstadt.

Die besten Lagen befinden sich im Norden der Stadt, auf der rechten Seite der Donau, die wesentlichen Einfluss auf das Kleinklima der Region nimmt. Namhafte Rieden liegen um die Vororte Kahlenbergerdorf, Nussdorf-Heiligenstadt, Grinzing, Sievering und Dornbach. Bekannt sind die Wiener Weine über die Landesgrenzen hinaus hauptsächlich als Heuriger. Zweifelsohne wird tatsächlich ein großer Teil der Ernten für diese vor allem für den Tourismus interessanten Weine verwendet. Daneben wird leider oft übersehen, dass einige hervorragende Winzer beachtenswerte Grüne Veltliner, Rieslinge und Weißburgunder erzeugen.

Burgenland Zu den Anbaugebieten des Burgenlands zählen Neusiedlersee, Neusiedlersee-Hügelland, Mittelburgenland und Südburgenland. Das einzigartige Klima dieser Region, speziell in den Anbaugebieten rund um den Neusiedlersee, schafft ausgezeichnete Voraussetzungen für den Anbau der unterschiedlichsten Rebsorten, besonders solcher, die man sonst eher im südlicheren Europa vermutet.

Neben den klimatischen Vorzügen und der großen Anzahl hervorragender Rieden sind die innovativen Winzer die treibende Kraft, die dafür sorgt, dass die burgenländischen Spitzengewächse zum Besten gehören, was in der Welt des Weins erzeugt wird. Neben trockenen Weißweinen und großartigen Rotweinen aus unterschiedlichsten Rebsorten sind es besonders die edelsüßen Weine, die zum Weltruhm des Burgenlands beigetragen haben.

Die besten Weine der Region werden aus den Sorten Weißburgunder (Pinot blanc), Chardonnay, Muskateller, Pinot gris (Ruländer), Traminer, Blaufränkisch, Zweigelt, Blauburgunder, St. Laurent sowie neuerdings auch Cabernet Sauvignon und Merlot gekeltert. Der Grüne Veltliner dagegen erreicht im Burgenland nicht die große Qualität wie an den Ufern der Donau. Auch der Welschriesling, den man nicht mit dem Riesling (hier auch Rheinriesling genannt) verwechseln sollte, zählt hier nicht zu den großen Gewächsen.

Um sich einen genauen Überblick über die Vielfalt der angebauten Rebsorten im Burgenland auf der großen Zahl von Qualitätsrieden (mit ganz hervorragenden Lagen) zu verschaffen, sollte der interessierte Leser den «Atlas der österreichischen Weine» von Wolfgang Dähnhard (Hallwag) zu Rate ziehen.

Steiermark Die Anbaugebiete der Steiermark unterteilen sich in die Regionen Weststeiermark, Südsteiermark und Südoststeiermark. Der facettenreiche Weinbau in diesem Landesteil profitiert von der klimatischen Grenzlage zwischen Nord- und Südeuropa. Die Winzer machen sich die Vorzüge der Natur zunutze und pflanzen viele unterschiedliche Rebsorten an.

Neben klassischen Gewächsen wie Welschriesling und Schilcher (eine Spezialität der Region, eigentlich Blauer Wildbacher) gedeihen Chardonnay, Sauvignon blanc, Muskateller und Gewürztraminer von großer Qualität. Eine Namens-Besonderheit ist der Morillon, hinter dem sich nichts anderes als die traditionelle französische Rebsorte Chardonnay verbirgt. Immer mehr Winzer in der Steiermark produzieren hervorragende Rotweine. Neben den einheimischen Rebsorten profiliert sich hauptsächlich der Cabernet Sauvignon.

Grüner Veltliner Der Grüne Veltliner – besonders die Spitzengewächse aus der Wachau und aus dem Kamptal – gehört nicht nur zu den feinsten, sondern auch zu den vielseitigsten Weißweinen. Gereifte Spätlesen (Smaragd in der Wachau) können sich jederzeit mit großen trockenen Riesling-, Chardonnay- oder Sauvignon-blanc-Weinen messen. Ein guter Grüner Veltliner ist stets sehr körperreich, zeichnet sich durch herb-fruchtige Aromen aus und weist einen charakteristischen pfeffrigen Geschmack auf.

Grüner Veltliner zum Essen

Neben Chardonnay lässt sich kaum ein anderer Weißwein so vielseitig mit Speisen kombinieren wie ein Grüner Veltliner. Er harmoniert nicht nur mit vielen kalten und warmen Gerichten der Alltagsküche, sondern kann zu allen Bestandteilen eines großen Menüs gereicht werden.

Suppen und Vorspeisen

Grüner Veltliner passt zu Consommés und allen hellen, gebundenen Suppen. Besonders empfehlenswert ist er zu kalten und warmen Vorspeisen von weißem Geflügel, Kaninchen und Kalbfleisch sowie deren Terrinen und Pasteten. Einen besonderen Genuss verspricht er in Kombination mit Pastagerichten, Risotto und Eierspeisen, da er nicht so viel Säure aufweist wie beispielsweise ein Riesling.

Fleisch und Geflügel

Zu Gerichten von pochiertem oder zart gebratenem Kalb- und Rindfleisch oder Geflügel empfiehlt sich jederzeit ein Grüner Veltliner, besonders zu den österreichischen Spezialitäten Wiener Schnitzel oder Backhendl. Außerdem passt dieser Wein hervorragend zu gebratenen Innereien.

Fisch, Schalen- und Krustentiere

Grüner Veltliner harmoniert mit allen Zubereitungen von Süßwasser- und Meeresfischen. Als Saucen empfehlen sich feine Weißweinreduktionen, milde Fischfonds, Kräutersaucen und alle aus Butter gefertigten Saucen wie Beurre blanc, Sauce hollandaise etc. Besondere Freude macht dieser Wein auch zu Jakobsmuscheln, Scampi, Garnelen oder Flusskrebsen sowie zu Hummer oder Languste.

Zutaten

Mit Maß kann man alle gängigen Küchenkräuter und Gewürze nutzen, mit Ausnahme der scharfen und stark parfümierten Zutaten der asiatischen Küche.

Beilagen

Nudeln, Kartoffelpüree und Reis sind ideale Beilagen. Spinat, Kohlrabi, Mangold, Steinpilze, andere edle Röhrlinge, Pfifferlinge und Morcheln ergänzen diese Gerichte wunderbar. Auch feine Gemüseflans und -aufläufe sind sehr zu empfehlen.

Riesling Empfehlungen, zu welchen Speisen österreichischer Riesling am besten passt, finden sich auf Seite 49f. (deutscher Riesling) und auf Seite 74f. (Elsässer Riesling).

Weissburgunder (Pinot blanc) Empfehlungen, zu welchen Speisen österreichischer Weißburgunder am besten passt, finden sich auf Seite 53 (deutscher Weißburgunder).

Chardonnay (Morillon) Empfehlungen, zu welchen Speisen österreichischer Chardonnay am besten passt, finden sich auf Seite 90f. (Weißweine der Côte de Beaune).

Sauvignon blanc Empfehlungen, zu welchen Speisen österreichischer Sauvignon blanc am besten passt, finden sich auf Seite 80f. (Sancerre und Pouilly Fumé).

Blaufränkisch Österreich ist das Hauptanbauland für den Blaufränkisch, den man in Deutschland unter der Bezeichnung Lemberger kennt. Die feinsten Weine aus Blaufränkisch kommen vom Neusiedlersee und dessen Hügelland, wo er in dem milden Klima die besten Wachstumsbedingungen vorfindet. Der Blaufränkisch bringt gehaltvolle, sehr fruchtige Rotweine hervor, die mit ihren subtilen Beerenaromen oft an einen Beaujolais-Villages erinnern.

Blaufränkisch zum Essen

Der elegante Charakter und die ausgeprägte Fruchtigkeit des Blaufränkisch lassen sich gut zu leichteren Gerichten mit nicht allzu fetten Zutaten kombinieren. Der Wein empfiehlt sich besonders dann zu Vorspeisen, wenn ein üppiger Hauptgang folgt, zu dem ein schwererer Rotwein gewählt wird.

Suppen und Vorspeisen

Blaufränkisch gehört zu den Rotweinen, die man auch ausgezeichnet zu klaren Gemüsesuppen und Bouillons servieren kann. Darüber hinaus empfiehlt er sich zu klaren Ochsenschwanzsuppen oder Wildessenzen.

Als Begleiter zu Terrinen und Pasteten von Wild, Wildgeflügel, Geflügel- und Schweineleber, zu geräucherten oder luftgetrockneten Spezialitäten von Schwein, Wild, Gans oder Ente ist er eine perfekte Wahl.

Fleisch, Wild und Geflügel

Alle gebratenen oder geschmorten Gerichte von Schwein, Kalb, Kaninchen oder Geflügel, deren Saucen nicht zu üppig sind, harmonieren perfekt mit einem Blaufränkisch. Zu gebratener Kalbs- oder Rinderleber ist er ebenfalls eine gute Wahl.

Auch mit Wildgerichten, besonders mit Wildschwein, Fasan, Wachteln und Wildtauben vermählt er sich sehr schön.

Fisch

Blaufränkisch gehört zu den Rotweinen, die man mit großem Genuss auch zu gebratenem Fisch trinken kann, besonders wenn der Fisch auf der Haut gebraten wird.

Zutaten

Man kann auf alle gängigen Küchenkräuter und Gewürze zurückgreifen, nur die scharfen und stark parfümierten Zutaten der asiatischen Küche sollte man besser meiden.

Beilagen

Als Beilagen empfehlen sich mit Ausnahme von Fenchel und Spargel alle frischen Gemüse, besonders auch Pilze. Gut eignen sich auch Kartoffelgerichte, Reis und Nudeln.

Käse

Ein Blaufränkisch harmoniert gut mit milden Schnittkäsen in der Art eines Gouda, ebenso mit Brie und Camembert.

Blauburgunder Empfehlungen, zu welchen Speisen österreichischer Blauburgunder am besten passt, finden sich auf Seite 54 (deutscher Spätburgunder) oder auf Seite 89 (Rotweine der Côte de Nuits).

St. Laurent Der St. Laurent ist der heimliche Superstar der österreichischen roten Rebsorten. Besonders im warmen Klima des Burgenlandes findet er hervorragende Wachstumsbedingungen und wird von einigen Winzern zu grandiosen Rotweinen verarbeitet. In Bestform ergibt der St. Laurent tiefdunkle, samtige Rotweine mit feinwürzigen Noten und erinnert manchmal an extraktreiche Pinots noirs. Zu voller Größe entwickelt er sich dank dem Ausbau im Barrique.

St. Laurent zum Essen

Ein St. Laurent eignet sich zu einem einfachen Mittagsgericht genauso wie zu einem festlichen Menü. Er harmoniert auch mit vielen leichteren Speisen der kalten und warmen Alltagsküche.

Suppen und Vorspeisen

Die samtigen und teils recht extraktreichen St.-Laurent-Weine sind zu Suppen weniger empfehlenswert, es sei denn, man reicht sie zu kräftigen Wildessenzen und anderen Wildsuppen.

St. Laurent ist ein perfekter Begleiter zu Vorspeisen von Wild, Wildgeflügel, Geflügel- und Schweineleber, zu geräucherten und luftgetrockneten Spezialitäten. Er passt auch sehr gut zu Wurst- und Schinkenplatten, zu Aufschnitt von kaltem Braten und Roastbeef, ländlichen Terrinen und Pasteten sowie zu Steak Tatare.

Fleisch, Wild und Geflügel

St. Laurent begleitet sehr schön gebratene und geschmorte Fleischgerichte von Schwein, Rind, Lamm und Wild.

Zutaten

Man kann alle gängigen Küchenkräuter und Gewürze verwenden, mit Ausnahme der scharfen und stark parfümierten Zutaten der asiatischen Küche.

Beilagen

Als Beilagen empfehlen sich Kartoffelgratins, Pommes soufflées, Pommes mousseline und Schupfnudeln, feine Gemüse wie Schwarzwurzeln, Kohlrabi, Möhren oder Mairübchen.

Käse

Ein St. Laurent passt zu zahlreichen, nicht allzu fetten Rohmilch-Weichkäsen.

Zweigelt Der Zweigelt ist wohl die populärste rote Rebsorte Österreichs. Sie ist eine Kreuzung zwischen Blaufränkisch und St. Laurent, erreicht jedoch auch bei besten Voraussetzungen nicht die Größe der beiden Elternteile. Zweigelt-Weine von besserer Qualität erinnern in ihrer Aromatik durchaus an Blaufränkisch und St. Laurent, wirken dabei jedoch oft etwas flacher.

Zweigelt zum Essen

Zwar vermag ein Zweigelt die Ansprüche, die man an einen Blaufränkisch oder an einen St. Laurent stellt, nur selten zu erfüllen. Trotzdem kann man ihn zu den gleichen Speisen ausschenken wie diese beiden Sorten.

Cabernet Sauvignon Empfehlungen, zu welchen Speisen österreichischer Cabernet Sauvignon am besten passt, finden sich auf Seite 97f. (Rotweine aus dem Médoc und den Graves).

Schweiz

Die Schweiz ist zwar nur ein kleines, international gesehen nicht sehr bedeutendes Weinbauland, doch findet der Liebhaber hier auf kleinstem Raum eine überwältigende Vielfalt verschiedenster Weine und Rebsorten. Umgeben von vier großen Weinbauländern (Frankreich, Italien, Österreich und Deutschland) bietet die Schweiz sehr unterschiedliche und eigenwillige Weinstile. Dass ihre Weine im Ausland kaum bekannt sind, liegt nicht nur an der geringen Produktion oder den verhältnismäßig hohen Preisen, sondern schlicht daran, dass Herr und Frau Schweizer ihre Weine gerne selber trinken – zusätzlich zu den beachtenswerten Mengen, die jedes Jahr aus dem Ausland importiert werden.

Die Geschichte des Schweizer Weinbaus ist vergleichbar mit derjenigen der Nachbarländer. Archäologische Funde belegen, dass schon lange vor der römischen Besetzung Reben angebaut wurden; ob daraus allerdings auch Wein gekeltert wurde, weiß man nicht. Eine bedeutende Entwicklung erlebte der Weinbau während des Mittelalters, als er vor allem von den Klöstern kräftig gefördert wurde.

Weingeografisch wird die Schweiz in drei große Gebiete unterteilt, die mehr oder weniger den Sprachgrenzen folgen: die französischsprachige Westschweiz, die deutschsprachige Ostschweiz (die Weinregion Ostschweiz umfasst auch die nordwestlichen Gebiete des Landes, in denen deutsch gesprochen wird) und die italienischsprachige Südschweiz. Bemerkenswert ist, dass jeder Schweizer Kanton – sogar die bergigen, klimatisch rauen Innerschweizer Gebiete – Rebbau betreibt, teilweise zwar nur in winzig kleinen Mengen und hobbymäßig, aber immerhin. Die raren Flaschen werden den Produzenten jeweils fast aus den Händen gerissen…

Schweizer Reben wachsen fast ausnahmslos an den Ufern der größeren und kleineren Seen des Mittellandes oder aber an Flussläufen, wo das Kleinklima besonders vorteilhaft ist für die Kultivierung von Reben. Wenn man die Schwindel erregend steilen Reblagen am Lac Léman (Genfer See) oder im Wallis betrachtet, dann versteht man, wieso eine Flasche Schweizer Wein gar nicht preiswert sein kann. Die Produktionskosten sind sehr hoch, allerdings steht die Qualität meistens durchaus in einem vernünftigen Verhältnis zum Preis.

Im Gegensatz etwa zu Deutschland und Österreich werden die Schweizer Weine fast ausschließlich trocken ausgebaut, mit Ausnahme weniger erlesener, edelsüßer Spezialitäten.

Westschweiz Die Westschweiz ist das wichtigste Anbaugebiet der Schweiz. Der größte (und interessanteste) Weinbaukanton ist das Wallis, gefolgt von der Waadt und dem Kanton Genf. Auch am Neuenburgersee, am Bieler- und Murtensee (im Kanton Bern) sowie im Kanton Freiburg wachsen interessante Weine.

Wallis Das Wallis mit einer fast unüberschaubaren Menge an kultivierten Rebsorten (es sind deren 45!) ist der mit Abstand größte und wichtigste Schweizer Weinbaukanton. Im Volksmund wird das Tessin als die Sonnenstube der Schweiz bezeichnet; ein Blick auf die Klimakarten zeigt, dass dieses Attribut eigentlich dem Wallis zustehen würde. Nicht weniger als 2094 Stunden pro Jahr scheint im oberen Rhônetal zwischen Visp und Martigny die Sonne, im Bordelais sind es rund 2030. Knapp sind dagegen die Niederschläge.

Die Reben wachsen auf einer Höhe von 450 bis 800 Metern vor allem am rechten Flussufer – im Dörfchen Visperterminen, das sich des höchstgelegenen Weinbergs in Europa rühmt, gar auf 1100 Metern. Das Rhônetal ist weitgehend nebelfrei und profitiert häufig vom Föhn, dem warmen Südwind, der als «Traubenkocher» bei den Winzern höchst beliebt ist.

Obwohl das Wallis stolz ist auf seine Sortenvielfalt, wird die Produktion klar von vier Sorten dominiert: An der Spitze thront der Pinot noir, gefolgt vom weißen Chasselas (Gutedel), der zum berühmten Fendant gekeltert wird. An dritter Stelle steht der Gamay, an vierter der Johannisberg, wie der Sylvaner im Wallis genannt wird. Allein die drei führenden Sorten Pinot noir, Chasselas und Gamay machen 85 % der Walliser Produktion aus.

Die bekanntesten Walliser Weine sind sicher der Fendant, ein unkomplizierter, süffiger Wein, der Dôle, ein sehr fruchtbetonter, geschmeidiger Rotwein, der zu 100 % aus Pinot noir oder aus einem Gemisch von überwiegend Pinot noir, Gamay und kleinen Anteilen anderer roten Sorten bestehen kann. Der dritte im Bund ist der Johannisberg, auch Rhin genannt, der aus der Sylvaner-Traube gekeltert wird und hier muskulöse, charaktervolle Weine ergibt.

Das Wallis, das sich nach einer Krise Mitte der 80er-Jahre zum kreativsten Weinkanton entwickelt hat, begeistert die Weinkenner und -liebhaber aber vor allem durch seine einzigartigen Spezialitäten. Sorten, die es nirgendwo sonst auf der Welt gibt, oder solche, die im Wallis ihre Bestimmung gefunden haben, werden zu wahrhaft großen Weinen gekeltert. Die interessantesten autochthonen Weißweinsorten sind die Petite Arvine, die Amigne und die Humagne blanche, wobei die beiden ersten auch großartige edelsüße Dessertweine ergeben. Wer die Gelegenehit hat, sollte auch einen Païen (Heida), einen Ermitage (Marsanne blanche), einen Muscat oder einen Malvoisie (Pinot gris) probieren. Bei den roten Sorten sind die einheimischen Humagne rouge, die mit wildem Charme entzückt und deren Weine herrlich zu Wildgerichten passen, der Cornalin, die älteste Walliser Sorte überhaupt, die tieffruchtige, konzentrierte und lagerfähige Weine von großer Eleganz hervorbringt, aber auch die vom Unterlauf der Rhône eingewanderte Syrah zu erwähnen, die im Wallis sortentypische, konzentrierte und mächtige Gewächse ergibt, die einen Vergleich mit ihren Vettern aus Frankreich nicht zu scheuen brauchen. Selbstverständlich werden im Wallis auch Cabernet Sauvignon, Chardonnay & Co. angebaut, doch greifen Kenner lieber zu den unverwechselbaren Raritäten, die sie sonst nirgends finden.

Waadt Der zweitgrößte Weinbaukanton ist das Waadtland. Wie kaum eine andere Landschaft der Schweiz sind die Steilhänge des Lac Léman von den terrassierten Rebgärten, unterbrochen von kleinen Steinmäuerchen, geprägt. Hier regiert König Chasselas, und zwar unangefochten. So ist denn die Waadt ein typisches Weißweinland. Rund 70 % der Anbaufläche sind mit Chasselas bestockt, der hier auf vollendete Weise die verschiedenen Terroirs widerspiegelt und duftige, elegante, sehr süffige Weine, je nach Lage aber auch stark mineralisch geprägte, wuchtige Gewächse (z. B. Dézaley) ergibt.

Die Waadt zählt fünf größere Weinbauregionen und 26 Appellationen. Die La Côte, zwischen Nyon und Lausanne am Lac Léman gelegen, ist geprägt von sanften Hügeln, herrschaftlichen Domänen und prächtigen Schlössern – eine Bilderbuchlandschaft, deren Charme sich auch in den leichten, lebhaften Weinen wieder findet. Das Lavaux ist das Aushängeschild des Kantons: Zwischen Lausanne und Montreux wachsen in dieser einzigartigen Landschaft an unvorstellbar steilen Hängen in vielen terrassierten Weinbergen die begehrten Weine von Epesses, St-Saphorin und natürlich Dézaley, dem berühmtesten (und teuersten) Weinberg der Schweiz. Zwischen dem oberen Ende des Genfersees und dem Wallis liegen die Rebberge des Chablais, begrenzt durch schroff aufsteigende Felswände. Die berühmtesten Lagen findet man in Yvorne und Aigle, wo auch das schönste und imposanteste Weinbaumuseum der Schweiz zu besichtigen ist, das Château d'Aigle. Die Anbauregionen im Norden des Kantons, die Côtes-de-l'Orbe und Bonvillars sowie der Waadtländer Vully am Neuenburgersee, stehen etwas im Schatten der drei vorgenannten traditionsreichen Gebiete, gefallen aber mit eher leichten, spritzigen Weinen.

Rotwein fristet in der Waadt eher ein Schattendasein, doch steigt die Anbaufläche kontinuierlich. Hauptsorten sind Pinot noir und Gamay, die sowohl reinsortig als auch in Cuvées auf den Markt kommen.

Genf Genf ist der drittgrößte Weinbaukanton der Schweiz, was sogar viele Schweizer nicht wissen, wird doch Genf automatisch mit der sehr international angehauchten, geschäftigen Stadt in Verbindung gebracht. Nach Jahren der Krise und des Massenweinbaus ist es mittlerweile einer jungen Generation von engagierten Winzern gelungen, das ramponierte Image Genfs aufzupolieren, und zwar mit höchst interessanten, innovativen Gewächsen, die nicht zuletzt ihrer Preise wegen erfreuen, ist doch Genf dank der weitgehend flachen Rebberge die am meisten mechanisierte Weinregion der Schweiz. Immer mehr Winzer reißen die Chasselas-Stöcke aus und pflanzen dafür Chardonnay, Aligoté, Sauvignon blanc, Pinot blanc, Pinot gris, aber auch, neben Pinot noir und Gamay, Cabernet Sauvignon, Merlot und Gamaret.

Neuenburg und die Region der drei Seen Im Schutz des Juras liegen abseits und etwas verträumt die Anbaugebiete der drei Juraseen Neuenburgersee, Bielersee und Murtensee. Die Gegend lohnt nicht nur ihrer landschaftlichen Reize und der bezaubernden Weindörfer wegen einen Besuch, auch die Weine gehören zum Feinsten, was die Schweiz zu bieten hat.

Zwar dominiert an den Juraseen ebenfalls der Chasselas, doch ist der Einfluss des nahen Burgund spürbar. Einzige zugelassene rote Sorte ist der Pinot noir, der es hier zu großer Eleganz und Finesse bringt. Neben den Weinen aus der Bündner Herrschaft und einigen Spitzenlagen der Ostschweiz ist der Pinot noir von Neuchâtel zweifellos der beste Blauburgunder, den man in der Schweiz findet. Die Weißweine erreichen vielleicht nicht die Wucht und das Feuer ihrer Vettern aus dem Wallis oder dem Lavaux, dafür begeistern sie durch ihre Rasse und ihre spritzige Säure, die sie zu perfekten Aperitifweinen machen.

Als Spezialitäten werden in dieser Gegend vor allem Pinot gris und Chardonnay erzeugt. Eine Besonderheit aus Neuenburg ist der Œil-de-Perdrix, ein Rosé, der aus Pinot noir gekeltert wird und mit seiner spritzigen Fruchtigkeit und seinem erstaunlichen Charakter sogar Weinfreunde überzeugen mag, die sonst die Nase rümpfen angesichts eines Rosés. Leider haben es die Neuenburger verschlafen, die Bezeichnung Œil-de-Perdrix (Auge des Rebhuhns, anspielend auf die Farbe des Weins) schützen zu lassen. So findet man denn heute in allen Westschweizer Kantonen Weine unter diesem Namen, die qualitativ aber nur selten an das Original heranreichen.

Ostschweiz Weingeografisch umfasst die Ostschweiz alle sechzehn deutschsprachigen Kantone der Schweiz. Die Rebflächen sind reichlich zerstückelt, überall entdeckt man kleinere oder größere Rebberge. Große, zusammenhängende Reblandschaften gibt es nur noch im Klettgau im Kanton Schaffhausen und in der Bündner Herrschaft.

Die bedeutendsten Weinbaukantone der Ostschweiz sind Zürich, Schaffhausen, Graubünden und Aargau. Bei den roten Sorten dominiert mit großem Abstand der Blauburgunder (Pinot noir), der stellenweise auch Klevner genannt wird. Bei den Weißen ist das Pendant zum Westschweizer Chasselas der Riesling × Sylvaner, der überall sonst zu Ehren seines Erschaffers, des Thurgauer Professors Heinrich Müller, Müller-Thurgau genannt wird, nur in seiner Heimat nicht. Neben dem Riesling × Sylvaner werden andere weiße Spezialitäten gepflegt wie Pinot gris, Gewürztraminer (der teilweise sehr duftige, wunderschöne Resultate ergibt) und der glücklicherweise wieder entdeckte Räuschling, eine alte Zürichseesorte, die nervige, rassige Weine ergibt, die herrlich zu Fischgerichten passen.

Vielleicht die qualitativ interessanteste Region der Ostschweiz ist die klimatisch verwöhnte Bündner Herrschaft am Oberlauf des Rheins, die wie das Wallis vom warmen Föhn profitiert. Hier, im «kleinen Burgund», entstehen sehr schöne, elegante und komplexe Blauburgunder, aber auch zahlreiche Spezialitäten. Unbedingt probieren sollte man einmal die alte Bündner Sorte Completer, einen charaktervollen, rassigen Weißwein, den man in früheren Jahrhunderten in den Klöstern zur Complet ausschenkte.

Tessin Der Tessin, zu dem weingeografisch auch das italienischsprachige Misox (südlicher Teil Graubündens) gehört, ist der viertgrößte Weinbaukanton der Schweiz. Er gliedert sich in die beiden Weibauregionen Sopraceneri (mit den Bezirken Bellinzona, Locarno, Vallemaggia, Riviera, Blenio und Leventina) sowie das Sottoceneri (mit den Bezirken Lugano und Mendrisio).

Im Tessin hatte die Reblausplage, die in ganz Europa verheerende Folgen zeitigte, vielleicht noch tiefgreifendere Auswirkungen als anderswo. Denn die Katastrophe wurde zum Angelpunkt und Neubeginn des modernen Weinbaus, die Sorten radikal umgestellt. Früher wuchsen im Tessin vor allem qualitativ unbedeutende rote Sorten wie Bondola, Bonarda und Freisa, die auch heute noch in kleinen Mengen gepflegt und zum beliebten, aber sehr rustikalen «Nostrano» gekeltert werden. Als man gelernt hatte, die europäischen Sorten auf reblausresistente amerikanische Unterlagsreben zu pfropfen, wurden 1907 erstmals im Tessin Merlot-Stöcke an die Winzer verteilt und gepflanzt. Die edle Merlot-Rebe, die aus dem Bordelais stammt und vor allem in St-Emilion wunderbar samtige und tief fruchtige Weine ergibt, fand im Tessin hervorragende klimatische Bedingungen und somit ihre Wahlheimat.

Heute ist Merlot mit Abstand die wichtigste Sorte im Tessin. Nachdem lange Zeit nur gefällige, aber keineswegs große Weine aus dieser Traube gekeltert wurden, vollzog sich vor rund fünfzehn Jahren eine richtige Revolution. Einige bestens ausgebildete und leidenschaftlich engagierte Deutschschweizer Winzer zogen ins Tessin, um Merlot-Weine nach Bordelaiser Vorbild (natürlich im Barrique) zu produzieren. Mittlerweile sind die Kreszenzen dieser Pioniere, denen heute auch viele Einheimische nacheifern, fast so gesucht wie die edlen Weine aus Bordeaux. Sie gehören zur absoluten Spitze der Schweizer Weinproduktion.

Ein Überbleibsel aus der Zeit vor der Reblaus ist der Americano, ein Wein aus Amerikanerreben *(Vitis labrusca)* mit dem charakteristischen Foxton, der in der Regel zur Erzeugung von hochwertigem Grappa verwendet wird.

Weißweine spielen eine untergeordnete Rolle im Tessin, allerdings werden kleinere Mengen von Chardonnay, Chasselas, Sauvignon blanc, Müller-Thurgau und Sémillon kultiviert. Zunehmender Beliebheit erfreut sich auch der Merlot bianco, ein weiß abgepresster Merlot.

Chasselas Die Schweiz ist das einzige Land, das im großen Stil Chasselas-Weine produziert. In Frankreich ist diese Sorte als Tafeltraube beliebt, in Deutschland, vor allem im Markgräflerland (Südbaden), wird sie unter dem Namen Gutedel verwendet. Doch die besten, elegantesten und vielschichtigsten Chasselas-Weine kommen unbestritten aus der Schweiz. Im Wallis trägt der Chasselas den Namen Fendant, in der Waadt kommt er unter der Gemeindeappellation auf den Markt (z. B. Féchy, St-Saphorin, Epesses, Yvorne).

Der edelste und teuerste Chasselas ist der Dézaley aus den gleichnamigen Steillagen des Lavaux. Er präsentiert sich sehr elegant und üppig mit Noten von Feuerstein und erreicht seine Trinkreife erst nach einigen Jahren – im Gegensatz zu den anderen Chasselas-Weinen, die man in der Regel jung trinkt.

Da die Chasselas-Traube nur einen dezenten Eigengeschmack aufweist, spiegelt sie wunderschön das jeweilige Terroir, auf dem sie wächst. So findet man in Chasselas-Weinen eine ganze Bandbreite von Aromen (blumige, fruchtige Töne, mineralische Nuancen, Feuerstein, Lindenblüten, Hefe). Ein junger Chasselas weist oft ein wenig (natürliche) Kohlensäure auf, die ihm seine Spritzigkeit verleiht.

Chasselas zum Essen

Chasselas lässt sich zum Essen sehr vielseitig kombinieren. Er passt zu vielen kalten und warmen Gerichten alltäglicher Küche, kann aber auch zu unterschiedlichen Teilen eines Menüs getrunken werden. Besonders schmackhaft ist er zu einem Käsefondue oder einer Raclette. In der Westschweiz ist er der Aperitif schlechthin; wo immer man zu Besuch ist, bekommt man «un verre de l'amitié», ein Gläschen auf die Freundschaft…

Suppen und Vorspeisen

Der Wein ist zu allen Consommés und zu hellen, gebundenen Suppen empfehlenswert. Kalte und warme Vorspeisen von weißem Geflügel, Kaninchen und Kalbfleisch sowie deren Terrinen und Pasteten lassen sich sehr gut von einem Chasselas begleiten. Man sollte ihn unbedingt zu Sülzen oder mariniertem Fleisch, z. B. Kalbskopf mit Vinaigrette, probieren. Er passt auch gut zu Pastagerichten sowie zu Risotto und Eierspeisen.

Fleisch und Geflügel

Chasselas ist ein geeigneter Begleiter zu allen Gerichten von pochiertem oder zart gebratenem Kalb- und Rindfleisch, z. B. zu Ossobuco, Kalbstafelspitz oder pochiertem Rinderfilet. Man kann ihn auch gut zu gepökeltem Fleisch mit Sauerkraut servieren. Ebenso schmackhaft ist er zu Geflügel wie Stubenküken oder Poularden. Traditionell trinkt man ihn im Waadtland zu verschiedenen Saucissons (Würsten).

Fisch, Schalen- und Krustentiere

Chasselas passt ausgezeichnet zu allen Zubereitungen von Süßwasser- und Meeresfischen. Besondere Beachtung sollte man den begleitenden Saucen schenken. Mit Vorteil wählt man feine Weißweinreduktionen, milde Fischfonds, Kräutersaucen und alle aus Butter gefertigten Saucen wie Beurre blanc, Sauce hollandaise etc.
Großen Genuss verspricht der Chasselas auch zu Jakobsmuscheln, Scampi, Garnelen oder Flusskrebsen sowie zu Hummer oder Languste.

Zutaten

Man kann alle gängigen Küchenkräuter und Gewürze nutzen außer die scharfen und stark parfümierten Zutaten der asiatischen Küche.

Beilagen

Alle Zubereitungen von Kartoffeln, Nudeln und Reis sowie weißes und grünes Gemüse sind geeignet. Sehr zu empfehlen sind Pilze, besonders Steinpilze, andere edle Röhrlinge und Morcheln, gedünstet oder in Butter gebraten.

Käse

Zu frischem Ziegenkäse passt ein Chasselas genauso gut wie zu einem würzigen Hartkäse. Besonders schmackhaft ist ein gereifter Dézaley zu einem rezenten Gruyère. Die ideale Verbindung geht Chasselas mit typischen Schweizer Spezialitäten wie Käsekuchen, Fondue oder Raclette ein.

Œil-de-Perdrix Œil-de-Perdrix heißt Rebhuhnauge und ist die Bezeichnung für Neuenburger (und andere Westschweizer) Roséweine, die ausschliesslich aus der Sorte Pinot noir gekeltert werden. Ein Œil-de-Perdrix ist von charakteristischem Lachsrosa, gefällt mit fruchtigem Beerenbouquet und einem charaktervollen, gut strukturierten Körper, dessen Aromatik den Pinot noir keine Sekunde verleugnet.

Œil-de-Perdrix zum Essen

Als Begleiter zu einem anspruchsvollen Essen ist ein Œil-de-Perdrix nicht geeignet. Hervorragend passt er allerdings zu einfachen, leichten Vorspeisen, sommerlichen Salaten, Tartes und Quiches, zu Suppen und Gemüseeintöpfen.

Dôle und Pinot noir/Blauburgunder Pinot noir bzw. Blauburgunder ist die führende rote Rebsorte der Schweiz, die sowohl in der West- als auch in der Ostschweiz mit großer Liebe kultiviert wird. Normalerweise wird der Pinot noir rebsortenrein ausgebaut. Er kann als Federweißer, als Rosé, als einfacher fruchtiger Landwein oder als edles, im Barrique gereiftes Gewächs auf den Markt kommen. Die extraktreichsten, konzentriertesten und elegantesten Blauburgunder kommen aus der Bündner Herrschaft, dem St. Galler Rheintal und aus Neuenburg, teilweise auch aus dem Wallis und von den Spitzenwinzern der Ostschweiz.

Der Dôle ist eine Spezialität aus dem Wallis. Er kann entweder reinsortig aus Pinot noir bereitet werden oder als Assemblage, zu 85 % ein Gemisch aus Pinot noir und Gamay, wobei der Pinot noir überwiegt. Die restlichen 15 % bestehen aus roten, im Wallis angebauten Sorten (z. B. Humagne rouge, Syrah, Diolinoir, aber auch Pinot noir und Gamay).

Sicher unterscheidet sich ein Pinot noir von einem Dôle, doch weisen die beiden Weine derart viele Gemeinsamkeiten auf, dass man sie durchaus zu den gleichen Speisen empfehlen kann. Beide bestechen durch ihre beerige Frucht, ihre Eleganz und ihren samtig-weichen Körper.

Pinot noir und Dôle zum Essen

Ob zu einem einfachen Mittagsgericht oder zu einem festlichen Menü – ein Schweizer Pinot noir oder ein Dôle aus dem Wallis ist immer ein guter Begleiter.

Suppen und Vorspeisen

Die Fruchtigkeit dieser Weine macht sie eher ungeeignet zu Suppen, abgesehen von klaren Ochsenschwanzsuppen, Wildessenzen und anderen Wildsuppen. Hervorragend passen sie zu Wurst- und Schinkenplatten, Aufschnitt von kaltem Braten und Roastbeef, Terrinen und Pasteten, Steak Tatare, Fleisch- und Wurstsalaten.

Fleisch, Wild und Geflügel

Gebratene und geschmorte Fleischgerichte von Kalb, Rind und Lamm harmonieren gut zu einem Dôle oder einem Schweizer Blauburgunder. Ein wahrer Genuss sind die Weine zur Ente, zu Wachteln und Tauben. Auch zu gebratenem Hähnchen, Schnitzel oder Kotelett vom Schwein und Wildragouts passen sie ausgezeichnet. Die begleitenden Suacen sind dann perfekt, wenn man sie mit einem Dôle oder Pinot noir abschmeckt. Je edler und schwerer ein Gericht ist, desto eher sollte man zu einem wahrhaft konzentrierten und barriquegereiften Pinot greifen.

Fisch

Eine schmackhafte Alternative sind diese Weine (der leichteren Art) zu gebratenem Filet von Kabeljau, Seelachs, Schellfisch oder Rotbarsch wie auch zu einem auf der Haut gebratenen Filet eines Edelfischs.

Zutaten

Um die feine Frucht der Weine genießen zu können, sollte man auf aufdringliche oder scharfe Gewürze sowie auf säuerliche Zutaten verzichten. Die Saucen dürfen nicht zu fett sein.

Beilagen

Als Beilagen empfehlen sich Kartoffelgratins, Pommes soufflées, Pommes mousseline und Schupfnudeln, feine Gemüse wie Schwarzwurzeln, Kohlrabi, Möhren oder Mairübchen.

Käse

Die Weine passen zu vielen, nicht allzu fetten Rohmilch-Weichkäsen.

Gamay Wer Gamay hört, denkt unweigerlich an Beaujolais. Außerhalb des Beaujolais-Gebietes findet man die besten Gamay-Weine in der Schweiz, wo sie sowohl in Assemblagen mit Pinot noir als auch rebsortenrein auf den Markt kommen. Gamay wird fast ausschliesslich in der Westschweiz kultiviert; in der Gegend von Genf erzeugen die Winzer häufig hervorragende sortenreine Gamays.

Der Gamay betört mit unvergleichlicher Frucht, opulenten Aromen von roten Früchten und Beeren sowie einer angenehm erdigen Note. Im Gaumen präsentiert er sich samtig-weich, mit einer feinen Säure – ein rundum erfreulicher, unkomplizierter und süffiger Wein.

Gamay zum Essen

Seine ausgeprägte Frucht und sein eleganter Charakter machen den Gamay zum idealen Begleiter von leichteren, nicht allzu fetten Gerichten. Sehr gut harmoniert er mit Vorspeisen.

Suppen und Vorspeisen

Ein Gamay passt ausgezeichnet zu Bouillons und kräftigen Gemüsesuppen, zu geräucherten oder luftgetrockneten Spezialitäten von Schwein, Wild, Gans und Ente, zu Bündnerfleisch, Parma-Schinken, San Daniele, Serrano etc.

Fleisch, Wild und Geflügel

Gamay ist ein perfekter Begleiter zu gebratenen oder geschmorten Gerichten von Schwein, Kalb, Kaninchen und Geflügel, deren Saucen nicht zu üppig sein dürfen. Bei Wildgerichten sollte man Wildschwein, bei Wildgeflügel Fasan, Wachteln und Wildtauben wählen. Auch zu gebratener Kalbs- oder Rinderleber ist Gamay eine gute Wahl.

Fisch

Dieser Wein schmeckt ausgezeichnet zu gebratenen Süßwasserfischen.

Zutaten

Wenn man sie mit Maß einsetzt, kann man alle gängigen Küchenkräuter und Gewürze verwenden, mit Ausnahme der scharfen und stark parfümierten Zutaten der asiatischen Küche.

Beilagen

Als Beilagen empfehlen sich außer Fenchel und Spargel alle frischen Gemüse, besonders auch Pilze. Je nach Gericht passen verschiedene Kartoffelzubereitungen oder Nudeln.

Käse

Ein Gamay harmoniert gut mit milden Schnittkäsen in der Art eines Gouda und mit Brie oder Camembert.

Frankreich

Wenn Frankreich weltweit gesehen auch nicht die größten Rebflächen besitzt und nicht die größte Menge an Wein produziert, ein Superlativ sollte für Frankreich trotzdem gelten: Nirgendwo sonst auf der Welt werden so viele verschiedenartige Weine von solch außerordentlicher Qualität erzeugt wie in Frankreich.

Diesen Ruhm verdanken die Franzosen griechischen Seefahrern aus Kleinasien, den Phokäern, die etwa 600 v. Chr. Massilia, das heutige Marseille, gründeten und rund um die neue Siedlung Reben anpflanzten. Offensichtlich fand die einheimische Bevölkerung Gefallen am Wein, denn anders ist es nicht zu erklären, dass die Römer bei ihrer Besetzung Galliens um 200 v. Chr. ausgedehnte Weingärten an der Küste des heutigen Südfrankreichs vorfanden. Während der römischen Besatzungszeit dehnte sich der Weinbau entlang der Rhône bis vor die Tore de Stadt Lyon aus.

Nachdem die Römer das Land verlassen hatten, verbreitete sich der Weinbau im frühen Mittelalter unter der Obhut der Kirche und dank der Klöster rasch über das ganze Land. Viele noch heute bedeutende Weine und namhafte Weinberge sind ein Erbe klösterlichen Schaffens und des Weitblicks der Mönche.

Tradition spielt in der französischen Weingeschichte eine große Rolle. Ein Stückchen davon erwirbt man beim Kauf jeder Flasche Weins mit. Kein anderes Land kennt eine individuellere und systematischere Einteilung und Bewertung seiner Anbaugebiete. Grundlage hierfür ist die in den dreißiger Jahren des 20. Jahrhunderts geschaffene Appellation d'Origine contrôlée, kurz AOC oder auch AC genannt. Sie ist nichts anderes als eine kontrollierte Ursprungsbezeichnung französischer Weine aus einem genau festgelegten Anbaugebiet, die dem Verbraucher als hilfreicher Wegweiser dient.

Die AOC kann sich auf eine ganze Region, auf ein Teilgebiet, ein einzelnes Dorf, ja sogar, wenn auch sehr selten, auf ein einzelnes Château beziehen.

Beispiel: AOC Bordeaux	
AOC Haut-Médoc	(Teilgebiet von Bordeaux)
AOC Pauillac	(Dorf im Haut Médoc)
AOC Château Grillet	(Château im Teilgebiet Condrieu innerhalb der Côtes du Rhône)

Qualitativ unter den AOC-Weinen stehen die Weine mit den Bezeichnungen VDQS (Vins Délimités de Qualité Supérieure = Weine höherer Qualität bestimmter Gegenden), Vins de Pays (Landweine) und Vins de Table (Tafelweine). Diese Ursprungsbezeichnungen müssen auf den französischen Weinetiketten aufgeführt sein. Erläuterungen zu den einzelnen Klassifizierungen der Weine (z.B. Grand Cru oder Cru classé) finden sich unter den betreffenden Anbaugebieten.

Elsass Durch die Nähe zum Rhein, einem der wichtigsten Verkehrswege früherer Zeit, gelangte Elsässer Wein schon im Mittelalter in die Länder und Provinzen des Nordens. Kriege und wechselnde Machtverhältnisse beeinträchtigten im Laufe der Jahrhunderte immer wieder den Weinbau, vermochten ihn aber bis in die heutige Zeit nie seiner Bedeutung zu berauben.

Das im Elsass vorherrschende Klima begünstigt den Weinbau in einem besonderen Maß, da die Vogesen die Weinberge vor den kalten und feuchten Nordwestwinden schützen. Tatsächlich gehört das Elsass zu den Weinbaugebieten Frankreichs mit den geringsten jährlichen Niederschlagsmengen. Parallel zu den Vogesen wird die etwa 20 bis 30 Kilometer breite Ebene auf einer Länge von 180 Kilometern vom Rhein begleitet. Die extreme Vielfalt der Böden – Kalk, Mergel, Granit, Sandstein, Sand und Lehm – bietet neben den klimatischen Vorzügen besondere Voraussetzungen für den Weinbau.

An der elsässischen Weinstraße, der Route du Vin, liegen zahlreiche Orte, die weit über die Landesgrenzen hinaus für ihre Weine (und ihren Charme) bekannt sind. Stellvertretend für die vielen reizvollen, romantischen Weindörfer dieser Region seien einige wenige genannt, und zwar von Norden nach Süden: Wissembourg, Marlenheim, Obernai, Mittelbergheim, Andlau, Bergheim, Ribeauvillé, Hunawihr, Riquewihr, Kaysersberg, Ammerschwihr, Turckheim und Orschwihr.

Die Gunst von Klima und Boden ermöglicht es, dass im Elsass einige der hochwertigsten Rebsorten gedeihen. Die dominierenden Sorten sind Riesling, Gewürztraminer, Tokay Pinot gris, Muscat, Pinot blanc, Sylvaner und – als einzige zugelassene Rotweinsorte – Pinot noir. Sie werden alle sortenrein ausgebaut und abgefüllt. Im Gegensatz zu anderen französischen Regionen wird die jeweilige Traubensorte neben der Herkunftsbezeichnung auf dem Etikett genannt. Eine Ausnahme ist der weithin bekannte (und verrufene) Edelzwicker, ein Verschnitt von Pinot blanc und Sylvaner, manchmal auch mit einem Anteil von Riesling, Gewürztraminer oder dem nur noch sehr selten angebauten Chasselas.

In geringen Mengen werden im Elsass auch Auxerrois und Chardonnay kultiviert und neben Pinot blanc, Tokay Pinot gris und Pinot noir zur Erzeugung des feinen Crémant d'Alsace verwendet. Der Crémant d'Alsace ist ein Schaumwein, der sowohl sortenrein wie auch als Cuvée nach dem traditionellen (in der Champagne angewandten) Flaschengärverfahren produziert wird.

Neben den vielen ausgezeichneten, nicht klassifizierten Weinlagen gibt es im Elsass 51 Grand-Cru-Lagen, in denen die Spitzengewächse der Appellation gehegt werden. Es handelt sich um bevorzugte Hanglagen, wo meist die besten Gewächse eines jeweiligen Weinortes wachsen.

Manche Weine sind mit einem zusätzlichen Prädikat versehen, das auf spät gelesene Trauben hinweist. Als «Vendanges tardives» werden Spätlesen bezeichnet, die entweder trocken oder mit Restsüße vinifiziert werden können. Eine «Sélection des Grains Nobles» ist eine Beerenauslese mit intensiver, nektarähnlicher Süße.

Riesling Neben Mosel, Rheingau und der österreichischen Wachau zählt das Elsass zu den hochwertigsten Anbaugebieten für Riesling. Elsässer Riesling wird mit Ausnahme der «Sélections des Grains Nobles» (Beerenauslesen) zu körperreichen, trockenen Weinen ausgebaut, die nach einigen Jahren der Reife ihre ganze Eleganz und Finesse entfalten. An ihren intensiven floralen Düften, unterlegt von feinen Petroltönen, lassen sich die meisten Elsässer Rieslinge erkennen. Ihr Geschmack ist unverkennbar von der mineralischen Kraft der Böden geprägt, spielt aber auch mit subtilen Tönen exotischer Früchte.

Elsässer Riesling zum Essen

Einen Elsässer Riesling kann man zu allen Teilen eines Menüs genießen, sollte ihn jedoch immer vor einem Rotwein oder einem üppigen, im Barrique ausgebauten Weißwein servieren.

Suppen und Vorspeisen

Schon zu Consommés und klaren Suppen von Fleisch, Geflügel und Fisch sowie hellen gebundenen Suppen kann man einen Riesling gut servieren.

Kalte und warme Vorspeisen von hellem Fleisch und Geflügel wie auch von Fisch lassen sich gerne von einem Riesling begleiten. Salate können eine dezente Säure haben, dürfen aber die natürliche Säure des Rieslings nicht übertönen.

Fleisch und Geflügel

Der Riesling harmoniert mit delikaten Zubereitungsarten von Poularden, Stubenküken, Kalbfleisch, Spanferkel und Schweinefilet. Einen besonderen Genuss verspricht Elsässer Riesling zu gepökeltem Schweinefleisch, Zunge, Kasseler Rippenspeer oder Kasseler Rollbraten. Dazu werden würzige helle Fonds oder Saucen gereicht. Ausgesprochen schmackhaft ist eine Vermählung mit klassischen Gerichten wie Wiener Schnitzel, Königsberger Klopsen und Krustenbraten aus dem Ofen.

Fisch, Schalen- und Krustentiere

Die Rasse eines Elsässer Rieslings vermählt sich gerne mit ausgewählten Süßwasserfischen wie Forelle, Hecht, Zander und Waller, zu denen feine Saucen mit frischen Kräutern serviert werden. Sehr empfehlenswert ist ein Riesling zu Muscheln im Weißweinsud, zu Flusskrebsen und Ragouts von Meeresfrüchten.

Zutaten

Weißer Pfeffer, Kapern, Gartenkräuter wie Petersilie, Kerbel, Dill, Sauerampfer, Borretsch, Melisse und Liebstöckel eignen sich vorzüglich. Stark parfümierende Gewürze (Nelken, Zimt, Piment etc.) und große Mengen von Sahne sollte man meiden.

Beilagen

Neben allen Zubereitungsarten von Kartoffeln empfiehlt sich als Beilage besonders weißes und grünes Gemüse. Riesling passt ausgezeichnet zu Kartoffel- und Gemüsegratins (z. B. Gratin dauphinois, Selleriegratin). Der Riesling ist auch unbestritten der beste Partner zu Sauerkraut.

Andere Gerichte

Auf keinen Fall vergessen darf man die berühmten Elsässer Spezialitäten wie Baeckeoffa, Flammeküeche, Coq au Riesling oder Choucroute garnie (Schlachtplatte mit Sauerkraut)! Unbedingt probieren sollte man den Riesling auch zu einer Quiche Lorraine.

Elsässer Riesling «Vendanges tardives» zum Essen

Zu den vorgenannten Gerichten passen die noch fülligeren und körperreicheren «Vendanges tardives» ebenfalls sehr gut. Ihre wahre Größe entfalten sie zu Terrinen, Pasteten und allen Arten von Tartes. Sie sind elegante Begleiter zu Hummer, Langusten und Flusskrebsen.

Elsässer Riesling «Sélection des Grains Nobles» zum Essen

Die unvergleichliche Wucht der Aromen einer Riesling «Sélection des Grains Nobles» sollte man einer Foie gras widmen oder zu Münsterkäse, edlem Blauschimmelkäse, einem Elsässer Gugelhupf oder einem üppigen Dessert genießen.

Gewürztraminer In keinem anderen Anbaugebiet gelingen solch eindrucksvolle Gewürztraminer wie im Elsass. Obwohl sie trocken ausgebaut werden, hinterlassen sie immer einen Hauch würziger Süße. Selten leicht und mild, meistens gehaltvoll und wuchtig, dominieren diese Weine mit ihrem betörenden, rosenartigen Duft. Bouquet und Geschmack machen dem Namen des Weins alle Ehre: Sie sind geprägt von einer Vielfalt von Gewürzen, Butter, Honig sowie Noten von exotischen Früchten wie Ananas und Lychees.

Elsässer Gewürztraminer zum Essen

Ein Gewürztraminer mit seinen markanten Aromen sollte mit entsprechenden Speisen kombiniert werden. Es liegt nahe, dass dieser Wein nur mit sehr geschmacksintensiven und pikanten, allenfalls auch fettreichen Gerichten wahren Genuss bietet.

Suppen und Vorspeisen

Zu Suppen sollte man einen Gewürztraminer nur dann trinken, wenn diese sehr aromatisch oder kräftig gewürzt sind. Hier kommen Wildsuppen oder auch Suppen der asiatischen Küche in Frage.

Im Bereich der Vorspeisen passt er zu Wildpasteten und -terrinen, anderen Zubereitungsarten von Wild, zu Stopfleber und Räucherfischspezialitäten.

Außerdem ergänzt er gut Vorspeisen, die mit Curry, Ingwer, Koriander, Chutney etc. zubereitet werden.

Fleisch und Geflügel

Mit kräftig gewürzten Schweinebraten, herzhaften Lammgerichten, mit Äpfeln und Majoran gefülltem Gänsebraten harmoniert ein Gewürztraminer perfekt. Ebenso mit Fleischgerichten, bei denen Kohl eine dominierende Rolle spielt, so z.B. mit Kohlrouladen von Wirsing oder Spitzkohl.

Einen wahrhaft himmlischen Genuss verspricht ein Gewürztraminer zur gebratenen Foie gras mit feinen Trüffelspänen.

Zutaten

Bei Zutaten und Gewürzen gibt es fast keine Grenzen. Besonders geeignet sind Kümmel und Kreuzkümmel, Muskat, Fenchelsamen, Koriander, Piment, Nelke, Wacholder, Lorbeerblatt, Thymian, Oregano, Majoran, Liebstöckel, Zitronengras, Galgant und Ingwer.

Beilagen

Kartoffelgerichte, Reis und zum Lamm besonders Graupen passen sehr gut, ebenso alle Arten von Kohlgemüse und Gemüse, das man vorzugsweise mit Muskat und Kümmel abschmeckt.

Käse

Gewürztraminer passt überaus gut zu herb-würzigem Weichkäse wie Münster, Saint-Rémy, Romadur, Limburger oder Maroilles.

Andere Gerichte

Unbedingt probieren sollte man einen Gewürztraminer zu deftigen Eintopfgerichten.

Vielfach wird behauptet, es gebe keinen passenden Wein zu asiatischer und karibischer Küche. Zugegeben: Es ist sehr schwierig, ein Gegengewicht zu der oft vorherrschenden Schärfe dieser Gerichte zu finden. Solange jedoch die Zubereitungen nicht allzu sehr von Chili oder Cayennepfeffer beherrscht werden, kann sich gerade ein Gewürztraminer sehr gut mit der pikanten Vielfalt von Curry-Gerichten und anderen asiatischen Speisen vermählen.

Elsässer Gewürztraminer «Vendanges tardives» zum Essen

Zu allen auf der vorhergehenden Seite genannten Gerichten kann man – oft mit gesteigerter Wonne! – «Vendanges tardives» von Gewürztraminer genießen.

Elsässer Gewürztraminer «Sélection des Grains Nobles» zum Essen

Eine traditionelle, wenn auch kostspielige Gaumenfreude ist eine «Sélection des Grains Nobles» zur Foie gras, zu fetten und würzigen Käsesorten oder zu einem reichhaltigen Dessert.

Tokay Pinot gris Den Tokay Pinot gris kennt man in Deutschland als Grauburgunder oder Ruländer, in Italien als Pinot grigio. Nirgendwo erreichen Weine dieser Traube jedoch bessere Qualitäten als im Elsass. In aller Regel trocken ausgebaut, ist der Pinot gris oft noch kräftiger und alkoholreicher als der Riesling. Trotz seiner Opulenz ist er ein sehr weicher, runder Wein mit eher dezentem Bouquet, aber einer unwiderstehlichen Fülle von Aromen und viel Schmelz.

Elsässer Tokay Pinot gris zum Essen

Ein Tokay Pinot gris harmoniert mit den meisten cremigen oder sahnigen Zubereitungsarten. Er ist aufgrund seiner Vielseitigkeit auch dann eine gute Wahl, wenn speziell im Restaurant mehrere Personen unterschiedliche Hauptgerichte wählen – eine Person sich z.B. für Entenbrust entscheidet, die andere für Wild und eine dritte für ein Fischgericht.

Suppen und Vorspeisen

Der Pinot gris passt besonders zu hellen, gebundenen Suppen, kalten und warmen Vorspeisen von weißem Geflügel, Kaninchen und Kalbfleisch, deren Terrinen und Pasteten sowie anderen Kreationen mit Brioche- und Blätterteig.
Empfehlenswert ist der Pinot gris auch zu kleinen Pastagerichten sowie zu Risotto und Eierspeisen.

Fleisch und Geflügel

Besonders zu Gerichten von pochiertem Kalb- und Rindfleisch und zart gebratenem Geflügel passt ein Tokay Pinot gris hervorragend.
Die Wahl eines Weins zu Innereien ist wegen deren Konsistenz und Eigengeschmack oft ein Problem, das der Pinot gris elegant löst. Besonders zu Kalbsbries und -leber ist er ideal. Man sollte ihn auch zu mild geräuchertem Fleisch, zu Wildschwein und Wildgeflügel probieren.

Fisch

Tokay Pinot gris begleitet sehr schön Fische der geschmacksintensiven Art wie z.B. Lachs, Steinbutt, Seeteufel oder Fische, die mit einer pikanten Sauce serviert werden.

Zutaten

Mit Maß kann man alle gängigen Küchenkräuter und Gewürze verwenden, die scharfen und stark parfümierten Zutaten der asiatischen Küche sollte man jedoch nur sehr dezent einsetzen.

Beilagen

Nudeln, Kartoffelpüree und Reis sind ideale Beilagen. Spinat, Kohlrabi, Mangold, grüner Spargel, Steinpilze, andere edle Röhrlinge und Morcheln passen ausgezeichnet zu diesen Gerichten. Feine Gemüseflans sind ebenfalls sehr zu empfehlen.

ELSÄSSER TOKAY PINOT GRIS «VENDANGES TARDIVES» ZUM ESSEN

Es empfiehlt sich, «Vendanges tardives» vom Tokay Pinot gris erst zu einem Hauptgang zu reichen, beispielsweise zu Lamm oder Wildschwein.

ELSÄSSER TOKAY PINOT GRIS «SÉLECTION DES GRAINS NOBLES » ZUM ESSEN

Eine «Sélection des Grains Nobles» mit ihren verschwenderischen Aromen von Honig, Nüssen und exotischen Früchten sollte zu einem ebenso üppigen Dessert genossen werden, besonders zu Gebäck. Wie der Gewürztraminer passt der Pinot gris auch bestens zu würzigen Käsesorten.

MUSCAT Streng genommen ist der Elsässer Muscat ein Wein von zweierlei Traubensorten, nämlich vom Muscat blanc à petits grains und vom Muskat-Ottonel. Um die für das Elsass charakteristischen trockenen Muscats zu erzeugen, machen sich die Weinbauern die Besonderheiten beider Sorten zunutze; Fülle und Körper des einen sowie Eleganz des anderen Gewächses. Der Muscat ist geprägt von verführerischen Düften und einem delikaten Geschmack, der sofort an saftige, frische Trauben denken lässt.

ELSÄSSER MUSCAT ZUM ESSEN

Durch seine appetitanregenden Aromen bietet sich der Muscat d'Alsace als vortrefflicher Aperitif an und lässt sich gut zu den verschiedensten Horsd'œuvres kombinieren.

VORSPEISEN

Muscat-Weine sind köstliche Begleiter zu delikaten Vorspeisen von kaltem Fleisch und Geflügel sowie zu würzigen, nicht zu sauren Salaten.

FLEISCH UND GEFLÜGEL

Hauptgerichte von Geflügel, Kaninchen, Lamm, Kalb- und Schweinefleisch mit aromatischen Saucen passen gut zu Muscat.

ZUTATEN

Ähnlich wie beim Gewürztraminer kann man stark aromatische Zutaten verwenden. Besonders geeignet sind Kümmel und Kreuzkümmel, Muskat, Fenchelsamen, Koriander, Piment, Nelke, Wacholder, Lorbeerblatt, Thymian, Oregano, Majoran und Liebstöckel.

BEILAGEN

Spargel, Blumenkohl, Rosenkohl, Brokkoli, Schwarzwurzeln und Porree eignen sich als Beilagen hervorragend.

ANDERE GERICHTE

Gerichte der sehr aromatischen Küche des Fernen Ostens lassen sich ausgesprochen gern von einem Muscat begleiten.

PINOT BLANC Als Weißburgunder kennt man diese Rebsorte im deutschsprachigen Raum, als Pinot bianco in Italien. Der Pinot blanc ist ein trockener und – besonders wenn er jung getrunken wird – frischer, sehr komplexer Wein. Duft und Geschmack sind geprägt von einer lebendigen Frucht, die an grüne Äpfel und Zitrusfrüchte denken lässt.

Elsässer Pinot blanc zum Essen

Die umgängliche und leichte Art eines Pinot blanc eignet sich besonders als Begleitung zu klaren Fleischsuppen, sommerlichen Salat- und Gemüseplatten, zu marinierten Spezialitäten sowie allen kalten Vorspeisen von Geflügel und Fisch.

Sylvaner Ebenso wie der Pinot blanc ist der Elsässer Sylvaner ein frischer Wein mit einer allerdings etwas dezenteren Frucht, dafür weist er eine prägnantere Säure auf.

Elsässer Sylvaner zum Essen

Der Sylvaner empfiehlt sich zu herzhafter Hausmannskost, klaren Fleischsuppen, klassischen Sauerkrautgerichten wie Elsässer Choucroute, Gemüseaufläufen und pikanten Quiches.

Pinot noir Der Pinot noir, auch als Spät- oder Blauburgunder bekannt, ist die einzige im Elsass angebaute Rotweinsorte. Wenn es auch einige erfreuliche Ausnahmen gibt, erreicht er hier in der Regel nicht die Qualität der Blauburgunder aus dem Burgund.

Elsässer Pinot noir zum Essen

Elsässer Pinots noirs sind Leichtgewichte mit einer angenehmen Geschmeidigkeit. Sie passen daher auch zu eher unkomplizierten und einfachen Gerichten wie Schweinebraten, gegrillten Schweinshaxen oder Fleischragouts. Zu Wurst- und Schinkenplatten und zu mildem Schnittkäse ist Pinot noir ebenfalls eine gute Wahl.

Loire Die Loire ist mit über eintausend Kilometern von der Quelle im nördlichen Massif Central bis zur Mündung in den Atlantik der längste Fluss Frankreichs. Sie hat schon fast die Hälfte ihres Weges zurückgelegt, bevor sie bei Pouilly-sur-Loire auf die ersten Reben trifft. Von nun an wird ihr Lauf, der sie durch eine der schönsten und faszinierendsten Kulturlandschaften Europas führt, fast ununterbrochen von Weinbergen gesäumt. Städte wie Orléans, Tours, Angers und Nantes sowie zahllose herrliche Renaissance-Schlösser locken Jahr für Jahr Tausende kulturell interessierter Touristen in diese Gegend.

Eng verbunden mit der historischen und kulturellen Entwicklung des Loiretals ist der Weinbau, der besonders durch die Klöster der Region kräftig gefördert wurde. Schon im frühen Mittelalter wurde ein schwunghafter Handel mit Loire-Weinen betrieben, die dank der praktischen Wasserstrasse schnell in aller Herren Länder exportiert und an mancher Königstafel Europas geschätzt wurden.

Aus historischen Gründen, aber auch nach den Kriterien Klima, Böden, Rebsorten unterteilt man die Weinbauregion des Loire-Tals in vier Hauptgebiete:

Sancerre und Pouilly · Touraine · Anjou und Saumur · Pays Nantais

Sancerre und Pouilly An ihrem Mittellauf schlängelt sich die Loire an bewaldeten Hügeln und an zwei der namhaftesten Weinbaugebiete der Welt für Sauvignon blanc vorbei: Sancerre und Pouilly. Obwohl auch noch einige andere Rebsorten in dieser Region angebaut werden, so ist es doch der Sauvignon blanc, der den hiesigen Weinen zu Ruhm und Ehre verhilft.

Die beiden Gebiete Sancerre und Pouilly (Pouilly Fumé und Pouilly-sur-Loire) sind nur durch den Fluss voneinander getrennt, besitzen aber klimatisch und geologisch unterschiedliche Bedingungen, die sich schliesslich auch im Charakter der Weine ausdrücken.

Sancerre Neben Sauvignon blanc wird in Sancerre in kleinen Mengen auch Pinot noir angebaut, der zu einem einfachen Rotwein und zu einem frischen Rosé verarbeitet wird. Die Vielfalt der Böden (v. a. Tonkalkböden) des Sancerrois verleiht gerade den Weißweinen, meist aus Sauvignon blanc gekeltert, ihr ganz besonderes Naturell. Einmal dominieren charmante, blumige Aromen, die an Narzissen oder Akazien erinnern, ein anderes Mal erdige, mineralische Noten oder auch Düfte von Spargel und Buchsbaum. Immer aber sind die Gewächse aus Sancerre trockene, fruchtige Weine mit einer lebendigen Frische und einer feinen Säure.

Pouilly Fumé Neben einer unbedeutenden Menge von Chasselas-Trauben wird im Pouilly-Gebiet heute fast nur noch Sauvignon blanc kultiviert. Ein Pouilly Fumé, ebenfalls sehr trocken ausgebaut, unterscheidet sich von einem Sancerre durch seine größere Fülle und noch markantere und reichhaltigere Aromen. Prägnant ist sein mineralisches, stark von Feuerstein geprägtes Bouquet – Noten, die man auch im Gaumen wieder findet. Manche Weine weisen feine Nuancen von weißem Pfirsich und Melonen auf. Während man die meisten Sancerre-Weine schon in ihrer Jugend genießen kann, braucht ein Pouilly Fumé einige Zeit der Reife. Oft entfaltet er sich erst nach zwei bis drei Jahren zu seiner vollen Größe.

Sancerre und Pouilly Fumé zum Essen

Weiße Sancerre- und Pouilly-Fumé-Weine lassen sich zu vielen Bestandteilen eines Menüs genießen. Man sollte jedoch darauf achten, dass die Speisen nicht zu fett sind.

Suppen und Vorspeisen

Sancerre und Pouilly Fumé können zu einer Consommé, besonders zu klaren Gemüsesuppen und Fleischbrühen, gereicht werden. Mit Vorspeisen von weißem Geflügel, Kaninchen und Kalbfleisch harmonieren sie ebenso wie mit Vorspeisen von Fisch, Schalen- und Krustentieren. Hervorragend passen sie zu Blattsalaten, marinierten Früchten und Gemüsen sowie Meeresfrüchten, z. B. zu Avocados mit Garnelen oder zu Meeresfrüchtesalat mit Fenchel, Paprika etc.

Fleisch und Geflügel

Fast alle klassischen Gerichte von hellem Fleisch sind bestens geeignet zur Kombination mit Sancerre oder Pouilly Fumé. Pochiertes oder geschmortes Kalbfleisch wie Kalbshaxe, Beinscheiben (Osso buco) und Kalbsbrust passen ausgezeichnet, ebenso das leider nur selten zubereitete, in einer Court Bouillon pochierte Ochsenfilet.
Auch zart gebratene Poularden, Stubenküken, Tauben und Kaninchen mit hellen Fonds oder feinen Wein- und Kräutersaucen lassen sich gerne von diesen Weinen begleiten.

Fisch, Schalen- und Krustentiere

Edle Fische, z. B. Lachs vom Grill mit einer Zitronenbutter oder Hecht mit Sauerampfer, Flusskrebse, Hummer, Langusten mit einer Sauce Nantua und Muscheln lieben einen Sancerre oder Pouilly Fumé. Auch Klößchen und Soufflés von Edelfischen und Krustentieren passen hervorragend.

Zutaten

Die Zutaten sollten mit der Fruchtigkeit der Weine harmonieren. Man kann alle gängigen Küchenkräuter und Gewürze verwenden, auch Senf, Zitronenschale und Kapern sind geeignet.

Beilagen

Bei Gemüsebeilagen sollte man auf alle Arten von Kohl und Pilzen verzichten, da sich diese nicht besonders gut mit der feinen Frucht des Sauvignon vertragen. Geschmorte Gurken, Fenchel, Sellerie, Spargel, Paprika und Tomaten hingegen sind geschätzte Kombinationen. Auch zurückhaltend gewürzte Salate (nicht zu viel Essig!) passen gut.

Käse

Ein kulinarisches Zwischendurch oder ein eleganter Abschluss eines Menüs ist ein Frischkäse, besonders frischer Ziegenkäse, begleitet von einem Sancerre oder Pouilly Fumé. Ein Highlight spezieller Art, allerdings oft schwer erhältlich, ist der Crotin de Chavignol, eine Ziegenkäsespezialität aus dem Sancerre-Gebiet. Voraussetzung für ungetrübten Genuss ist jedoch, dass man vorher keine schweren Rotweine getrunken hat.

Touraine Im Umkreis von etwa fünfzig Kilometern rund um die Stadt Tours liegen die neun Appellationen der Weinbauregion Touraine. Es gibt eine ganze Anzahl von Anbaugebieten, deren Ansehen mehr auf ihrem historischen Ursprung als auf ihrer tatsächlichen qualitativen Bedeutung beruht. Trotzdem produzieren einige Gebiete köstliche Weine, deren Ruf über die Grenzen der Touraine hinaus reicht, so etwa die regionale Appellation Touraine und die Anbaugebiete um Bourgueil, Chinon und Vouvray.

Neben Weiß- und Rotweinen werden auch Roséweine und ausgezeichnete Schaumweine, Crémants de Loire genannt, erzeugt. Abwechslungsreiche Böden und Kleinklimazo-

nen entlang der Loire bieten sehr unterschiedliche Bedingungen für den Weinbau, was im Lauf der Jahrhunderte zu einem fast nicht mehr überblickbaren Rebsortenspiegel geführt hat. Zu den wichtigsten Traubensorten zählen heute Chenin blanc (Pineau de la Loire genannt, nicht zu verwechseln mit Pinot!), Sauvignon blanc, Chardonnay, Cabernet franc, Cabernet Sauvignon, Gamay, Pinot noir und Malbec (der hier Cot heißt).

Die trockenen Weißweine der Touraine, meist aus Chenin blanc oder Sauvignon blanc gekeltert, zählten lange nicht zu den ganz großen Weinen der Loire, gehören heute jedoch teilweise zu den Geheimtipps. Man findet sehr rare, trockene Chenin-blanc-Weine aus Vouvray, die oft ein Jahrzehnt oder länger brauchen, bis sie ihre volle Reife erlangt haben. Von manchen Winzern werden auch recht ansprechende Sauvignon-blanc-Weine produziert.

Über große Klasse verfügen die Süßweine aus Vouvray, die aus überreif gelesenen Chenin-blanc-Trauben erzeugt werden. Die perfekte Ausgewogenheit von Süße und Säure sowie die Vielfalt fruchtiger Aromen verleiht diesen Weinen ihren einmaligen Charakter. Duft und Geschmack erinnern an eingekochte Früchte, an Melonen, Quitten und Birnen.

Die Rotweine der Touraine erfreuen sich in den letzten Jahren ständig wachsender Beliebtheit, wobei in den Regionen Chinon und Bourgueil immer mehr beachtenswerte Weine produziert werden, meist auf der Basis von Cabernet franc oder Gamay. Weine aus Chinon zeichnen sich durch Eleganz und Finesse aus. Man findet bei jungen Gewächsen Aromen von Kirschen und Johannisbeeren, nach einer Zeit der Reife auch feine Nuancen von Tabak und Kaffee. In Bourgueil sind die Rotweine von einer etwas festeren Struktur, weshalb sie in ihrer Jugend weniger zugänglich sind als die Weine aus Chinon.

Trockene Weissweine aus der Touraine zum Essen

Zu den trockenen Weinen aus der Chenin-blanc-Traube passen die gleichen Gerichte wie zu einem Rheingauer oder Elsässer Riesling. Beim Sauvignon blanc kann man sich an die zu einem Sancerre oder Pouilly Fumé empfohlenen Speisen halten.

Süsse Weissweine aus der Touraine zum Essen

Die unvergleichliche Geschmacksfülle eines süßen Vouvray sollte man zu Terrinen und Pasteten nicht nur von Stopfleber genießen. Köstlich ist die Kombination mit einem kräftigen, würzigen Weichkäse, einem Blauschimmelkäse sowie üppigen und fruchtigen Desserts. Man sollte einen süßen Touraine-Weißwein unbedingt zu einer Crème brûlée mit kandierten Früchten kosten!

Rotweine aus der Touraine zum Essen

Rotweine aus der Touraine genießt man zu allen Arten von gebratenem Schweinefleisch und zu gebratenem Geflügel. Außerdem schmecken sie ausgezeichnet zu einfachen Wildgerichten wie z.B. Reh- oder Hirschragout. Zu rustikalen Büffets, zu ländlicher Küche und Hausmannskost sowie zu Fleisch und Wurst vom Holzkohlengrill passen sie ebenfalls prächtig. Die meisten Rotweine aus der Touraine sind auch feine Begleiter zu Hartkäse wie Emmentaler, Gruyère, Appenzeller oder zu Cheddar, Laguiole oder Cantal.

Anjou und Saumur

Das Anbaugebiet zwischen Angers und Saumur erstreckt sich südlich der Loire bis zu 30 Kilometer ins Landesinnere hinein und umfasst auch einen Zipfel westlich von Angers. Man trifft hier auf sehr heterogene Strukturen, was den Anbau und die Vermarktung der Weine betrifft. Neben überwiegend einfachen weißen und roten Stillweinen sind es hauptsächlich die Schaumweine, Saumur Mousseux und Crémant de Loire, die der Region Saumur heute zu ihrem Ansehen verhelfen. In Saumur-Champigny jedoch keltern einige Winzer beachtenswerte Rotweine aus der Sorte Cabernet franc.

Das angrenzende, südlich der Loire gelegene Gebiet von Anjou kann sich keiner bedeutenden Weine rühmen, wenngleich die in großen Mengen prouzierten Roséweine sehr bekannt sind und einige wenige Rotweine gute Qualität aufweisen. Eine Ausnahme bilden die Coteaux du Layon, wo in den Spitzenlagen Quarts de Chaume und Bonnezeaux hervorragende trockene wie auch bemerkenswerte süße Weißweine erzeugt werden. Die trockenen Gewächse der Coteaux du Layon und der gegenüber, auf der anderen Flussseite liegenden Appellation Savennières gehören zu den besten Weißweinen ganz Frankreichs. Hier ergibt die Chenin-blanc-Traube Weine von ungewöhnlicher Raffinesse und Eleganz. Zugegeben, die Weine aus Savennières benötigen einige Zeit der Reife, doch dann belohnen sie die Geduld mit einer Fülle feinster floraler Aromen.

Weissweine aus Anjou und Saumur zum Essen

Man kann die trockenen weißen Gewächse zu allen Teilen eines Menüs genießen, am köstlichsten sind sie jedoch als Begleiter zu edlen Fischgerichten.

Suppen und Vorspeisen

Schon zu Consommés, zu klaren Gemüse- und Fischsuppen kann man trockene Weiße aus Anjou und Saumur servieren. Kalte, besonders marinierte Vorspeisen von hellem Fleisch und Geflügel eignen sich ebenfalls gut. Salate als Beilagen können eine dezente Säure haben, dürfen sich aber nicht über die filigrane Säure des Chenin blanc hinwegsetzen. Großen Genuss verspricht die Kombination von Weißwein aus Anjou und Saumur mit einem Tatar von Edelfischen oder einem Carpaccio von Thunfisch, Lachs oder Butt.

Fleisch und Geflügel

Diese Weine harmonieren perfekt mit pikanten Zubereitungsarten von hellem Geflügel, Kalbfleisch, Spanferkel, Schweinefilet und auch gepökeltem Schweinefleisch. Dazu serviert man würzige helle Fonds oder Saucen.

Fisch, Schalen- und Krustentiere

Edelfische aus Meer- oder Süßwasser, Austern, Jakobsmuscheln und alle Arten von Krustentieren werden der Finesse eines Savennières gerecht. Diese Gerichte sollten von den allerfeinsten Saucen begleitet werden. Unbedingt probieren muss man einen Savennières zu gratinierten Muscheln.

Zutaten

Weißer Pfeffer, Safran, Kapern, Gartenkräuter wie Petersilie, Kerbel, Dill, Sauerampfer, Melisse und Liebstöckel eignen sich sehr gut. Auf stark parfümierende Gewürze (Nelken, Zimt, Piment etc.) sollte man dagegen verzichten.

Beilagen

Neben allen möglichen Zubereitungsarten von Kartoffeln und Reis eignet sich weißes und grünes Gemüse als Beilage.

Pays Nantais Kurz bevor die Loire sich träge in den Atlantik ergiesst, durchquert sie das Weinbaugebiet des Pays Nantais. Vielen ist diese Region rund um die Stadt Nantes auch unter dem Namen der hier fast ausschliesslich angebauten Rebsorte Muscadet bekannt. Muscadet wird diese Traube allerdings nur hier genannt, ihre offizielle Bezeichnung lautet auf den wohlklingenden Namen Melon de Bourgogne.

Ihre besten Qualitäten entfaltet sie in einem Anbaugebiet, in dem die beiden Flüsschen Sèvre und Maine zusammenfließen. Die einheimischen Winzer lassen ihre Weine bis zur Abfüllung auf der Hefe («sur lie») liegen. So lautet denn die Zauberformel für den angesehensten Wein der Region: Muscadet de Sèvre-et-Maine sur lie. Durch die besondere Art der Vinifizierung erhält der Muscadet seine charakteristische, spritzige Art. Er ist ein delikater und weicher Wein, dessen Bouquet dezente blumige Noten aufweist und der einen unverkennbaren zarten Salzgeschmack auf der Zunge zurücklässt.

Weine des Pays Nantais zum Essen

So richtig wohl fühlt sich ein Muscadet mit Fischen aus dem Meer. Er passt hervorragend zu Salaten von Meeresfrüchten, zu allen Arten von Muscheln und ganz besonders zu Austern. Weine sind oft schwierige Partner für sommerliche Salate, die mit einer Vinaigrette angemacht sind. Durch seine feine, frische Säure harmoniert ein Muscadet aber auch zu solchen Gerichten, wie auch zu mariniertem Fleisch und Gemüse.

Burgund Eine bewegte Geschichte, eine ausgefallene geografische Konstellation, komplexe geologische und klimatische Bedingungen sowie eine verwirrende Vielfalt von Weinen, darunter eine große Zahl der elegantesten Gewächse der Welt – dies sind die zahlreichen Facetten des Burgund.

Seit über 1500 Jahren üben Burgunder Weine ihre Faszination auf die Menschen aus. Historische Aufzeichnungen belegen, dass schon im 6. Jahrhundert groß angelegte Weingärten zu den Ländereien der burgundischen Klöster gehörten. Benediktinern und Zisterziensern ist das Entstehen der so genannten «Climats» zu verdanken, jener Einzellagen der Côte d'Or, deren Crus im Laufe der Jahrhunderte zu weltweitem Ruhm gelangten.

Zu den bedeutendsten Eigentümern umfangreicher Weinberge zählte im Mittelalter Karl der Große «Charlemagne». Nach ihm ist noch heute einer der berühmtesten Rebberge der Côte d'Or benannt. Nirgendwo sonst in Frankreich hat der Verlauf der Geschichte ein Weinbaugebiet so stark geprägt wie im Burgund. Dies verwundert wenig, wenn man weiß, dass dieses Gebiet noch immer die gleichen Grenzen besitzt, wie sie in einer königlichen Verordnung von 1416 festgelegt wurden.

Das Burgund ist kein zusammenhängendes Anbaugebiet. Der Norden beheimatet neben der Appellation Chablis einige weniger bedeutende Gebiete rund um Auxerre. Etwa achtzig Kilometer südöstlich von Chablis verlaufen die Hänge der Côte d'Or, denen sich die Côte Chalonnaise, das Mâconnais und im Süden das Beaujolais anschließen.

Chablis Im Departement Yonne, im Tal des Flüsschens Serein, gedeihen auf den sanft ansteigenden Hügeln schon seit über siebenhundert Jahren Chardonnay-Reben, deren Weine bereits im 18. Jahrhundert zu Weltgeltung kamen. Die fossilen Kalkböden, vor Urzeiten aus Myriaden kleiner Austernschalen entstanden, bringen einen Chardonnay von einzigartiger Ausdruckskraft hervor, weltweit oft kopiert, aber nie erreicht.

Stroh- bis goldgelb schimmernd und mit grünen Reflexen funkelt ein Chablis im Glas. Obwohl in Duft und Aroma sehr vielgestaltig, zeichnet sich ein Chablis stets durch seinen trockenen, lebendigen und akzentuiert mineralischen Charakter aus. Chablis kennt vier kontrollierte Ursprungsbezeichnungen: Petit Chablis, Chablis, Chablis Premier Cru und Chablis Grand Cru. Entscheidenden Einfluss auf den Stil eines jeden Chablis hat die Tatsache, ob der Wein im Edelstahltank oder im Barrique ausgebaut wurde – mithin (fast) eine Religionsfrage in Chablis.

Die einfachen Petits Chablis und Chablis, die jung getrunken werden können, sind meist schlanke, frische Weine mit mineralischen, floralen Noten und einer feinen Säure. Premiers Crus präsentieren sich oft eleganter und extraktreicher. Sie weisen deutlichere Fruchtaromen auf, oft mit Nuancen von Birnen, Aprikosen und Pfirsichen sowie Feuerstein- und Kreidetöne. Aromatisch noch komplexer sind die eleganten Grands Crus, bei denen man zusätzlich Röstnoten, Butter, Honig und – falls im Barrique gereift – feinwürziges Holz entdeckt. Ein Grand Cru erreicht seinen Zenit erst nach rund fünf Jahren der Reife.

Chablis zum Essen

Die Wahl der Gerichte sollte man danach richten, ob man einen einfachen Chablis oder einen der Crus genießen möchte.

Suppen und Vorspeisen

Der einfache Chablis eignet sich hervorragend als Begleiter zu leichten Salaten. Die Kombination Salat und Wein birgt oft ein Problem, nämlich dann, wenn eine reichhaltige Vinaigrette durch die Säure des Essigs den Genuss des Weins unmöglich macht. Der sparsame Gebrauch von feinem Weinessig, Joghurt oder Crème fraîche, auch einige Tropfen von Grapefruit- oder Orangensaft, ergeben eine schmackhafte Kombination mit der frischen Säure eines Chablis.
Er harmoniert auch perfekt mit Sülzen oder ähnlichen Gelees, mariniertem Fleisch, Geflügel und Fisch sowie kalten Gemüsen, Gemüseterrinen oder einer Gemüse-Mousse.

Fleisch und Geflügel

Bei Hauptgängen von Schweinefilet, Spanferkelrücken, Kalbskoteletts, gefüllter Kalbsbrust oder Kalbshaxe, zu denen eine helle, mit Wein aromatisierte Sauce oder auch eine Senfsauce gereicht wird, sollte man zu einem Premier Cru greifen. Sehr gut passt dieser auch zu Gerichten von gepökeltem Fleisch oder Kasseler Koteletts und Kasseler Rippenspeer, wozu Sauerkraut und pikante Gemüseconfits gereicht werden. Auch zu Klassikern der Küche wie Wiener Schnitzel und Kalbsgeschnetzeltem eignet sich ein Chablis Premier Cru bestens.

Die Fülle eines Chablis Grand Cru bietet vollendeten Genuss zu einem Kalbsfilet, zu Keule oder Rücken von Lamm und Ziege, zu Perlhuhn oder zur Barbarie-Ente mit feinen Gemüsebeilagen.

Fisch, Schalen- und Krustentiere

Nach einem Chablis Premier Cru verlangen pochierte oder zart gebratene Süßwasserfische wie Hecht, Zander, Forelle oder Blaufelchen sowie allen Schalen- und Krustentiere.

Zutaten

Wie bei allen trocken-fruchtigen Weinen mit filigraner Säure sollten auch die Zutaten entsprechend ausgewählt werden. Weißer Pfeffer, Kapern, Gartenkräuter wie Petersilie, Kerbel, Dill, Sauerampfer, Melisse, Liebstöckel, Schnittlauch und Schalotten eignen sich gut. Auf stark parfümierende Gewürze (Nelken, Zimt, Piment etc.) dagegen sollte man verzichten.

Beilagen

Kartoffelgratins und -pürees, Reis sowie weißes und grünes Gemüse.

Käse

Die buttrigen Aromen eines Chablis Grand Cru vertragen sich sehr gut mit vielen Sorten fetter Weichkäse wie Saint-Albray, Brie, Camembert.

Côte d'Or Vor den Toren der Stadt Dijon erheben sich die sanften Hügel der Côte d'Or und begleiten auf einer Länge von etwa 60 Kilometern die Saône bis Santenay. Die Côte d'Or wird unterteilt in die im Norden liegende Côte de Nuits und die sich südlich anschließende Côte de Beaune; das Herz der Côte d'Or ist Beaune. Die steileren Hänge der Côte de Nuits sind mit ihren Schwemmlandböden hervorragend für den Anbau der Pinot-noir-Rebe geeignet. In der Côte de Beaune dagegen sind von wenigen Orten abgesehen die Bedingungen besser für Chardonnay geeignet. Geologische und auch klimatische Verhältnisse präsentieren sich in beiden Bereichen oft so ideal, dass einige der besten Weiß- und Rotweine der Welt aus diesen Rebbergen stammen.

Die großen Weine der Côte d'Or tragen immer den Namen des Ortes, aus dem sie stammen, die Premiers Crus zusätzlich die Namen der Einzellagen, die Grands Crus sogar nur den Namen der Einzellage. Weine, die lediglich mit der Gebietsbezeichnung benannt sind (z.B. Côte de Nuits-Villages), stammen aus nicht klassifizierten Lagen. Dies bedeutet aber keineswegs, dass man unter ihnen keinen ansprechenden Burgunder finden würde.

Côte de Nuits Die Côte de Nuits ist die heimliche Heimat des Pinot noir, denn nirgendwo sonst auf der Welt gedeiht diese Traube zu solcher Vollendung. Natürlich sind auch hier die Kunst des Menschen und perfektes Handwerk unabdingbare Voraussetzung für die Kreation großartiger Weine. Bei der Vielzahl einheimischer Winzer ist es daher nicht verwunderlich, wenn so mancher Wein nicht immer dem gerecht wird, was der berühmte Name seiner Lage verspricht.

Trotzdem wird mit gutem Grund zu so manchem Superlativ gegriffen, wenn von Gevrey-Chambertin, Morey-Saint-Denis, Chambolle-Musigny, Vougeot, Vosne-Romanée oder Nuits-Saint-Georges die Rede ist und die Vorzüge dieser großen Climats gepriesen werden. Chambertin, Clos de Bèze, Clos de la Roche, Clos de Vougeot, Richebourg, La Tâche und viele andere renommierte Lagen stehen für Weine, die derart sinnlich und erhaben sind, wie man sie nirgendwo sonst auf der Welt findet.

Die Farbe eines Weins der Côte de Nuits reicht von strahlendem Rubinrot bis hin zu majestätischem Purpur. Sein Bouquet offenbart die ganze Fülle reifer roter Früchte, verführerisch süße Düfte von Erdbeeren, Johannisbeeren und Kirschen. Die gleiche fruchtige Vielfalt findet sich im Gaumenerlebnis wieder. Die meisten Gewächse aus guten Jahrgängen – in ihrer Jugend oft weich und geschmeidig, manchmal würzig und kraftvoll, mit dezenter Säure und dominanten Tanninen – entwickeln sich in ihrer Reife zu unübertroffener Eleganz.

Rotweine der Côte de Nuits zum Essen

Die Rotweine der Côte de Nuits sind großartige Essensbegleiter. Man kann sie zu einem einfachen Mittagsgericht genauso genießen wie zu einem festlichen Menü. Ein Côte de Nuits-Villages oder ein nicht klassifizierter Wein aus einer Dorflage (z. B. Gevrey-Chambertin oder Nuits-Saint-Georges) harmoniert mit vielen leichteren Speisen der kalten und warmen Alltagsküche. Premiers Crus und Grands Crus sollte man gepflegten Speisen vorbehalten.

Suppen und Vorspeisen

Ein einfacher roter Burgunder passt ideal zu Wurst- und Schinkenplatten, Aufschnitt von kaltem Braten und Roastbeef, bäuerlichen Terrinen und Pasteten, Steak Tatare, Fleisch- und Wurstsalaten.

Einen Premier Cru sollte man zu feinen Vorspeisen von gebratenem Fleisch, Innereien oder Geflügel (z. B. gebratene Wachtel auf Linsen) genießen. Auch geräucherte Spezialitäten (z. B. geräucherte Gänsebrust) begleitet er schön. Die frische Fruchtigkeit der Weine von der Côte de Nuits verträgt sich nicht sehr gut mit Suppen, abgesehen von klaren Ochsenschwanzsuppen oder Wildessenzen.

Fleisch, Wild und Geflügel

Einen Côte de Nuits-Villages kann man vorbehaltlos empfehlen zu gebratenem Hähnchen, Schnitzel oder Kotelett vom Schwein, geschmortem Kaninchen, Wildragout und natürlich zum Klassiker Bœuf bourguignon. Außerordentlich schmackhaft sind die Weine der Dorflagen oder die Crus zu zarten, gebratenen Filets von Schwein, Kalb und Lamm, ganz besonders zum traditionellen Chateaubriand sowie zu Wildschwein und Fleisch von jungem Rotwild. Bei Geflügel sollte man Perlhuhn, Barbarie-Ente, Wildente, Taube, Wachtel und Fasan den Vorzug geben.

Den begleitenden Saucen ist größte Aufmerksamkeit zu widmen, wenn man eine perfekte Harmonie zwischen der Fruchtigkeit des Weins und dem jeweiligen Gericht erzielen will. Fonds und Saucen sollten als Grundlage einen roten Burgunder haben oder mit diesem fein abgeschmeckt sein.

Fisch

Wenn es auch manchem Weintrinker ungewohnt erscheinen mag, so lohnt es sich doch, einen Village zu gebratenem Filet von Seelachs, Schellfisch oder Rotbarsch zu probieren. Man sollte auch nicht versäumen, einen der Crus zu einem auf der Haut gebratenen Filet eines Edelfisches zu kosten. Hier bieten sich Rotbarbe, Dorade und Loup de Mer an.

Zutaten

Um die oben aufgeführten Gerichte und ein großes Gewächs der Côte de Nuits vollendet genießen zu können, sollte man auf aufdringliche und scharfe Gewürze sowie auf säuerliche Zutaten und Sahnesaucen verzichten. Zum Abschmecken eignen sich ein einfacher Côte de Nuits und ein Hauch Dijon-Senf.

Beilagen

Als Beilagen empfehlen sich Kartoffelgratins, Pommes soufflées, Pommes mousseline und Schupfnudeln, feine Gemüse wie Schwarzwurzeln, Kohlrabi, Möhren oder Mairübchen.

Käse

Ein Côte de Nuits geht stets eine köstliche Verbindung mit zahlreichen nicht zu fetten Rohmilch-Weichkäsen ein.

Weissweine von der Côte de Beaune Die Sonderstellung, die der Pinot noir in der Côte de Nuits einnimmt, genießt der Chardonnay in der Côte de Beaune. Besonders in Lagen wie Puligny-Montrachet, Chassagne-Montrachet, Meursault, Corton-Charlemagne und oberhalb der Stadt Beaune gedeihen Weine, die von Weinliebhabern zu den bedeutendsten Weißweinen der Welt gezählt werden. Der Chardonnay ergibt in der Côte de Beaune ausdrucksvolle, oft von überwältigender Frucht geprägte Weine, deren prägnanten Sorten-Charakter man sonst in keinem anderen Anbaugebiet findet. Im Glas präsentieren sich die Weine in hellem bis mittlerem Strohgelb. Das Aromenspektrum reicht von zurückhaltenden mineralischen Tönen bis hin zu markanten Noten von Pfirsichen, Aprikosen und exotischen Früchten. Bei großen Gewächsen lassen sich feine Nuancen von Butter, Honig, Nüssen und Vanille ausmachen.

Weissweine von der Côte de Beaune zum Essen

Kaum ein anderer Weißwein lässt sich zum Essen so vielseitig genießen wie ein weißer Burgunder. Weiße Côte de Beaune-Villages harmonieren zu vielen kalten und warmen Gerichten der Alltagsküche. Edle Weine aus Dorflagen (z. B. Meursault oder Chassagne-Montrachet), Premiers Crus und Grands Crus (z. B. Clos des Mouches, Bâtard-Montrachet oder Corton-Charlemagne) sollte man zu den entsprechenden Gängen eines großen oder festlichen Menüs reichen.

Suppen und Vorspeisen

Von wenigen Ausnahmen abgesehen (dunkle Suppen, Tomatensuppen), kann man einen weißen Burgunder zu jeder Bouillon, Consommé oder gebundenen Suppe von Fleisch, Geflügel oder Fisch servieren.

Unzählige Variationen kalter Vorspeisen harmonieren mit einem Weißwein der Côte de Beaune: feine Salate von Geflügel, Fisch, Schalen- und Krustentieren, marinierte Spezialitäten und Carpaccio von Kalbfleisch, Ente und Fisch, Tatar von Edelfischen, Terrinen und Pasteten von Kalbfleisch, Geflügel und Fisch.

Auch warme Vorspeisen wie besonders feine Zubereitungsarten von Kalbfleisch (Bries, Zunge und Kalbskopf), Geflügel sowie Fisch, Schalen- und Krustentieren passen zu weißen Burgundern.

Eine sehr schmackhafte Kombination ergibt sich mit kleinen Pastagerichten, wenn man auf zu strenge, würzige Saucen verzichtet. Als köstliche Beispiele seien Steinpilzravioli oder Lachs-Cannelloni angeführt. Alle Vorspeisen, die mit Blätterteig verfeinert werden, lassen sich dank den auf beiden Seiten vorhandenen buttrigen Aromen perfekt mit weißem Burgunder kombinieren.

Fleisch und Geflügel

Zu einem weißen Côte de Beaune passt Kalbfleisch in nahezu allen Variationen. Vorzüglich ist auch pochiertes Ochsenfleisch (Filet, Tafelspitz, Zunge). Lamm und weißer Burgunder sind nicht unbedingt ideale Partner, da der manchmal etwas strenge Eigengeschmack des Fleisches und die üblichen Zutaten (z. B. Knoblauch) die eleganten Chardonnay-Aromen oft übertönen. Stubenküken, Poularden, Perlhuhn und Ente sowie Kaninchen lassen sich sehr gerne von einem weißen Burgunder begleiten.

Am besten verwendet man zu diesen Speisen helle Saucen und Fonds, die auch mit Sahne, Butter, Weißwein und Gartenkräutern verfeinert sein können.

Fisch

Je nach Art der Zubereitung eignen sich alle Süßwasser- und Meeresfische für die Kombination mit weißen Burgundern. Besonders zum Filet eines Edelfisches sollte man ein größeres Gewächs wählen. Als Saucen eignen sich feine Weißweinreduktionen, milde Fischfonds, Kräutersaucen und alle aus Butter gefertigten Saucen wie Beurre blanc, Sauce hollandaise etc.

Schalen- und Krustentiere

Wie geschaffen ist ein Meursault oder Puligny-Montrachet für Freunde von Jakobsmuscheln, Scampi, Garnelen oder Flusskrebsen. Einen fast überirdischen Genuss bietet ein Grand Cru aus einer der Montrachet-Lagen oder ein Corton-Charlemagne zu Hummer oder Languste. Für die begleitenden Saucen verwendet man die gleichen oder ähnliche Rezepte wie zu Fisch.

Zutaten

Petersilie, Kerbel, Schnittlauch, Dill, Estragon, Liebstöckel, weißer Pfeffer, Koriander- und Fenchelsamen, Lorbeerblatt und Safran sind empfehlenswert. Chili, Cayennepfeffer, Nelke, Zimt, Muskat und andere stark parfümierende oder scharfe Gewürze sollte man vermeiden bzw. nur sehr sparsam einsetzen.

Beilagen

Alle Zubereitungsarten von Kartoffeln, weißes und grünes Gemüse. Sehr zu empfehlen sind Pilze, besonders Steinpilze, andere edle Röhrlinge und Morcheln, gedünstet oder in Butter gebraten, sowie Trüffel.

Käse

Wenn man während des Menüs schon einen weißen Burgunder getrunken hat, sollte man zum Käse nach einer kräftigeren Alternative, möglichst nach einem süßen Weißwein (Riesling, Vouvray, Jurançon) suchen, der sich über die konzentrierte Fülle des Chardonnays hinwegsetzen kann.

Andere Gerichte

Die Premiers und Grands Crus sollte man ihrer Eleganz wegen einem feinen Essen vorbehalten. Einen weißen Côte de Beaune-Villages kann man jedoch zu einem einfacheren Gericht, zu kalten Platten, Eierspeisen, Omeletts und Aufläufen kredenzen.

ROTWEINE VON DER CÔTE DE BEAUNE Der Pinot noir findet in der mehrheitlich weißen Côte de Beaune an einigen Stellen Lücken, wo er beeindruckende Rotweine hervorbringt, so in Corton, Pommard, Volnay und oberhalb von Beaune. In den Weinbergen von Savigny-lès-Beaune und Santenay trifft man ebenfalls auf ansprechende Blauburgunder, die den Geldbeutel nicht so arg strapazieren wie die vorher genannten Weine.

ROTWEINE VON DER CÔTE DE BEAUNE ZUM ESSEN

Für alle roten Gewächse der Côte de Beaune gelten die gleichen Empfehlungen wie für die Rotweine der Côte de Nuits.

DIE CÔTE CHALONNAISE UND DAS MÂCONNAIS Südlich der Côte de Beaune schließt sich nahtlos das Anbaugebiet der Côte Chalonnaise an. Auch in dieser Region dominieren Chardonnay und Pinot noir. Die Weine genießen nicht die Reputation ihrer nördlichen Nachbarn, überzeugen aber trotzdem teilweise mit erstaunlichen Qualitäten. Man sollte Weiß- und Rotweine aus Rully, Mercurey und Givry nicht unterschätzen, zumal sie preislich interessante Alternativen zu den Gewächsen der Côte d'Or bieten. Beachtenswert sind auch die Weine aus Montagny, wo man hervorragende weiße Burgunder findet.

Erwähnenswert ist das kleine Anbaugebiet von Bouzeron in der Côte Chalonnaise; hier wird fast ausschließlich die weiße Rebsorte Aligoté angebaut. Der Aligoté ist ein frischer, spritziger, sehr trockener Wein, der jung getrunken werden sollte.

Das sich südlich anschließende Gebiet des Mâconnais ist im Wesentlichen für seine weißen Burgunder aus den Appellationen Mâcon-Villages und St-Véran bekannt. Chardonnay-Weine von außergewöhnlicher Qualität, die trotz bescheidener Preise problemlos mit vielen Weinen der Côte de Beaune konkurrieren können, findet man in Pouilly-Fuissé.

WEINE VON DER CÔTE CHALONNAISE UND AUS DEM MÂCONNAIS ZUM ESSEN

Zwar erreichen die Weine dieser beiden Gebiete nicht immer die große Klasse der Spitzengewächse der Côte d'Or; trotzdem kann man sie zu den gleichen Gerichten empfehlen.

BEAUJOLAIS Das Beaujolais erstreckt sich östlich der malerischen Ausläufer des Zentralmassivs auf einer Länge von etwa fünfzig Kilometern von Mâcon bis kurz vor die Tore Lyons. Zwischen Lust und Leid schwanken die Empfindungen bei Weinkennern, wenn vom Beaujolais die Rede ist. Beaujolais ist weltweit oft nur als «Beaujolais Primeur» bekannt und als solcher auch sehr beliebt, was eine jährliche Produktion von etwa 60 bis 70 Millionen Flaschen beweist. Ein besonderer Genuss will sich dem Kenner durch solche Weine jedoch nicht offenbaren...

Die klassischen Beaujolais-Villages und besonders die Gewächse der kommunalen Appellationen bieten hingegen durchaus großes Trinkvergnügen. Die Rotweine des Beaujolais werden ausschließlich aus der Gamay-Traube erzeugt, die im wesentlichen auf Verwitterungsböden von Granit und Schiefer wächst. Die zehn Crus des Beaujolais heißen Saint-Amour, Juliénas, Chénas, Moulin-à-Vent, Fleurie, Chiroubles, Morgon, Regnié, Brouilly und Côte de Brouilly.

Viele der Spitzen-Beaujolais aus einer der genannten Gemeinden zählen zu den temperamentvollsten Rotweinen der Welt. Die Weine sind bei voller Reife oft von überwältigend reicher Frucht geprägt, ihr Bouquet weist üppige Düfte von Himbeeren, Erdbeeren, Kirschen und Johannisbeeren auf. Am Gaumen präsentieren sich die Weine mit feiner, seidiger Struktur und eher wenig Tannin. Man sollte einen Beaujolais nicht länger als fünf bis acht Jahre lagern, Weine aus Moulin-à-Vent können leicht zehn Jahre überdauern.

Beaujolais zum Essen

Der feminine Charakter eines Beaujolais mit seiner ausgeprägten Frucht sollte die Wahl der Speisen bestimmen. Leichtere, nicht allzu fette Gerichte sind zu bevorzugen.

Suppen und Vorspeisen

Die frische Fruchtigkeit eines Beaujolais passt ausgezeichnet zu klaren Gemüsesuppen, Bouillons, klaren Ochsenschwanzsuppen oder Wildessenzen. Terrinen und Pasteten von Wild, Wildgeflügel, Geflügel- und Schweineleber, geräucherte oder luftgetrocknete Spezialitäten von Schwein, Wild, Gans und Ente lassen sich ebenfalls gern von einem Beaujolais begleiten.

Zu französischen Spezialitäten wie Schnecken und Froschschenkeln sollte man nicht nur die oft empfohlenen trockenen Weißweine trinken, sondern auch einmal einen Beaujolais probieren.

Fleisch, Wild und Geflügel

Gebratene oder geschmorte Gerichte von Schwein, Kalb, Kaninchen und Geflügel, deren Saucen nicht zu üppig sind, harmonieren perfekt mit Beaujolais. Bei Wildgerichten sollte man Wildschwein, bei Wildgeflügel Fasan, Wachteln und Wildtauben den Vorzug geben. Oft ist es nicht leicht, einen geeigneten Wein zu gebratener Kalbs- oder Rinderleber zu finden. Ein Beaujolais empfiehlt sich als gute Wahl.

Sehr gut passt ein Beaujolais zu Vorspeisen, wenn ein üppiger Hauptgang folgt, zu dem ein schwererer Rotwein serviert wird.

Fisch

Insbesondere zu gebratenen Süßwasserfischen ist Beaujolais ein schmackhafter Begleiter.

Zutaten

Solange man sie mit Maß einsetzt, kann man alle gängigen Küchenkräuter und Gewürze verwenden, abgesehen von den scharfen und stark parfümierten Zutaten der asiatischen Küche.

Beilagen

Als Beilagen empfehlen sich mit Ausnahme von Fenchel, Spargel und Rosenkohl alle frischen Gemüse, besonders auch Pilze. Je nach Gericht kann man verschiedene Zubereitungsarten von Kartoffeln oder Nudeln als Beilage servieren.

Käse

Ein Beaujolais harmoniert gut mit mildem Schnittkäse in der Art eines Gouda, ebenso mit Brie und Camembert.

Bordeaux Über kein anderes Anbaugebiet der Welt gibt es eine solche Fülle von Literatur wie über Bordeaux. Keine anderen Weine wurde je in einem solchen Maß glorifiziert und mystifiziert wie die Spitzengewächse dieser Region. Kurzum: Bordeaux ist das heilige Land, und seine Weine sind Religion für die meisten Weinliebhaber aus aller Welt.

Bei aller Faszination sollte man dem Monument Bordeaux aufmerksam und nicht blauäugig gegenübertreten. Zweifelsohne gehört eine große Zahl seiner Weine zu den edelsten Schöpfungen der Winzerkunst, und Raritäten aus großen Jahrgängen werden von Sammlern auf Auktionen zu astronomischen Summen ersteigert. Andererseits findet man im Supermarktregal Bordeaux-Weine für das kleine Budget, die dem Weinkenner oft nur geringen Genuss bescheren. Der gut sortierte Fachhandel hingegen bietet eine Vielzahl erschwinglicher, feiner Bordeaux-Weine an.

Bordeaux blickt auf eine fast 2000 Jahre alte Geschichte im Weinhandel zurück. Bereits die Römer liessen im Hafen von Burdigala, dem heutigen Bordeaux, Schiff um Schiff mit Wein beladen, der dann in die von ihnen besetzten Gebiete in weiten Teilen Europas gesandt wurde. Als im 12. Jahrhundert Aquitanien und das dazugehörige Bordelais unter englische Herrschaft gelangten, gewannen Weinbau und Handel enorm an Bedeutung. Eine regelrechte Weinflotte versorgte Britannien und andere Länder des Nordens mit gewaltigen Mengen des geschätzten Weins. Der Bedarf war dermaßen groß, dass nach Schätzungen von Historikern die Anbaufläche um 1400 mit etwa 100 000 ha so groß war wie heute.

Im Gegensatz zu vielen anderen Regionen verlor das Weinbaugebiet Bordeaux nie an Bedeutung. Stets wussten Königshäuser und Regenten aus aller Welt die edlen Gewächse zu schätzen. Heute ist Bordeaux das größte zusammenhängende Weinbaugebiet Frankreichs.

Mit einem Anteil von etwa 80 % wird deutlich mehr Rotwein angebaut, als dies noch vor dreißig Jahren der Fall war. Der Rebsortenspiegel von Bordeaux enthält zahlreiche alte, traditionelle Rebsorten, von denen einige weltweit zu den wichtigsten und hochwertigsten Sorten zählen, andere hingegen nur noch nostalgische Bedeutung haben. Zu den wichtigsten Sorten des Bordelais zählen:

Rotweine	Weissweine
Cabernet Sauvignon	Sémillon
Merlot	Sauvignon blanc
Cabernet franc	Muscadelle
Petit Verdot	
Malbec	

Nur einige Kilometer nordwestlich von Bordeaux vereinigen sich die Flüsse Garonne und Dordogne zur Gironde, ihrem Mündungsarm in den Atlantik, und bilden eine natürliche Grenze zwischen den drei Hauptanbaugebieten des Bordelais. Südwestlich, unterhalb von Garonne und Gironde, liegen das Médoc und die Graves. Das Gebiet im Nordosten, oberhalb von Dordogne und Gironde, nennt man Rive Droite. In dem Dreieck zwischen den beiden Flüssen erstreckt sich die Region Entre-Deux-Mers.

Jede mächtige, aber auch jede kleine Appellation innerhalb dieser drei größeren Gebiete steht für individuelle Weine mit einem eigenwilligen Charakter. Das Zusammenspiel der Natur, unterschiedlicher Böden und wechselnder Kleinklimazonen führt dazu, dass je nach Standort eine bestimmte Rebsorte besonder gut gedeiht. Dies machen sich die Winzer zunutze und hegen in ihren unterschiedlichen Lagen verschiedene Traubensorten, die dann zu den für Bordeaux typischen Rot- und Weißwein-Cuvées komponiert werden.

Médoc und Graves Vor Urzeiten brachten Gletscherausläufer aus den Pyrenäen Geröll und Geschiebe bis zum Atlantik. So entstanden die für diese Region typischen Kiesböden, die den auf ihnen wachsenden Rotweinen ihren unverkennbaren Charakter verleihen.

Dennoch sind die Bedingungen für den Weinbau so unterschiedlich, dass man Médoc und Graves gesondert betrachten muss. Während im Médoc, nordwestlich der Stadt Bordeaux, fast ausschließlich Rotweine angebaut werden, spielt in den südöstlich gelegenen Graves auch der Weißwein mit 40 % der Rebfläche eine gewichtige Rolle. Neben vielen hervorragenden trockenen Weißweinen sind es besonders die edelsüßen Gewächse aus Barsac und Sauternes, die schon im 18. Jahrhundert zu Weltruhm gelangten.

Médoc Einige berühmte Gemeindenamen des Médoc, insbesondere des Haut-Médoc, bringen Weinliebhaber zum Träumen: St-Estèphe, Pauillac, St-Julien, Margaux, Listrac und Moulis-en-Médoc. Besonders die Rotweine sind für den Ruf des Médoc verantwortlich. Die Rotwein-Cuvées werden vorwiegend aus Cabernet Sauvignon, kleineren Mengen Merlot und gelegentlich Anteilen anderer roter Sorten kreiert.

Für die international gesuchten Spitzenweine dieses Gebiets gilt seit 1855 das recht komplizierte Klassifizierungssystem, das die Crus Classés in fünf Klassen unterteilt, so zum Beispiel:

Château Mouton-Rothschild, Appellation Pauillac, 1er Cru Classé
Château Léoville-Las Cases, Appellation St. Julien, 2ème Cru Classé
Château Palmer, Appellation Margaux, 3ème Cru Classé

Diese Klassifizierung von 1855 gilt noch heute für die bedeutendsten Kreszenzen des Haut-Médoc. Man kann sie, von wenigen Ausnahmen abgesehen, auch in unserer Zeit noch akzeptieren.

Eine weitere, getrennte Klassifizierung anspruchsvoller Gewächse des Médoc umfasst die so genannten Crus Bourgeois, mit Nennung des Anbaugebiets oder eines der bereits erwähnten Gemeindenamen auf dem Etikett. Unter den Cru Bourgeois findet man eine Reihe von Châteaux mit exzellenten Weinen; diese sind zwar nicht so hoch bewertet, dafür aber auch nicht so kostspielig wie die Crus Classés.

Qualitativ hinter den Crus Bourgeois rangieren Weine mit der Bezeichnung Bordeaux Supérieur. Auch auf dieser Stufe gibt es durchaus Weine, die die Wertschätzung des Weinliebhabers verdienen.

Es liegt auf der Hand – oder besser gesagt in der Nase und im Gaumen –, dass die großen, kostspieligen Weine des Médoc, die Crus Classés, in den meisten Fällen umwerfenden Genuss bieten. Die nachfolgenden Attribute gelten jedoch in gemilderter Form auch für die Crus Bourgeois und, eingeschränkt, auch für manchen Bordeaux Supérieur: Im Glas präsentiert sich ein Rotwein aus dem Médoc meist in einem dunkelrubinroten bis tiefpurpurroten Gewand. Reichhaltige Düfte von reifen Beerenfrüchten, von Cassis und Pflaumen, Toast- und Rauchnoten mit Nuancen von Zedernholz, Bleistift, Tabak und schwarzer Schokolade, manchmal sogar Minze, prägen das Bouquet eines Médoc-Weins. Im Gaumen zeigen sich diese Weine äußerst konzentriert, mit satter Frucht, in der Jugend oft mit massiven Tanninen, aber auch von saftiger und öliger Konsistenz. Große Gewächse zeichnen sich durch ein langes Finale aus.

Wie alle Weingebiete der Welt unterliegt auch das Médoc Qualitätsschwankungen von Jahrgang zu Jahrgang. Für vollendeten Genuss sollte man diesen Weinen einige Jahre der Reife gönnen.

Rotweine aus den Graves Schon lange bevor das Médoc zu Ruhm und Ehren gelangte, besassen die Weine der Graves prominente Liebhaber. So zählen noch heute Rotweine der Appellation Pessac-Léognan, in den nördlichen Graves gelegen, zu den gesuchtesten Weinen aus dem ganzen Bordelais. Die roten Spitzengewächse aus Pessac-Léognan sind als Crus Classés eingestuft. Weine mit dem Namen der Appellation Graves hingegen sind nicht klassifiziert, unter ihnen findet man aber durchaus einige schöne Tropfen. Wie im Médoc werden auch in den Graves Weine der Qualitätsstufe Bordeaux Supérieur erzeugt.

Die Cuvées werden in der Regel von Cabernet Sauvignon dominiert, doch liegen die Anteile von Merlot und Cabernet franc häufig höher als im Médoc. Die Rotweine aus dem Médoc und den Graves ähneln sich zwar in Bouquet und Geschmack, doch sind die Weine aus Pessac-Léognan oft von erdigen und mineralischen Noten geprägt. Häufig entdeckt man in ihnen auch Nuancen von Waldboden, Trüffeln und Baumrinde ebenso wie feine Düfte von Tabak, Kakao und Leder. Manche der großen Weine dieser Region besitzen eine noch üppigere und samtigere Fülle als die Weine des Médoc.

Die Reife der Weine schwankt auch in den Graves je nach Jahrgang, es lohnt sich allerdings, sich einige Jahre in Geduld zu üben, um dann mit noch größerem Genuss belohnt zu werden.

Rotweine aus dem Médoc und den Graves zum Essen

Rotweine aus diesen Gebieten sollte man ihrer Klasse entsprechend zum Essen kombinieren. Einen gereiften Cru Classé oder auch einen hoch stehenden Cru Bourgeois sollte man dem Hauptgang eines Menüs vorbehalten. Weniger üppige Weine kann man zu einem vorhergehenden Gang reichen. Die meisten Bordeaux Supérieurs passen gut zu einfachen, rustikalen Gerichten. Keineswegs sollte man einen Médoc oder Graves nach einem schweren Syrah, Cabernet Sauvignon oder Merlot servieren.

Damit man die vielfältigen Nuancen, die subtilen Aromen und die opulente Fülle eines Médoc oder Graves genießen kann, darf das begleitende Gericht nicht zu viele Geschmackskomponenten aufweisen. Zu viele Gewürze, zu prägnante Saucen und unterschiedliche Beilagen nehmen diesen Weinen viel von ihrem Charakter.

Suppen und Vorspeisen

Zu diesen Teilen eines Menüs sind die Crus generell weniger empfehlenswert. Wenn dunkle Suppen (z. B. Ochsenschwanz- und Gulaschsuppen), etwa im Rahmen eines Buffets, angeboten werden, kann man jedoch zu einem Bordeaux Supérieur greifen.

Fleisch, Wild und Geflügel

Zubereitungen von Rind harmonieren am besten mit den Crus aus dem Médoc und den Graves: Tournedos vom Ochsenfilet, Chateaubriand, gegrilltes oder gebratenes Entrecôte, Rumpsteaks, Schmorbraten aus der Keule oder der Côte de Bœuf, rosa gebratene Hochrippe aus dem Ofen, geschmorte Ochsenbäckchen. Die passenden Saucen, am besten reduzierte Fleischfonds, sollten nur dezent gewürzt sein, können aber mit einem roten Bordeaux abgeschmeckt werden.

Auch Fleisch vom Lamm eignet sich gut, soweit es nicht den oft typischen, strengen Geschmack älterer Tiere aufweist. Auf den zum Lamm häufig verwendeten Knoblauch sollte man hier allerdings möglichst verzichten.

Wild eignet sich weniger gut, und zwar wegen des meist sehr individuellen Eigengeschmacks und wegen der verwendeten Gewürze. Wer trotzdem nicht auf Wild verzichten möchte, sollte Fleisch vom jungen Reh oder Hirschkalb wählen. Vom Geflügel eignet sich am besten gebratene Gans. Ente und Taube passen besser zu einem Pomerol oder St-Emilion.

Ein Bordeaux Supérieur schmeckt gut zu geräuchertem oder luftgetrocknetem Schinken, zu Aufschnitt vom Roastbeef, zu Bündnerfleisch und ähnlichen Spezialitäten. Auch Gulasch und vergleichbare Gerichte, Rouladen, einfache Steaks aus der Pfanne und Fleisch vom Holzkohlengrill vertragen sich bestens mit den unkomplizierten Bordeaux Supérieurs.

Fisch, Schalen- und Krustentiere

Auch wenn man speziell in Frankreich ab und zu Fisch oder auch Hummer und Krebse in Rotweinsaucen erhält, ist es schade, Weine aus dem Médoc und den Graves zu solchen Gerichten zu servieren.

Zutaten

Auf stark aromatisierende Gewürze, Sahne, Crème fraîche und Mehlschwitzen sollte man verzichten. Saucen können mit einem roten Bordeaux-Wein verfeinert werden.

Beilagen

Kartoffeln in verschiedenster Zubereitungsart, vor allem Pürees und Gratins, eignen sich am besten als Beilage. Gemüse ist oft problematisch, Wirsing, Rosenkohl, Mangold, Schwarzwurzeln und Möhren kann man aber in kleinen Portionen dazu reichen. Bei den Pilzen stehen vor allem Morcheln und schwarze Trüffel im Vordergrund; sie passen am besten zu einem Graves.

Käse

Perfekte Harmonie von Weinen aus dem Médoc und den Graves mit Käse gibt es nicht. Wer dennoch nicht auf einen Bordeaux zu ausgesuchten Sorten verzichten will, sollte zu einem weicheren St-Emilion greifen.

Trockene Weissweine aus den Graves Oft gut, manchmal außergewöhnlich und meistens teuer – so könnte man oberflächlich die Weißweine der Graves kategorisieren. Tatsächlich gehören einige wenige Weine der Appellation Pessac-Léognan zu den besten weißen Gewächsen Frankreichs, so dass man ihren Preis zähneknirschend akzeptieren muss. Aber leider gibt es auch zahlreiche Weine aus diesem Gebiet, die zwar durchaus ansprechen, aber vom Image der Spitzenweine profitieren und deshalb massiv überteuert sind.

Die Klassifizierung der Weißweine entspricht derjenigen der roten Graves. Selten werden die Weine rebsortenrein aus Sauvignon blanc gekeltert. In der Regel komponieren die Produzenten Sauvignon blanc mit kleineren Mengen Sémillon zu individuellen Cuvées.

In Duft und Geschmack fallen die Weine sehr unterschiedlich aus. Bei manchen findet man im Bouquet ausgeprägte mineralische Noten, bei anderen dominieren Töne von Zitrusfrüchten, grünen Äpfeln, Melonen oder auch Honig, dann wiederum erschnuppert man Frühlingsblumen oder sogar Nuancen von Buchsbaum. Die Weine sind oft von fruchtiger Frische und angenehmer Säure, reife Gewächse können sich üppig und mit opulenter Frucht präsentieren.

Die Spitzenweine aus Pessac-Léognan benötigen in der Regel einige Zeit der Reife, die meisten Weine der Appellation Graves kann man hingegen schon recht jung trinken.

Trockene Weissweine aus den Graves zum Essen

Die trockenen Weißweine aus den Graves sind in ihrem Charakter sehr unterschiedlich, und man kann sie nicht so eindeutig einem Gericht zuordnen wie beispielsweise einen Chablis.

Suppen und Vorspeisen

Helle, gebundene Suppen, besonders von Geflügel, Fisch und Muscheln, auch mit feinen Gemüseeinlagen, passen gut zu einem weißen Graves. Köstlich zu diesen Weinen sind Vorspeisen von Kalbsbries, Kalbszunge und Terrinen vom Kalbskopf. Geflügelterrinen und -pasteten eignen sich genauso gut wie Salate von Meeresfrüchten, Fisch- und Hummerterrinen.

Fleisch und Geflügel

Zu Gerichten von pochiertem Rind- und Kalbfleisch, beispielsweise Tafelspitz, und zu zart gebratenem Kalbfleisch (Kalbsbries, Kalbsfilet, Kalbshaxe, Ossobuco) und Geflügel serviert man einen weißen Graves bzw. Pessac-Léognan. Zu mild gepökeltem und geräuchertem Fleisch (Rinderbrust oder Kasseler Rippenspeer) passt er genauso gut wie zu Confits von Gans und Ente.

Fisch, Schalen- und Krustentiere

Edelfische aus Meer- oder Süßwasser mit feinen, hellen Saucen, aber auch Austern, Jakobsmuscheln und alle Arten von Krustentieren harmonieren ausgezeichnet mit weißen Weinen aus den Graves.

Auch wenn ein weißer Graves von der Sauvignon-blanc-Traube dominiert wird, kann man ihn im Gegensatz zu einem Sancerre auch zu weniger leichten Gerichten empfehlen.

Zutaten

Empfehlenswert sind alle Zutaten, die mit der Fruchtigkeit der Weine harmonieren: alle gängigen Küchenkräuter, Gewürze, Senf, Zitronenschale und Kapern. Zu Fischgerichten passen Fenchelsamen, Dill, Sauerampfer, Kerbel und Estragon.

Beilagen

Nicht viele Weine vertragen sich so außerordentlich gut mit allen Arten von Gemüsen wie die weißen Graves. Auf Waldpilze sollte man jedoch verzichten. Kartoffeln passen sehr gut, besonders Kartoffelgratins, aber auch Nudeln und andere Pastabeilagen.

Andere Gerichte

Wegen ihres eher hohen Preises werden Weißweine aus den Graves nur selten zu Gerichten der Alltagsküche serviert. Sie schmecken aber gut zu Gemüseeintöpfen, Kartoffel- und Gemüseaufläufen sowie zu Fischeintöpfen (in der Art einer Bouillabaisse).

Käse

Besonders die Weine mit einem hohen Anteil an Sauvignon blanc passen gut zu Ziegenfrischkäse, Kräuterfrischkäse und Weichkäse.

Süsse Weissweine aus Sauternes und Barsac Unter den großen Süßweinen und edelsüßen Gewächsen, die man in vielen Anbaugebieten der Welt findet, nehmen die Weine aus Sauternes und Barsac eine Sonderstellung ein. Es ist nicht bekannt, wie lange es im Bordelais schon Weine dieser Art gibt, aber ihren glänzenden Ruf begründeten sie bereits im 17. Jahrhundert. Im 18. Jahrhundert gelangten sie zu internationalem Ruhm, was besonders den großartigen Weinen von Château d'Yquem zu verdanken ist.

Die geografische Lage der Region und das besondere Kleinklima begünstigen die Entstehung des Schimmelpilzes *Botrytis cinerea.* Die Edelfäule entzieht den Trauben Wasser und bewirkt so eine hohe Konzentration des Zuckers und der Aromastoffe

Der Sémillon hat in diesen Cuvées einen Anteil von 80 % und wird mit Sauvignon blanc ergänzt. Ab und zu werden auch kleine Mengen von Muscadelle für die Assemblagen verwendet.

Die offizielle Klassifizierung von Sauternes und Barsac geht ebenso wie diejenige des Médoc auf das Jahr 1855 zurück. An der Spitze steht unangefochten der einzige Premier Grand Cru, Château d'Yquem. Es folgen elf Premiers Crus und zwölf Deuxièmes Crus.

Die Süßweine aus Sauternes und Barsac können ein hohes Alter erreichen. Ihr Reifegrad lässt sich am Farbton ablesen, der sich von kräftigem Strohgelb über sattes Goldgelb bis hin zu Bernsteintönen entwickeln kann.

Häufig ist das betörende Bouquet dieser Süßweine von verschwenderischer Vielfalt, mit Düften exotischer Früchte, von Orangen, Grapefruits, Melonen, Ananas, Aprikosen und Pfirsichen, von Zimt und Karameltönen. Ebenso überwältigend kann bei den namhaften Gewächsen das Geschmackserlebnis sein. Die Weine präsentieren sich ölig wie honigsüßer Nektar und verführen mit allen Aromen, die sich auch im Bouquet finden. Ein besonderer Genuss stellt sich ein, wenn eine feine Säure die üppige Süße begleitet und den Weinen die nötige Frische verleiht.

Süsse Weissweine aus Sauternes und Barsac zum Essen

Die unvergleichliche Aromenfülle von Süßweinen aus Sauternes und Barsac macht ihre Kombination mit Speisen schwierig. Wenn man einen solchen Wein während eines Menüs trinkt, sollte man in besonderem Maße darauf achten, welche anderen Weine danach gereicht werden. Trinkt man ihn zu einer als Vorspeise servierten Foie gras, können ihm in der Folge nur sehr schwere rote Gewächse die Stange halten.

Vorspeisen

Wie fast alle süßen Weißweine sind auch diejenigen aus Sauternes und Barsac ideale Begleiter zu Foie gras und deren Terrinen und Pasteten, aber auch zu anderen fetten Fleisch- und Leber-Terrinen und -Pasteten. Als schmackhafte Beilage empfiehlt sich ein Gelee vom gleichen Wein.

Fleisch, Wild und Geflügel

Eigentlich sind Süßweine zu diesen Menüteilen weniger empfehlenswert. In ihrer Heimat serviert man sie allerdings auch zu Wild und Geflügel mit Beilagen von Aprikosen und Pfirsichen sowie Saucen, die mit dem entsprechenden Wein aromatisiert sind. Eine weitere Ausnahme bildet ein

Gericht mit gebratener Foie gras und einer dem Geschmack des Weins angepassten Sauce (z.B. reduzierter Geflügelfond, abgeschmeckt mit einem Sauternes).

Käse

Der dominante Geschmack von Blauschimmelkäse harmoniert ausgezeichnet mit den Weinen aus Sauternes und Barsac; besonders geeignet sind die Sorten Roquefort, Fourme d'Ambert und Bleu d'Auvergne.

Desserts

Generell eignen sich alle Desserts aus Früchten, deren Aromen man in den Weinen aus Sauternes und Barsac erschnuppern kann: Pfirsich- und Aprikosentartes, Crème brûlée mit kandierten Früchten, Crème Karamel, Parfaits von Orangen oder Ananas. Blätterteig-Gebäck lässt sich sehr gut mit der öligen Konsistenz der Weine kombinieren.

Rive Droite Die Rive Droite liegt oberhalb von Gironde und Dordogne, also (wie ihr Name sagt) am rechten Ufer beider Flüsse, und gliedert sich in verschiedene Anbaugebiete. In der gesamten Region werden – von kleinen Mengen weißer Trauben der Côtes de Blaye und der Côtes de Bourg abgesehen – nur rote Rebsorten angebaut.

Die vorherrschenden Kalk- und Lehmböden, mancherorts von Sand- und Kieslagen unterbrochen, prägen den Charakter der Weine. Ruhmreiches Zentrum ist die Gegend um Libourne, aus der die berühmten Weine von St-Emilion und Pomerol stammen. Auch in den westlich von Libourne gelegenen Appellationen Fronsac und Canon-Fronsac werden einige nennenswerte Rotweine erzeugt.

St-Emilion Einer der schönsten Weinbauorte Frankreichs steht mit seinem Namen Pate für diese berühmte Appellation. Während der Cabernet Sauvignon den Weinen im Médoc und in den Graves ihre Eigenart verleiht, dominieren in St-Emilion Merlot und Cabernet franc.

Die Klassifizierungsbestimmungen sehen für St-Emilion drei Kategorien vor. An der Spitze der Pyramide stehen die beiden Premiers Grands Crus Classés «A» Château Ausone und Château Cheval Blanc, gefolgt von neun Premiers Grands Crus Classés «B» und 63 Grands Crus Classés. Die Grands Crus wiederum sind qualitativ mit den Crus Bourgeois vergleichbar. Unter den Weinen ohne Klassifizierung finden sich von wenigen Ausnahmen abgesehen keine erwähnenswerten Qualitäten.

Die großen Gewächse von St-Emilion verkörpern gleichzeitig Sinnlichkeit, Eleganz und maskuline Kraft. Diese Eigenschaften spiegeln sich schon im tiefen Rubin dieser Weine.

Ihr überwältigendes Bouquet zeichnet sich durch eine Vielzahl süßer roter und schwarzer Früchte aus. Immer wieder nimmt man Nuancen von reifen Brombeeren, Kirschen und schwarzen Johannisbeeren wahr. Aber auch toastig-herbe Düfte von Zedernholz, Tabak und Lakritze sind zu erschnuppern.

Die Weine sind häufig recht alkoholreich. In ihrer Jugend werden sie, wie alle großen Bordeaux-Gewächse, oft von Tannin dominiert und können in den ersten Jahren nach der Abfüllung streng wirken. Mit zunehmender Reife entwickeln sie jedoch eine samtige, fruchtige Fülle mit opulentem Aromenspektrum. Für die nicht klassifizierten Grands Crus aus St-Emilion gelten die vorgenannten Attribute, mit einigen Einschränkungen, ebenfalls. Die Grand Crus sind in der Regel früher trinkreif als die Grands Crus Classés.

Rotweine aus St-Emilion zum Essen

Die großen Crus verdienen es, zu den besten Teilen eines Menüs getrunken zu werden. Um den Genuss nicht zu beeinträchtigen, sollte vorher keinesfalls ein anderer schwerer Rotwein serviert werden. Wie auch bei den Weinen aus dem Médoc und den Graves können pikante Gerichte mit geschmacksdominierenden Saucen und Beilagen die Harmonie mit dem Wein stören.

Suppen und Vorspeisen

Da es schwer ist, die Opulenz eines St-Emilion zu überbieten, sollte man ihn auch einem Hauptgang vorbehalten.

Fleisch, Wild und Geflügel

Ein St-Emilion passt hervorragend zu feinen Gerichten von Rind- und Ochsenfleisch. Schmackhafte Kombinationen ergeben sich mit gebratenem Fleisch wie Tournedos, Chateaubriand, Entrecôte, geschmorten Braten und Ochsenbäckchen. Feine, reduzierte Fonds, die den Eigengeschmack des Fleisches betonen, sollten die Gerichte begleiten.

Mit Lamm, zarten Filets oder einem Braten aus Keule oder Schulter harmoniert ein St-Emilion wunderbar, wenn die zu Lamm oft verwendeten Kräuter und Gewürze wie z.B. Rosmarin und Knoblauch zurückhaltend eingesetzt werden.

Für Wildgerichte sollte man Reh-, Hirsch- oder Wildschwein-Fleisch von jungen Tieren bevorzugen. Das Fleisch darf jedoch nicht, wie oft üblich, mariniert sein, da der starke Eigengeschmack von Marinadegewürzen wie Wacholder, Piment, Nelke und Lorbeer den Genuss des Weins stören könnte.

Gebratene Gans, auch Ente und Taube vertragen sich bestens mit einem St-Emilion. Füllungen mit Früchten oder stark aromatisierenden Kräutern können jedoch die Harmonie mit dem Wein beeinträchtigen.

Die weniger sensiblen Grands Crus kann man ebenfalls zu den vorgenannten Gerichten servieren. Sie eignen sich auch sehr gut zu Rindfleisch-Ragouts, Gulasch, Rindersteaks und -rouladen.

Fisch, Schalen- und Krustentiere

Es gibt einige wunderbare Kombinationen von Fisch, Hummer oder auch Muscheln mit Rotwein. Einen St-Emilion darf man aber dafür nicht opfern. Wenn es denn ein Rotwein sein soll, dann ein weniger mächtiger Tropfen aus dem Burgund oder von der Loire.

Zutaten

Dominante Gewürze und Kräuter sind zu vermeiden oder nur sparsam zu verwenden. Gebundene Saucen passen meist ebenso wenig wie Saucen, die mit Sahne oder Crème fraîche zubereitet werden. Die würzige Kraft von Fleischfonds, Pfeffer und Salz reichen meistens aus. Ein Schuss roter Bordeaux kann die Saucen verfeinern.

Beilagen

Kartoffeln in vielerlei Zubereitungsarten sind eine ideale Ergänzung. Als Gemüsebeilagen eignen sich Rotkohl, Wirsing, Mangold, Schwarzwurzeln und Möhren wie auch Morcheln und schwarze Trüffel am besten.

Käse

Käse und roter Bordeaux gehen keine Verbindung von großer Leidenschaft ein. Ein leichter St-Emilion Grand Cru kann eventuell mit Camembert oder Brie harmonieren.

Pomerol Mit nur etwa 750 ha Anbaufläche ist Pomerol mit Abstand das kleinste unter den berühmten Weinbaugebieten des Bordelais, unter Liebhabern aber häufig das meistgeschätzte. Nicht nur der wohl begehrteste (zumindest aber der teuerste) Rotwein der Welt, Château Pétrus, sondern auch viele andere Pomerol-Kreszenzen zählen zu den großen Raritäten der Weinwelt.

In dem landschaftlich wenig spektakulären Anbaugebiet wird hauptsächlich Merlot angepflanzt, in kleinen Mengen auch Cabernet franc. Nur wenige Châteaux, die über geeignete Böden verfügen, kultivieren auch Cabernet Sauvignon.

Unspektakulär ist auch die Einstufung der Pomerol-Weine, es gibt nämlich für dieses Gebiet keine Klassifizierung. Keine Grands Crus also, keine Premiers Crus – einfach nur Weine, die zum Allerbesten im Bordelais zählen. Allerdings haben im Sog einiger namhafter und teurer Gewächse auch weniger beachtenswerte Weine dieser Appellation überdurchschnittlich hohe, oft überrissene Preise.

Die Cuvées der Weine aus Pomerol sind denen aus St-Emilion ähnlich, doch ist ihr Stil eigenwillig. Die Weine präsentieren sich oft noch üppiger, noch reicher an opulenter Frucht und dabei in der Reife noch samtiger. Ihr Bouquet besticht durch würzige Toast-Noten, die manchmal an Tabak und schwarze Schokolade erinnern, aber auch an süße Fruchtaromen von Cassis, Pflaumen und schwarzen Kirschen. Die Weine aus Pomerol sind etwas früher trinkreif als die Gewächse des Médoc.

Rotweine aus Pomerol zum Essen

Die Weine aus Pomerol können grundsätzlich zu den gleichen Gerichten serviert werden wie die Weine aus St-Emilion.

Andere Appellationen der Rive Droite Neben den namhaften Anbaugebieten St-Emilion und Pomerol gibt es noch einige andere, weniger bekannte und bedeutende Appellationen in der Region der Rive Droite, nämlich Côtes de Blaye, Côtes de Bourg, Fronsac, Canon-Fronsac, Lalande de Pomerol, Montagne-St-Emilion, Côtes-de-Francs und Côtes de Castillon. Jedes einzelne dieser Anbaugebiete verdient Beachtung, da von vielen Weingütern hier wahrhaft bemerkenswerte Rotweine erzeugt werden. Diese Weine geniessen nicht die gleiche Reputation wie die großen Gewächse der bekannteren Appellationen und erreichen auch nicht deren überragende Qualität. Man findet aber Weine von respektablem Niveau zu erschwinglichen Preisen, und mancher Winzer hat sich schon über die Grenzen Frankreichs hinaus einen Namen gemacht.

Obwohl diese Weine nicht die monumentale Ausstrahlung, Wucht und Fülle der großen Bordelaiser Kreszenzen besitzen, kann man für sie – mit einiger Zurückhaltung – die Weinbeschreibungen von St-Emilion und Pomerol gelten lassen. Folglich passen sie auch zu den gleichen Speisen.

Entre-Deux-Mers Der Name dieser Region deutet auf die Heimat dieses Anbaugebietes zwischen Garonne und Dordogne hin. Nicht nur von den Flüssen, sondern auch von der Macht und Reputation der umliegenden, berühmteren Appellationen eingepfercht, führt dieses Gebiet immer noch ein Schattendasein. Der Name Entre-Deux-Mers steht sowohl für die gesamte Region als auch für eine eigene Appellation, in der nur trockener Weißwein erzeugt wird.

Keine der zahlreichen anderen, in eine wunderschöne Landschaft eingebetteten und meist wenig bekannten kleinen Appellationen hat es bis heute zu großem Ansehen gebracht. Die Weine der Region gelten als eher einfache, für den Massenkonsum geeignete Alltagsweine. In den letzten Jahren haben allerdings einige Weingüter durch Qualitätsverbesserungen in Rebberg und Keller einige sehr schöne, beachtenswerte Weine hervorgebracht.

Kultiviert werden alle bekannten roten und weißen Rebsorten des Bordelais, wobei Weißweine sowohl trocken als auch süß ausgebaut werden. Die größte Bedeutung in der Region kommt den trockenen Weißweinen der Appellation Entre-Deux-Mers und den Rotweinen zu, für die die Appellation Bordeaux Supérieur gilt. Kaum über die Grenzen Frankreichs hinaus bekannt sind die süßen Weißweine der Gebiete Cadillac und Loupiac.

Trockene Weissweine aus Entre-Deux-Mers Auf den kalkhaltigen Lehmböden der Appellation Entre-Deux-Mers wachsen ausschließlich weiße Rebsorten, überwiegend Sauvignon blanc und Sémillon, in geringen Mengen auch Muscadelle. Die hieraus erzeugten trockenen Weißweine sind geprägt von einer fruchtigen Frische und einer feinen spritzigen Säure. Die besten Weine gefallen mit lebendigem Bouquet von exotischen Früchten, Zitrusfrüchten, Melonen, Stachelbeeren und – wenn sie im Holzfass ausgebaut sind – einem Hauch von Vanille.

Trockene Weissweine aus Entre-Deux-Mers zum Essen

Die trockenen Weißen aus Entre-Deux-Mers trinkt man am besten zu einem nicht allzu aufwendigen Menü oder zu einem einfachen Mittag- oder Abendessen.

Suppen und Vorspeisen

Diese Weine kann man zur Consommé, besonders zu klaren Gemüsesuppen und Fleischbrühen, oder zu hellen, gebundenen Suppen, besonders von Geflügel, Fisch und Muscheln, auch mit feinen Gemüseeinlagen reichen. Mit kalten und warmen Vorspeisen von weißem Geflügel, Kaninchen und Kalbfleisch harmonieren sie ebenso gut wie mit mariniertem Fleisch, Sülzen und Gelees.

Fleisch und Geflügel

Pochierte oder geschmorte Zubereitungsarten von Kalbfleisch, hellem Geflügel und Kaninchen mit hellen Fonds oder feinen Wein- und Kräutersaucen sind äußerst schmackhafte Kombinationen zu dieser Art von Weinen.

Fisch, Schalen- und Krustentiere

Gegrillte und gebackene, auch panierte Fischfilets mit einer Sauce Remoulade, einer verfeinerten Sauce hollandaise oder einer hausgemachten Mayonnaise passen ausgezeichnet zu den Weinen der Appellation Entre-Deux-Mers. Das gilt auch für sämtliche Muschelgerichte.

Zutaten

Die Zutaten sollten mit der spritzigen Frische der Weine harmonieren. Man kann alle gängigen Küchenkräuter und Gewürze sowie Senf, Zitronenschale und Kapern verwenden.

Beilagen

Bei Gemüsebeilagen sollte man auf alle Arten von Kohl und Pilzen verzichten, da diese nicht besonders gut mit der feinen Frucht von Sauvignon und Sémillon harmonieren. Fenchel, Spargel, Paprika, Gurken, Zucchini, Auberginen und Tomaten hingegen ergeben bewährte Kombinationen.

Käse

Die meisten Entre-Deux-Mers-Weine weisen zu wenig Fülle auf, um der Würze eines Käses standhalten zu können. Zu einfachem Frischkäse von Kuh- oder Ziegenmilch passen sie aber durchaus.

Rotweine der Appellation Bordeaux Supérieur

In den Regionen des Bordelais tragen die Rotweine normalerweise den Namen und die Appellation einer Gemeinde oder des spezifischen Anbaugebiets auf dem Etikett. Wenn sie nicht den Klassifizierungsbestimmungen entsprechen, werden sie als Bordeaux oder – im besseren Fall – als Bordeaux Supérieur bezeichnet. Es gibt jedoch zwei Regionen im Bordelais, in denen ausnahmslos alle erzeugten Rotweine die Appellationsbezeichnung Bordeaux bzw. Bordeaux Supérieur tragen: In der Region Entre-Deux-Mers gelten für alle Gemeinden, in denen Rotwein erzeugt wird, die Bezeichnungen Bordeaux und Bordeaux Supérieur, mit Ausnahme der Gebiete von Ste-Foye und Graves de Vayres. Die zweite Region für Bordeaux und Bordeaux Supérieur liegt an der Dordogne östlich von Fronsac und nördlich des Libournais.

Die einfachen, oft auch enttäuschenden roten Weine der Appellation Bordeaux sollten hier keine Berücksichtigung finden, wohingegen eine große Zahl der Bordeaux Supérieurs durchaus Aufmerksamkeit verdient. In zunehmendem Maße gelingt es engagierten Weingütern, mit ihren Bordeaux Supérieurs die Phalanx der namhaften Erzeuger zu durchbrechen und Interesse bei den Weinliebhabern zu wecken.

Aufgrund der verstreuten und unterschiedlichen Lagen ist eine detaillierte Weinbeschreibung der Rotweine der Appellation Bordeaux Supérieur nicht möglich. Man kann sich jedoch für die Kombination mit Speisen den Empfehlungen für die anderen Bordelaiser Rotweine anschließen.

Côtes du Rhône Die Geschichte dieses faszinierenden und wahrscheinlich ältesten Weinbaugebiets Frankreichs begann lange bevor der erste Mensch seinen Fuß ins Tal der Rhône setzte. Als sich die Alpen in einem Jahrtausende dauernden Prozess während des Tertiärs in die Höhe falteten, stießen sie auf den Widerstand des Millionen Jahre älteren Zentralmassivs. In der so entstandenen Senke fanden die in der Würm-Eiszeit abtauenden Alpengletscher Raum und schoben ihr Schmelzwasser und unvorstellbare Mengen von Geröll in Richtung Mittelmeer.

Die Ausläufer der Granithänge des Massif Central und die Geröllkiesel der Alpen bilden die Grundlage für das einzigartige Terroir der legendären Rhône-Weine. Die Vielfalt geografischer, geologischer und klimatischer Bedingungen bestimmt heute den Weinbau an der Rhône. Das riesige Gebiet wird grob unterteilt in die nördlichen und die südlichen Côtes du Rhône. Im Norden, wo noch Einflüsse des kontinentalen Klimas zu spüren sind, bahnt sich die Rhône zwischen Vienne und Valence ihren Weg entlang steiler Hänge. Dagegen findet sie im provenzalischen, vom Mittelmeerklima beeinflussten Süden, zwischen Montélimar und Avignon, eine flache, nur von sanften Hügeln durchsetzte Ebene vor, im Südosten von den Bergen des Ventoux und Lubéron bewacht.

Die natürlichen Voraussetzungen sind auch der Grund für die Unterschiede im Weinbau zwischen dem nördlichen und dem südlichen Teil der Côtes du Rhône, die zahlreichen Appellationen und die auf den ersten Blick kaum überschaubare Vielfalt von angebauten Rebsorten. Mit etwa 92 % der Rebfläche dominieren klar die roten Rebsorten, aus denen in den südlichen Côtes du Rhône eine nicht unerhebliche Menge von Roséweinen erzeugt wird.

Côte Rôtie Im Lauf der Jahrhunderte erlebte die Côte Rôtie eine sehr wechselvolle Geschichte, in der sich Ruhm und Versinken im Vergessen abwechselten. Die Reblausplage Ende des letzten Jahrhunderts brachte dann den Weinbau fast zum Erliegen. So dauerte es bis etwa 1970, dass die Weine der Côte Rôtie dank sorgsamer Hege engagierter Winzer, allen voran Marcel Guigal, langsam wieder an Bedeutung gewannen. Heute werden in den steilen Terrassen um Ampuis einige der gesuchtesten Rotweine der Welt angebaut.

Die Reben wachsen auf sehr unterschiedlichen Böden. Im Bereich der Côte Blonde dominieren sandige, von Kalk durchsetzte Schieferböden, im Bereich der Côte Brune dagegen schwere, eisenhaltige Lehmböden. Innerhalb dieser beiden Bereiche finden sich auch die berühmten Einzellagen, deren Namen wie «La Landonne», «La Turque» oder «La Mouline» das Herz so mancher Liebhaber höher schlagen lassen.

Da an der Côte Rôtie ausschließlich Rotwein produziert wird, könnte man annehmen, dass sich der Anbau auch ausschliesslich auf rote Reben beschränkt. Neben den roten Syrah-Trauben werden aber auch kleine Mengen des weißen Viognier kultiviert, der bis zu einem Anteil von 20 % in den Rotwein-Cuvées enthalten sein darf. Die meisten Winzer verwenden ihn aber nur in kleinsten Mengen (5 %). Die Beimischung dieses kleinen Anteils weißer Trauben verleiht der Wucht des Syrah eine gewisse Geschmeidigkeit und Eleganz.

So entstehen häufig sehr gut strukturierte Weine von hoher Lebensdauer. In ihrem Bouquet findet man neben würzigen Rauchnoten blumige, an Veilchen erinnernde Düfte und fruchtige Nuancen von Himbeeren, Kirschen und schwarzen Johannisbeeren. Die Weine sind körperreich und vollmundig, ihr Abgang schier endlos.

Rotwein von der Côte Rôtie zum Essen

Was eigentlich für alle Rotweine des Rhônegebietes gilt, trifft auch auf die Weine der Côte Rôtie zu: Sie eignen sich wunderbar zu kräftigen, delikaten und auch herzhaft aromatischen Gerichten. Ihr Geschmack passt sich oft hervorragend dem dominanten Eigengeschmack verschiedener Fleischgerichte an (z. B. Lamm oder Wild). Kraft und Fülle der großen Rhôneweine sind kaum von einem anderen Rotwein zu überbieten. Deswegen empfiehlt es sich, einen Côte Rôtie zum Hauptgang eines großen Menüs zu trinken. Einen anderen Rotwein, auch einen großen Bordeaux oder ähnliche schwere Weine, sollte man nach einem Côte Rôtie nicht mehr genießen. Allerdings kann man zu einem nachfolgenden Dessert oder Käse edelsüße Gewächse oder einen Vin Doux Naturel, einen Banyuls oder Portwein anbieten.

Suppen und Vorspeisen

Zu diesen Teilen des Menüs sollte man auf einen Côte Rôtie verzichten.

Fleisch, Wild und Geflügel

Harmonische Kombinationen ergeben sich mit allen geschmorten oder gebratenen Gerichten von rotem Fleisch. Vom Rind bieten sich Tournedos vom Ochsenfilet, Chateaubriand, gegrilltes oder gebratenes Entrecôte, Rumpsteaks, Schmorbraten aus der Keule oder von der Côte de Bœuf sowie Ochsenschwanz an. Ähnliche Zubereitungsarten von Lamm und Wild mit dunklen, würzigen Saucen passen ebenfalls gut.

Geflügelgerichte, auch von Gans, Wildente oder Bluttaube, harmonieren nicht besonders mit der herben Würzigkeit eines Côte Rôtie; sie lassen sich lieber von einem Hermitage oder Châteauneuf-du-Pape begleiten.

Zutaten

Ein Côte Rôtie liebt aromatische, pfeffrige Zutaten wie Thymian, Majoran, Estragon, Rosmarin, Salbei, Lorbeer, Wacholder, Piment, schwarzen und grünen Pfeffer sowie Tomatenmark. Wenn auch die Gerichte fetter als üblich sein können, sollte man bei den Saucen auf Sahne verzichten. Kräftige Fleischfonds, nach Lust und Laune auch mit einem roten Côtes du Rhône verfeinert, harmonieren besser.

Beilagen

Kartoffelgratins, Fenchel, Rotkohl, Rosenkohl, Wirsing, Mangold und alle Arten von Wurzelgemüse eignen sich bestens. Morcheln und schwarze Trüffel sind die perfekte Ergänzung.

Käse

Ein gemeinsamer Genuss von Côte Rôtie und Käse ist kein Erlebnis, das positiv in Erinnerung bleiben wird. Wurde vor dem Käse bereits ein Côte Rôtie getrunken, sollte man jetzt zu einem süßen Wein greifen.

Andere Gerichte

Wenn man sich diesen Luxus leisten möchte, kann man einen Côte Rôtie auch zu einfachem, rustikalem Essen trinken. Man sollte aber darauf achten, dass dieses mit der opulenten Fülle des Weins harmoniert. Rustikale, auch deftige Gerichte wie z. B. Rinderrouladen, Gulasch und ähnliche Fleischragouts von Rind, Lamm oder Wild wie auch Eintöpfe von Bohnen und Linsen, Gulasch- und Ochsenschwanzsuppen und Wurstplatten mit geräucherter Wurst und Schinken eignen sich sehr gut.

Condrieu und Château Grillet Entlang des rechten Rhône-Ufers, in südlicher Nachbarschaft zur Côte Rôtie, erstreckt sich auf etwa zwanzig Kilometern das Anbaugebiet von Condrieu, das in der Antike vermutlich mit der Côte Rôtie eine Einheit gebildet hat. Die hier beheimatete und heute ausschliesslich angebaute weiße Rebsorte Viognier soll schon von den Griechen in diese Region gebracht worden sein.

Noch bevor in den dreißiger Jahren des 20. Jahrhunderts Condrieu den Status einer eigenen Appellation erhielt, wurde einer kleinen Lage innerhalb des Condrieu-Gebiets eine Appellation zugestanden. Es handelt sich um Château Grillet, das durch seine bevorzugte Lage in einem steilen Talkessel mit einem eigenen Mikroklima Viognier-Weine von einzigartiger Qualität erzeugt, die unbestritten zu den größten Weißweinraritäten der Welt gehören.

Heute sind die Condrieu-Weine gesuchte, wenn auch teure Kostbarkeiten. Sie gehören nicht zu den Weinen, bei denen man auf eine hohe Lebensdauer hoffen darf. Sie sollten deshalb jung getrunken werden, nämlich dann, wenn sie mit ihrer jugendlichen Frische ihr vielschichtiges fruchtiges Aroma am lebendigsten präsentieren. Bei den meisten Condrieu-Weinen betört das Bouquet mit wuchtigen Aromen von Pfirsich und Aprikose, manchmal auch von Grapefruit und Ananas. Im Gaumen präsentiert sich der Wein trocken, aber nicht herb, von öliger Konsistenz und mit nachhaltigen, mineralisch geprägten Aromen.

Condrieu zum Essen

Wenn man das Glück hat, einen solch seltenen Wein sein Eigen zu nennen, muss man ihn unbedingt einem großen Anlass, also einem festlichen Menü, vorbehalten.

Suppen und Vorspeisen

Zu feinen Bouillons, Consommés oder gebundenen Suppen von Fleisch, Geflügel, Fisch oder Schalen- und Krustentieren passt ein Condrieu sehr gut. Eine Vielzahl kalter Vorspeisen harmoniert mit den feinfruchtigen Aromen dieses Weins: feine Salate von Geflügel, Fisch, Schalen- und Krustentieren, marinierte Spezialitäten und Carpaccio von Kalbfleisch, Ente und Fisch, Tatar von Edelfischen, Terrinen und Pasteten von Kalbfleisch, Geflügel, Fisch und Hummer. Bei den warmen Vorspeisen bieten sich besonders ausgesuchte Zubereitungen von Kalbfleisch (Bries, Zunge und Kalbskopf), Geflügel sowie Fisch, Schalen-und Krustentieren an. Pastagerichte mit Füllungen wie z.B. Steinpilzravioli, Lachscannelloni oder Hummerlasagne sind ebenso schmackhaft.

Fleisch und Geflügel

Zu einem Condrieu sollte man nur die edelsten Fleisch- und Geflügelgerichte kochen. Butterzarte Filets, Bries, Leber und Nieren vom Kalb, Filets vom Zicklein oder Lamm, Spanferkel wie auch Kaninchen und Stubenküken eignen sich besonders gut. Dazu sollten möglichst natürliche Saucen, helle Fleischfonds oder Weißweinreduktionen, die auch mit etwas Sahne angereichert werden können, serviert werden.

Fisch

Es sollten nur die feinsten Fische aus Fluss oder Meer gewählt und pochiert oder gedünstet zubereitet werden. Besonders geeignet sind Hecht, Zander, Felchen, Äsche, Waller, Rotbarbe, Dorade, Wolfsbarsch und Seeteufel. Dazu reicht man helle Saucen, Beurre blanc, Kräutersaucen oder Fisch- und Weißweinreduktionen.

Schalen- und Krustentiere

Vielleicht ist der Condrieu wegen seines nicht allzu herben Charakters der perfekteste Begleiter zu dem leicht süßlichen Fleisch von Hummer, Languste, Garnelen, Krebsen und Jakobsmuscheln.

Zutaten

Weißer Pfeffer, Koriander- und Fenchelsamen, Kerbel, Basilikum, Thymian, Majoran, Estragon, Salbei und Lorbeer sind passende Zutaten.

Beilagen

Als feine Beilagen eignen sich Fenchel, Lauch, Spinat, Auberginen, Zucchini, Möhren, Mairübchen oder eine Ratatouille.

Käse

Einen Condrieu sollte man zu einem Käse aus der Cheddar-Familie probieren, z. B. zu Laguiole, Cantal, Double Gloucester oder zu einem mit Salbei gewürzten Sage Derby.

St-Joseph Unmittelbar südlich an das Gebiet von Condrieu grenzt die Appellation St-Joseph, die sich entlang der Rhône und der Ausläufer des Massif Central über fünfzig Kilometer von Chavanay bis Châteaubourg erstreckt. Die besten Weine dieses Gebietes wachsen zwischen Tournon und Mauves rund um den Granithügel von St-Joseph.

Etwa 90 % der Anbaufläche entfallen auf Syrah, die einzige hier kultivierte Rotweinsorte. Die Rotweine dürfen bis zu 10 % der ebenfalls hier wachsenden weißen Rebsorten Marsanne oder Roussanne enthalten.

Roter St-Joseph Von einigen wenigen Ausnahmen abgesehen, bringt St-Joseph keine überragenden Rotweine hervor, die auch hohen Ansprüchen zu genügen vermöchten. Es sind in der Regel recht charmante, nicht allzu schwere Weine, geeignet für den täglichen Genuss.

Die auf den Granitlagen rund um den St-Joseph-Hügel von einigen namhaften Winzern kultivierten Weine ergeben – besonders von alten Rebstöcken – exzellente Weine, allen voran den von Michel Chapoutier erzeugten St-Joseph «Les Granites». Im Bouquet dieser Weine findet man verhaltene Aromen roter und schwarzer Früchte, bei den besseren Gewächsen deutliche Noten von Kirschen und schwarzen Johannisbeeren. Die meisten Weine gefallen mit angenehm pfeffrigem Geschmack, weisen milde Tannine und eine feine Säure auf.

Roter St-Joseph zum Essen

Wenn auch die meisten roten St-Joseph-Weine weniger spektakulär sind als ihre Vettern von der Côte Rôtie und sie auch nicht deren Opulenz aufzuweisen haben, kann man sie doch zu den gleichen Gerichten empfehlen. Zu eher einfachen Gerichten sind sie besonders geeignet.

Weisser St-Joseph Die Weißweine aus St-Joseph werden meistens rebsortenrein aus der Marsanne-Traube gekeltert. Nur einige wenige Erzeuger produzieren Cuvées mit einem kleinen Anteil von Roussanne. Obwohl die Weine ein ansprechendes Qualitätsniveau haben, reichen sie nicht an die großen Weißen von Condrieu oder Hermitage heran. Ihr Bouquet weist dezente Noten von Aprikosen und Zitrusfrüchten auf, im Gaumen präsentieren sie sich leicht bis mittelschwer, frisch und mit mineralischen Tönen.

Weisser St-Joseph zum Essen

Wie die Roten gehören auch die Weißweine aus St-Joseph nicht zu den ganz Großen der Weinwelt. Trotzdem sind sie schöne und angenehme Essensbegleiter. Man kann sich den Empfehlungen für einen weißen Hermitage anschließen, da es sich um Weine aus der gleichen Region und von den gleichen Rebsorten handelt. Ein großes, festliches Menü hingegen verlangt nach einem edleren Wein.

Hermitage Endlich hatten einmal die Griechen die Nase vorn und waren schneller als die Römer! Historikern zufolge wurden am Hügel von Hermitage schon im 5. Jahrhundert v. Chr. die ersten Reben angebaut, wahrscheinlich Syrah-Stöcke. Die Römer sorgten später in der gesamten Region für die Ausdehnung des Weinbaus, was Amphorenfunde in der näheren und weiteren Umgebung belegen.

Der Name der Appellation geht auf eine Persönlichkeit zurück, die der Legende nach im 13. Jahrhundert auf dem Gipfel der heutigen Weinberge Zuflucht suchte: Der Kreuzritter Gaspard de Stérimberg lebte hier als Eremit (daher der Name Hermitage) und errichtete eine heute rekonstruierte Kapelle auf dem Hügel. Nach ihm und seiner Kapelle sind verschiedene berühmte weiße und rote Hermitage-Weine benannt.

In einem Bogen der Rhône steigt steil der Granithügel von Hermitage auf, übersät von kleinen Terrassen, auf denen sowohl Weiß- als auch Rotwein angebaut wird. Zwei Drittel der Fläche nimmt die rote Syrah ein, die weißen Sorten Marsanne und Roussanne teilen sich den Rest. Wie an der Côte Rôtie dürfen die Rotweine von Hermitage bis zu 15 % weiße Trauben enthalten, eine Möglichkeit, auf die zumindest die Spitzenerzeuger verzichten.

Die Weine von Hermitage, die schon vor dreihundert Jahren zu den besten Weinen Frankreichs zählten und im letzten Jahrhundert zu noch höheren Preisen als die großen Gewächse aus Bordeaux gehandelt wurden, gehören auch heute zu den großen Weinen der Welt. Ihr Alterungspotential ist enorm und kann je nach Jahrgang bis zu fünfzig Jahre oder mehr betragen.

Roter Hermitage Die tiefdunklen, fast schwarzen Weine lassen von ihrer Farbe her schon vermuten, welch gewaltiges Potential in ihnen steckt. Sie sind von muskulöser Kraft und überwältigender Fülle. Damit sie all ihre Facetten entfalten können, sollte man roten Hermitage-Weinen die Zeit gewähren, während einiger Jahre zu reifen.

Schon in jungen Jahren präsentieren die Weine aus Hermitage ein umwerfendes Bouquet. Der meist süße Duft von schwarzen Johannisbeeren, Brombeeren und Heidelbeeren wechselt mit Noten von Tabak, Teer und Süßholz. Junge Jahrgänge schmecken pfeffrig, würzig und weisen im Gaumen meist die gleichen Fruchtaromen auf, die man auch im Bouquet findet. Reife Jahrgänge, bei denen sich das anfangs vordergründige Tannin gemildert hat, sind von verführerisch samtigem Charakter, präsentieren Aromen exotischer Gewürze und enden in einem herbsüßen, lang anhaltenden Finale.

Roter Hermitage zum Essen

Mit ihrer Opulenz eignen sich rote Hermitage-Weine – ebenso wie ein Côte Rôtie, ein Châteauneuf-du-Pape oder ein Cornas – eigentlich nur zum ebenso üppigen Hauptgang eines Menüs. Ihre mächtige, überaus würzige Fülle passt hervorragend zu pikanten, ausdrucksstarken Fleischgerichten mit markantem Eigengeschmack (z.B. Lamm, Wild, Rindfleisch mit Hautgoût). Einem Hermitage darf auch kein anderer Rotwein – gleichgültig welcher Provenienz – folgen, abgesehen von einem süßen Wein zum anschließenden Dessert oder Käse.

Suppen und Vorspeisen

Zu diesen Teilen des Menüs sollte man auf einen Hermitage verzichten.

Fleisch, Wild und Geflügel

Ausgesuchte Stücke von rotem Fleisch harmonieren am besten mit einem Hermitage. Der opulente, würzige Geschmack des Weines passt sehr gut zu Rindfleisch, das eine «blutige» oder auch «blaue» Zubereitung verträgt. Hierzu eignen sich Tournedos vom Ochsenfilet, Chateaubriand, gegrilltes oder gebratenes Entrecôte und Rumpsteaks. Auch Schmorbraten aus der Keule oder von der Côte de Bœuf sowie rosa gebratene Hochrippe und geschmorter Ochsenschwanz bieten sich an.

Alle Zubereitungen von Lamm und Wild, besonders auch mariniertes Wild, ergeben perfekte Kombinationen mit einem roten Hermitage. Gans, Wildente und Bluttaube harmonieren besonders mit einem reifen Hermitage und seinen leicht süßlichen Noten sehr schön. Zu all diesen Fleisch- und Geflügelgerichten passen jeweils dunkle, würzige Saucen.

Zutaten

Geeignet sind alle aromatischen und pfeffrigen Zutaten wie Thymian, Majoran, Estragon, Rosmarin, Salbei, Lorbeer, Wacholder, Piment, schwarzer und grüner Pfeffer und Tomatenmark sowie kräftige, dunkle Fleischfonds, allenfalls mit einem roten Côtes du Rhône verfeinert.

Beilagen

Kartoffelgratins, Kartoffelklöße, Schupfnudeln, Fenchel, Staudensellerie, Rotkohl, Rosenkohl, Wirsing, Mangold und alle Arten von Wurzelgemüse sind passende Beilagen. Morcheln und schwarze Trüffel ergänzen den Wein perfekt.

Käse

Ein roter Hermitage passt möglicherweise zu einem würzigen, leicht süßlichen Hartkäse, besonderen Genuss sollte man sich allerdings nicht davon versprechen. Wenn es denn unbedingt ein Hermitage zum Käse sein soll, dann schon eher ein weißer.

Andere Gerichte

Einen roten Hermitage kann man auch zu einem einzelnen, alltäglichen Gericht trinken. Man sollte aber darauf achten, dass dieses mit der Fülle des Weins harmoniert. Klassiker der Küche wie z.B. Rinderrouladen, Sauerbraten, Wildragouts und Hasenpfeffer passen sehr gut.

Weisser Hermitage Die Rebsorte Marsanne dominiert die Weißweine von Hermitage. Einige Winzer erzeugen auch Cuvées, denen eine kleinere Menge Roussanne beigegeben wird. Die weißen Kreszenzen aus Hermitage können ein hohes Alter erreichen. Eigenartigerweise sind sie schon in ihrer Jugend, bis zu einem Alter von etwa vier Jahren, sehr schön zu trinken, verschließen sich danach für einige Jahre, um dann ihr volles Potenzial zu entfalten.

Das Bouquet der jungen Weine verströmt süßliche Düfte exotischer Blüten und Aromen von Pfirsichen und Aprikosen. In reiferen Jahrgängen entdeckt man auch Nuancen von Konfitüre und Nüssen. Es sind außergewöhnlich schwere, körperreiche Weißweine, von einer besonders im Alter fast öligen Konsistenz.

Nach einem weißen Hermitage sollte – abgesehen von dominanten Süßweinen – kein anderer Weißwein serviert werden. Auch viele Rotweine sind nach einem weißen Hermitage ungeeignet (z. B. Weine der Rebsorten Pinot noir, Gamay, Tempranillo u. Ä.).

WEISSER HERMITAGE ZUM ESSEN

Aufgrund seiner prallen Fülle und seiner dominierenden Geschmacksnuancen sollte ein weißer Hermitage zu kräftigen, aber doch ausgesuchten Gerichten serviert werden. Ein weißer Hermitage ist ein gutes Beispiel dafür, dass auch ein Weißwein hervorragend zu Speisen passt, zu denen klassischerweise Rotweine empfohlen werden. Die nicht gerade preiswerten Weine sollten deshalb dem Hauptgang eines Menüs vorbehalten bleiben.

FLEISCH UND GEFLÜGEL

Vom Rind sind pochierte Zubereitungsarten zu bevorzugen, so z. B. Filets oder Tournedos, die in einer würzigen Bouillon gegart werden, oder Tafelspitz. Vom Kalb passen Koteletts, Haxen oder Beinscheiben ausgezeichnet.
Schulter, Keule und Koteletts vom Spanferkel, Lamm oder Zicklein, Schweinestelzen aus dem Ofen, gebratene Ente und Entenconfits passen hervorragend zu weißem Hermitage. Leber und Nieren von Kalb und Lamm ergeben ebenfalls eine gelungene Kombination. Je nach Zubereitungsart (keine wildtypischen, schweren, dunklen Saucen!) harmonieren sogar Wildschwein und junges Reh sehr gut mit den würzigen Weinen. Zu diesen Gerichten serviert man kräftige, helle Saucen, Fonds vom Kalbsfuß und Weißweinreduktionen.

FISCH

Der Fisch sollte von kräftigem Geschmack und am besten von fetter Art sein (z. B. Aal oder Makrele). Sowohl zu gebratenem als auch zu gedünstetem Fisch sollten kräftige helle Saucen, Beurre blanc, Kräutersaucen oder Fisch- und Weißweinreduktionen gereicht werden.

ZUTATEN

Weißer Pfeffer, Kerbel, Basilikum, Thymian, Majoran, Bohnenkraut, Estragon, Salbei und Lorbeer sowie kleine Mengen Knoblauch, Ingwer, Koriander- und Fenchelsamen sind passende Zutaten.

BEILAGEN

Als feine Beilagen eignen sich alle Kartoffelgerichte, Fenchel, Staudensellerie, Lauch, Bohnen, Spinat, Auberginen oder eine Ratatouille.

KÄSE

Einige würzige, halbfeste Schnittkäse harmonieren ausgezeichnet mit einem weißen Hermitage, z. B. ein Reblochon, ein Tomme de Savoie oder ein Saint Nectaire. Auch den Liebhabern des Tête de Moine ist dieser Wein ans Herz zu legen.

ANDERE GERICHTE

Wenn man sich den Luxus eines weißen Hermitage zu einem alltäglichen Gericht gönnen möchte, sollte man ihn zu Schweine- oder Lammragouts, die mit Rosmarin und Thymian gewürzt sind, probieren. Hierzu passen weiße Bohnen oder Lauchgemüse ausgezeichnet.

Crozes-Hermitage Der Weinbau im Gebiet von Crozes-Hermitage ist so alt wie am Hügel von Hermitage. Allerdings unterscheiden sich die beiden Lagen von ihrer geografischen und geologischen Struktur her grundlegend. Spürbar flacher, von sanften Hügeln durchzogen, umschließt Crozes-Hermitage östlich, entlang der Rhône, bis sechs Kilometer ins Landesinnere hinein das Kernstück von Hermitage. Die unterschiedlichen Böden in dem weit verzweigten Gebiet ermöglichen je nach Lage die Kultivierung der weißen Rebsorten Marsanne und Roussanne bzw. der roten Syrah. Rotweine können, wie in Hermitage, mit einem geringen Zusatz weißer Trauben vinifiziert werden.

Häufig sind es die gleichen Winzer wie in Hermitage, die auch in Crozes-Hermitage bemerkenswerte Qualitäten erzeugen. Die Weine ähneln sich zwar, aber insgesamt sind die Crozes-Hermitages etwas weniger gehaltvoll und üppig als ihre mächtigen Vettern, dafür mit deutlich mehr pfeffrig-würzigen Nuancen ausgestattet. Trotzdem findet man gerade unter den Rotweinen gefällige und vor allem auch weniger teure Alternativen zum raren Hermitage. Von den wenigen Weißweinen sind die in der Umgebung von Mercurol erzeugten Gewächse die bemerkenswertesten.

Roter und weisser Crozes-Hermitage zum Essen

Wenn die Weine aus Crozes-Hermitage auch nicht die Opulenz der Hermitage-Weine erreichen, kann man sie doch zum gleichen Essen genießen. Sie sind vielleicht eher zur alltäglichen Küche geeignet, gefallen aber immer als vorzügliche Begleiter zu herzhaften Fleisch- und Wildgerichten.

Cornas Wenige Kilometer südlich von Hermitage wächst oberhalb des kleinen Marktfleckens Cornas fast im Verborgenen ein Wein, der zwar eine lange Geschichte, aber keine große Reputation in der Weinwelt hat – außer bei wenigen Weinkennern. Dabei bieten die Weine von Cornas alles, was man von einem großen Rotwein erwarten darf. Ihre Kraft und Fülle verdanken sie den steilen, von Kalk durchsetzten und windgeschützten Hängen mit ihren hohen Durchschnittstemperaturen. Syrah heißt auch in Cornas die Zauberformel, aber ohne die kleinen Zugeständnisse an weiße Trauben, wie sie in den nördlich gelegenen Appellationen möglich sind.

Tief dunkelrot, manchmal fast schwarz, werden die Weine in jungen Jahren von herber Würze und ungezügeltem Tannin beherrscht. Die Geduld, sie einige Jahre reifen zu lassen, wird den Liebhaber strenger Weine mit einem reichhaltigen Bouquet reifer Cassis-Frucht, Rauchnoten, erdiger und mineralischer Töne belohnen.

Cornas zum Essen

In seiner massiven Art ist der Cornas sowohl den Weinen der Côte Rôtie als auch denen von Hermitage nicht unähnlich. Deswegen gelten für diesen Wein auch die gleichen Empfehlungen zum Essen wie für diese beiden Appellationen. Außergewöhnlich gut passen die Röstaromen eines Cornas zu kräftig (mit Kräutern der Provence) gewürzten Steaks vom Holzkohlengrill.

Châteauneuf-du-Pape Von allen Anbaugebieten entlang der Rhône genießt Châteauneuf-du-Pape das größte Ansehen. Wein hat hier Geschichte geschrieben, und diese beginnt eigentlich schon mit der Entstehung der Côtes du Rhône. In der Eiszeit schmolzen riesige Alpengletscher, deren reißende Wassermassen sich ihren Weg nach Süden suchten. Im heutigen Rhône-Becken erreichte dieser Strom eine Breite von über dreißig Kilometern und lagerte unvorstellbare Mengen von Geröll ab. Diese mächtigen Schichten von faustgroßen Quarzitkieseln bedecken einen großen Teil der Appellation von Châteauneuf-du-Pape. Dem Wein kommt dies auf natürliche Weise zugute: Tagsüber speichern die Steine Wärme, um sie nachts an die Trauben abzugeben.

Von 1309 bis 1377 hatte das jeweilige Oberhaupt der katholischen Kirche seinen Sitz nicht mehr in Rom, sondern in Avignon. Papst Clemens V. ließ in Châteauneuf ein schon im späten Mittelalter vom Templer-Orden errichtetes Schloss zur Sommerresidenz ausbauen und rund um dieses Anwesen weitläufige Weinberge anlegen. Seinem Nachfolger, Papst Johannes XXII., gelang es, dem Weinbau in Châteauneuf zu einer ersten Blüte zu verhelfen. Nach der Rückkehr der Päpste nach Rom verlor die Kultivierung des Weins jedoch wieder an Bedeutung. Erst im 18. Jahrhundert wuchs das Interesse am Weinbau in Châteauneuf-du-Pape erneut. Die ersten Weingüter entstanden, und es wurden Weine nach England, Deutschland und sogar nach Übersee exportiert.

Das Markenzeichen der Appellation sind die in die Flaschen geprägten Insignien der Päpste: die Mitra mit den Petrusschlüsseln. In Châteauneuf-du-Pape wird sowohl Rotwein (90 % der Produktion) als auch Weißwein angebaut. Für die Appellation sind, was in Frankreich einmalig ist, nicht weniger als dreizehn Rebsorten zugelassen, acht rote und fünf weiße Gewächse:

Rote Rebsorten	Weisse Rebsorten
Grenache	Clairette
Syrah	Roussanne
Mourvèdre	Bourboulenc
Cinsaut	Picpoul
Muscardin	Picardan
Counoise	Terret noir
Vaccarèse	

Roter Châteauneuf-du-Pape Berühmtheit erlangte Châteauneuf-du-Pape durch seine Rotweine. Da die Winzer die Möglichkeit haben, aus allen dreizehn Gewächsen ihre Cuvée zu komponieren, verdanken diese in aller Welt geschätzten Kreationen ihren Ruf den so typischen und doch vielfältigen Duft- und Aromen-Variationen. Oft ist es ein kleiner Anteil an weißen Trauben, welcher der üppigen Fülle der roten Sorten Finesse verleiht. Es ist zwar selten, dass ein Produzent alle dreizehn Rebsorten anbaut und vinifiziert, aber es gibt köstliche Symphonien solcher Weine. Ein außergewöhnliches Beispiel

hierfür ist Château de Beaucastel, wo tiefdunkle Meisterwerke von faszinierender Aromenvielfalt kreiert werden.

Die Kunst des Einfachen beherrscht man auf Château Rayas und bei Chapoutier. Aus nur einer einzigen Rebsorte, der Grenache, werden Jahr für Jahr Rotweinmonumente geschaffen, um die sich die Kenner auf der ganzen Welt reißen.

Solche Kraftpakete sind keine Ausnahme in Châteauneuf-du-Pape. Jeder Winzer besitzt eine individuelle «Rezeptur» für seine Cuvée. Meistens sind es Grenache, Syrah, Mourvèdre und – in kleinen Mengen – drei bis vier andere Gewächse, die dem Wein ihren typischen Charakter und trotzdem große Eigenständigkeit verleihen. Château de la Gardine, Clos des Papes und Domaine de Beaurenard stehen stellvertretend für markante und eigenwillige, aber große Weine dieser Art.

Mancherorts neigt man zu dem Vorurteil, die Weine aus Châteauneuf-du-Pape seien muskulöse Schwergewichte, geprägt von Alkohol. Die herbe Eleganz, gepaart mit einer Vielfalt von Düften und Aromen, die man im Châteauneuf-du-Pape findet, strafen diese Vorurteile Lügen. Schon die Farbe dieser Gewächse, ein tiefes, fast schwarzes Purpur, signalisiert üppigen Genuss. Ein Châteauneuf-du-Pape ist der Inbegriff eines fülligen, konzentrierten Rotweins. In seiner Jugend weist er neben würzigen, pfeffrigen Noten auch Nuancen von schwarzen Kirschen, Cassis, Veilchen und Fenchel auf, im Alter zeigt er Anklänge von Gewürzen, Tabak, Teer und Leder mit einer feinen Süße im Abgang. Nicht selten erreicht ein roter Châteauneuf-du-Pape erst nach acht bis zehn Jahren Reife seine volle Größe, wobei er für weitere 15 bis 20 Jahre Genuss verspricht. Außerordentliche Jahrgänge können sogar noch wesentlich älter werden.

Roter Châteauneuf-du-Pape zum Essen

Die Opulenz eines Châteauneuf-du-Pape ist kaum von einem anderen Rotwein zu überbieten. Deswegen empfiehlt es sich, diesen Wein als Höhepunkt zum Hauptgang eines großen Menüs zu genießen. Er kann auch ein einfacheres Essen begleiten, das aber mit der Wucht des Weins harmonieren muss. Man wählt deshalb vorzugsweise gehaltvolle, würzige oder auch eher fette Gerichte. Einen anderen Rotwein nach einem Châteauneuf-du-Pape zu genießen, ist oft ein enttäuschendes Erlebnis. Meist sind es nur markante edelsüße Gewächse, Vins Doux Naturels, Banyuls oder Portweine, die sich über die Kraft eines Châteauneuf-du-Pape hinwegsetzen können.

Suppen und Vorspeisen

Den außergewöhnlichen Charakter dieses Weines sollte man einem Hauptgang gönnen.

Fleisch, Wild und Geflügel

Als harmonische Kombinationen empfehlen sich geschmorte oder gebratene Gerichte von Rind, Hirsch, Reh, Wildhase, Lamm, Gans und Bluttaube, dazu jeweils dunkle, würzige Saucen. Auch zu geschmortem Ochsenschwanz und zu Kalbs- und Rindernieren in einer Rotwein-Reduktion passt ein roter Châteauneuf-du-Pape außerordentlich gut.

Zutaten

Ein Châteauneuf-du-Pape verträgt sich hervorragend mit Thymian, Majoran, Estragon, Rosmarin, Salbei, Lorbeer, Wacholder, Zimt, Piment und schwarzem Pfeffer. Senf und Meerrettich dagegen mag er gar nicht.

Beilagen

Von Spargel als Beilage ist abzuraten, dafür eignen sich Schwarzwurzel, Fenchel, Rotkohl, Wirsing und Mangold. Schwarze Trüffel sind ein feines Zugeständnis an die mystische Kraft eines jeden roten Châteauneuf-du-Pape.

Käse

Nur wenn man keinesfalls darauf verzichten kann, sollte man einen roten Châteauneuf-du-Pape zu einem würzigen, leicht süßlichen Hartkäse trinken. Besonderer Genuss ist allerdings von dieser Kombination nicht zu erwarten, da sich die eigenwilligen Aromen des Weins zusammen mit dem Käse nur schwer entfalten können.

Andere Gerichte

Ein Châteauneuf-du-Pape kann auch einfachere Gerichte begleiten, wenn diese mit der Wucht des Weins harmonieren. Man wählt deshalb gehaltvolle, würzige, eher fette Gerichte, etwa Eintöpfe von Bohnen und Linsen, Gulasch- und Ochsenschwanzsuppen oder deftige Wurstplatten mit geräucherter Wurst und Schinken.

Weisser Châteauneuf-du-Pape

In ihrem Bekanntheitsgrad hinken die Weißweine von Châteauneuf-du-Pape den roten noch immer hinterher. Es mag daran liegen, dass sich die einheimischen Winzer in der Vergangenheit nie sonderlich um die Vinifizierung anspruchsvoller Weißweine gekümmert haben. Sie produzierten meist kurzlebige, einfache, für den eigenen Gebrauch bestimmte Weine.

Dies hat sich zu Anfang der achtziger Jahre grundlegend geändert, als einige Châteaux ihre Vinifizierungsmethoden für Weißwein umstellten, um reichhaltige, charaktervolle und langlebige Weine zu erzeugen. Heute findet man bemerkenswerte weiße Vertreter aus Châteauneuf-du-Pape. Es sind meist schwere, alkoholreiche Weine von öliger und saftiger Konsistenz. Sie offerieren buttrige Düfte, manchmal mit Nuancen tropischer Früchte und feinen Noten von Kräutern, Honig und Fenchel.

Weisser Châteauneuf-du-Pape zum Essen

Angesichts seiner Fülle sollte ein weißer Châteauneuf-du-Pape zu kräftigen oder fettreichen Gerichten getrunken werden.

Fleisch und Geflügel
Schulter oder Keule vom Lamm, Kalbshaxen oder Schweinestelzen aus dem Ofen, gebratene Ente und Entenconfits, auch Koteletts von Kalb, Lamm und Schwein passen hervorragend zu einem weißen Châteauneuf-du-Pape. Liebhaber von Innereien werden die Kombination mit Lammleber und Kalbsnieren schätzen. Zu diesen Gerichten serviert man kräftige Saucen, Fonds vom Kalbsfuß und Weißweinreduktionen.

Fisch:
Bei Fisch sollte man fette (z.B. Aal, Makrele) oder sehr geschmacksintensive Arten wählen. Sowohl zu gebratenen als auch zu gedünsteten Zubereitungen werden kräftige helle Saucen, Beurre blanc, Kräutersaucen oder Fisch- und Weißweinreduktionen gereicht.

Zutaten
Weißer Pfeffer, Kerbel, Basilikum, Thymian, Majoran, Estragon, Salbei und Lorbeer sowie ein wenig Knoblauch und Persillade sind passende Zutaten.

Beilagen
Als feine Beilagen eignen sich Bohnen, Fenchel, Lauch, Spinat, Auberginen oder eine Ratatouille. Eine besondere Empfehlung ist gratinierter Mangold.

Andere Gerichte
Herzhafter Eintopf von weißen Bohnen, eine Kartoffelsuppe oder ein provenzalischer Pot-au-feu harmonieren perfekt mit weißem Châteauneuf-du-Pape. Eine phantastische Kombination gelingt mit einer Soupe au Pistou, der provenzalischen Gemüsesuppe mit Basilikumpüree.
Auch zu kalten Platten kann man einen weißen Châteauneuf kredenzen, sofern die Kost nicht allzu leicht ist. Ideal sind ländliche Fleischpasteten und Terrinen, herzhafte Wurst- und Schinkengerichte sowie Räucherfischdelikatessen.

Gigondas und Vacqueyras
Etwa fünfzehn Kilometer nordöstlich von Châteauneuf-du-Pape, am Fuß der Dentelles de Montmirail, liegen die beiden Gemeinden Gigondas und Vacqueyras. Beide können für sich je eine eigene Appellation in Anspruch nehmen. Ihre Weine sind international nicht ganz so bekannt wie die des ruhmreichen Nachbarn, werden aber nicht nur wegen ihrer geografischen Nähe oft mit den Kreszenzen aus Châteauneuf-du-Pape verglichen. Ein solcher Vergleich ist durchaus gestattet, wenn er sich auf die Spitzengewächse von Gigondas und Vacqueyras beschränkt. Dennoch ist Vorsicht geboten, da einige grundlegende Voraussetzungen von Châteauneuf hier fehlen. Zum einen sind es Böden und Kleinklima, die anders sind, zum anderen wird hier eine geringere Anzahl Rebsorten angebaut. Für Rotwein sind die Rebsorten Grenache, Syrah und Mourvèdre zugelassen, zur Erzeugung von Rosé auch Cinsaut.

Im Glas präsentieren sich die Weine in undurchdringlichem, tiefdunklem Purpurrot. Ein würzig-herber Duft von Kräutern der Provence und schwarzen Früchten dominiert das Bouquet. Im Gaumen überraschen diese Weine mit pfeffrigen Noten und kräftigen, erdigen Aromen. Wenn die Weine zu jung getrunken werden, dominieren häufig noch eine lebendige Säure sowie prägnante Tannine. Nach drei bis vier Jahren der Reife entwickelt sich jedoch ihr typisch vollmundiger und rassiger Charakter.

GIGONDAS UND VACQUEYRAS ZUM ESSEN

Die Weine von Gigondas und Vacqueyras sind zwar etwas rustikaler, besitzen aber durchaus eine gewisse Ähnlichkeit mit den Weinen von Châteauneuf-du-Pape. Gerade die Spitzenweine beider Anbaugebiete kann man durchaus zu den gleichen Speisen genießen wie einen Châteauneuf-du-Pape; dies gilt insbesondere für etwas rustikalere Gerichte.

BEAUMES-DE-VENISE In der unmittelbaren Nachbarschaft von Vaqueyras gedeihen in den Rebbergen der Gemeinde Beaumes-de-Venise Muskatellertrauben der kleinbeerigen Unterart Muscat blanc à petit grains. Von diesen Reben, die hier schon zu Zeiten, als die Päpste ihren Sitz in Avignon hatten, eine große Rolle spielten, wird eine Spezialität erzeugt, die in Frankreich Vin Doux Naturel genannt wird. Der Muscat de Beaumes-de-Venise ist ein feinfruchtiger, süßer Dessertwein, der durch ein betörendes Bouquet von Pfirsichen, Aprikosen, Birnen und Melonen besticht.

MUSCAT DE BEAUMES-DE-VENISE ZUM ESSEN

Die dominante Süße und seine ölige Konzentration machen den Beaumes-de-Venise zum idealen Begleiter von Käse und Desserts. In der Provence wird er manchmal auch zu Pasteten und zur Foie gras empfohlen, allerdings dürfte da der Lokalstolz mitspielen, gibt es doch zu diesen Gerichten geeignetere Süßweine.

KÄSE

Wenn Käseplatten oder -teller serviert werden, ist ein Beaumes-de-Venise ideal, da er mit sehr vielen Käsesorten gut harmoniert. Am besten passt er zu würzigen Käsesorten wie Cantal, Laguiole, Tomme de Savoie, Gaperon, Banon und Murol.

DESSERTS

Die fülligen Fruchtaromen des süßen Beaumes-de-Venise harmonieren natürlich bestens mit Aprikosen- oder Pfirsich-Tartes. Auch zu allen anderen Obstdesserts, egal welcher Zubereitung, kann man den Wein jederzeit servieren.
Die Kombination Eis und Wein ist oft problematisch, was für den Beaumes-de-Venise nicht gilt. Dank seines hohen Alkoholgehalts, seiner Konsistenz und seiner fruchtigen Süße begleitet er Eiscreme und Sorbet aufs Schönste. Eine Mousse au chocolat, die mit Früchten kombiniert ist, kann sich ebenfalls recht gut mit diesem Dessertwein vertragen.

TAVEL Das Heilige Land für die Genießer von kräftigen, würzigen Roséweinen – so könnte man die Appellation Tavel nennen, in der einzig und allein Roséweine erzeugt werden. Die Einheimischen bezeichnen ihren Wein selbstbewusst als «Premier Rosé de France». Zweifelsohne ist der Ruf, der dem Tavel vorauseilt, gerechtfertigt, und er gehört neben den Spitzen-Roséweinen der Appellation Côtes de Provence und einigen Gewächsen aus Bandol zu den besten Roséweinen Frankreichs, wenn nicht gar der Welt.

Die Cuvée der Weine, die eine ungewöhnlich kräftige Farbe haben, kann neun verschiedene Rebsorten enthalten, beschränkt sich jedoch meist auf drei bis vier Sorten. Zugelassen sind Grenache, Syrah, Mourvèdre, Cinsaut, Picpoul, Carignan, Bourboulenc, Calitor und Clairette.

Die Weine besitzen ein würziges, aber fruchtig-neutrales Bouquet, sind recht körperreich und völlig trocken. Manchem Liebhaber eher milder Roséweine, die einen Hauch Restsüße aufweisen, wird ein Tavel daher vielleicht spröde und unelegant erscheinen.

Tavel zum Essen

Die kräftige, herb-würzige Art des Tavel macht ihn zum idealen Begleiter von ebenfalls kräftigen und würzigen Gerichten. Besonders zu Suppen und Vorspeisen, zu Büffets und zu Eintopfgerichten ist er sehr zu empfehlen.

Suppen

Kräftige Fleischbrühen, Bouillons und Kräutersuppen eignen sich ebenso gut wie klare Fischsuppen. Alle Suppen können sehr gut mit Gemüse wie Tomaten, Paprika, Fenchel, Zucchini, Sellerie, Lauch, Zwiebeln, Knoblauch und Bohnen zubereitet werden.

Vorspeisen

Vorspeisen, die mit einem Tavel harmonieren, können sowohl von Fleisch als auch von Fisch zubereitet werden. Es sollte sich eher um pikante, rustikale Gerichte als um «Gourmet-Kreationen» handeln. Auch Blatt- und Gemüsesalate – solange man mit Essig sparsam umgeht – passen gut zu einem Tavel.

Fleisch und Geflügel

Schmorbraten aus Schulter oder Keule von Kalb, Schwein und Lamm oder deren Koteletts sowie Ragouts lassen sich gern von einem Tavel begleiten. Das gilt auch für gebratene Hähnchen und Poularden. Begleitende Saucen sollten würzig, aber nicht von allzu dunkler Farbe sein. Kräutersaucen oder Saucen, die mit einem Schuss Tavel abgeschmeckt wurden, sowie ein natürlicher Fleischfond eignen sich am besten.

Fisch

Gebratene, gedünstete oder pochierte und mit einer pikanten Sauce von frischen Kräutern zubereitete Fische aus dem Mittelmeer schmecken am besten zu einem Tavel.

Zutaten

Schwarzer, weißer und rosa Pfeffer, süßer bzw. milder Paprika, Koriander- und Fenchelsamen, Kerbel, Basilikum, Thymian, Majoran, Estragon, Salbei und Lorbeer sowie ein wenig Knoblauch sind passende Zutaten.

Beilagen

Als feine Beilagen eignen sich Tomaten, Sellerie, Zucchini, Fenchel, Lauch, Bohnen, Auberginen oder eine Ratatouille.

Andere Gerichte

Herzhafter Eintopf von weißen Bohnen mit Scheiben von luftgetrockneter Hartwurst, Kartoffelsuppe mit Räucherfleisch oder ein provenzalischer Pot-au-feu harmonieren ebenso perfekt mit einem Tavel wie eine Soupe au Pistou. Auch zu kalten Platten kann man einen Tavel ausschenken. Ideal sind ländliche Fleischpasteten und Terrinen, herzhafte Wurst- und Schinkenzubereitungen sowie feine Räucherfischdelikatessen.

Côtes du Rhône und Côtes du Rhône-Villages Nicht nur die gesamte Region entlang der Rhône trägt den Namen Côtes du Rhône, sondern auch zwei Appellationen, denen aus unterschiedlichen Gründen keine höhere Klassifikation zuteil wurde.

Weine, die den gesetzlichen Bestimmungen für eine Gemeindeappellation nicht genügen oder die in einer Anbauregion erzeugt werden, die offiziell keine einzelne Gemeinde als Appellation zulässt, können als Côtes du Rhône eingestuft auf den Markt gebracht werden. Bei den Weinen mit der Bezeichnung Appellation Côtes du Rhône handelt es sich in der Regel um sehr einfach strukturierte Weine.

Innerhalb der Appellation Côtes du Rhône-Villages gibt es jedoch eine wichtige Differenzierung. Sechzehn Dörfer dürfen neben der Bezeichnung Côtes du Rhône-Villages den Namen der Gemeinde auf dem Weinetikett nennen, was für viele einer eigenen Appellation gleichkommt. Andere Weine wiederum heißen zwar Villages, dürfen aber den Gemeindenamen nicht nennen, weil sie den Qualitätsanforderungen nur zu einem Teil entsprechen. Dies ist alles etwas kompliziert, trägt aber letzten Endes dazu bei, dem Verbraucher einen Qualitätsleitfaden in die Hand zu geben.

Aufgrund ihrer geografischen Ausdehnung und der Möglichkeit, aus einer großen Vielzahl von Rebsorten zu wählen, schwanken Stil und Qualität der Weine stark. In überwiegendem Maß wird Rotwein produziert, doch spielen auch Roséweine von teilweise sehr guter Qualität eine wichtige Rolle. Weißweine hingegen kommen nur in relativ kleinen Mengen vor.

Roter Côtes du Rhône-Villages Die besten Weine dieser Appellation kommen aus der Region, die im Süden von Châteauneuf-du-Pape und im Südosten von Gigondas begrenzt wird. Nicht von ungefähr ist die Nachbarschaft der beiden namhaften Gemeinden von Belang. Böden und Klima sind über weite Strecken sehr ähnlich, sodass die Winzer von sehr günstigen Voraussetzungen für die Erzeugung guter Rotweine profitieren können.

Von den dreizehn für den Anbau zugelassenen roten Rebsorten dominieren vor allem Grenache, Syrah, Mourvèdre und Cinsaut. Die Spitzenweine sind von ähnlichem Charakter wie die Gewächse aus Gigondas.

Roter Côtes du Rhône-Villages zum Essen

Entsprechend ihrem Charakter und der geschmacklichen Nähe zu den Weinen aus Gigondas und Vacqueyras, kann man die roten Côtes du Rhône-Villages zu den gleichen Speisen genießen. Besonders die Spitzenweine dürfen gar zu ähnlichen Gerichten getrunken werden wie ein Châteauneuf-du-Pape.

Provence Von den Anfängen des Weinbaus in der Provence berichtet schon der Historiker Trogus Pompeius. Seinen Aufzeichnungen zufolge legten die Phokäer, griechische Seefahrer, etwa um 600 v. Chr. die ersten Weingärten in der Gegend des heutigen Marseille an. Als die Römer 500 Jahre später die Kolonie Gallia Narbonensis gründeten, fanden sie in der Provincia Romana (der heutigen Provence) schon eine gewachsene Weinlandschaft vor, die sie tatkräftig bis weit ins Landesinnere hinein ausdehnten.

Im Mittelalter, unter der Regentschaft der Päpste in Avignon, gelangten auch die Weine der Provence zu großem Ansehen. Unbeirrt von Kriegen, politischen Wirren und wechselnden Machtverhältnissen wuchs im Lauf der Jahrhunderte das Renommee provenzalischer Weine. Erst zu Beginn des 20. Jahrhunderts verlor die Provence langsam an Bedeutung, während andere Appellationen international auf sich aufmerksam machten. Heute kann sich die Region nicht nur einer Renaissance ihrer Weine erfreuen, sondern darf auch stolz sein auf Winzer, deren Weine zu den gesuchtesten Gewächsen Frankreichs gehören.

Bis zu fünfzig Kilometer ins Landesinnere reichend, erstreckt sich das Weinbaugebiet der Provence auf einer Länge von etwa einhundertachtzig Kilometern entlang der Côte d'Azur. Dank ihrer Ausdehnung bietet die Provence wechselnde Boden- und Klimaverhältnisse und somit ganz unterschiedliche Anbaubedingungen. Im Lauf der Jahre entstanden verschiedene selbständige Appellationen innerhalb der Region Provence:

Coteaux Les Baux-de-Provence · Coteaux d'Aix-en-Provence · Palette · Cassis
Bandol · Côtes de Provence · Coteaux Varois · Bellet

Coteaux Les Baux-de-Provence Inmitten des traumhaft schönen Alpilles-Gebirges erhebt sich – einem Adlerhorst gleich – die Festung von Les Baux hoch oben auf einem Felsplateau. In ihrer Umgebung finden sich zwischen Pinienwäldern und Olivenhainen einige der landschaftlich reizvollsten Weinlagen des Landes. Diesen Reiz wussten Maler wie Van Gogh, Gauguin und andere namhafte Impressionisten zu schätzen, die in dieser Gegend lebten und arbeiteten.

Von einigen geringen Ausnahmen abgesehen, werden in dieser Region keine nennenswerten Weiß- und Roséweine erzeugt. Dafür produzieren einige Winzer wahrhaft göttliche Rotweine (ein Geheimtipp ist die Domaine de Trévallon). Einer der Gründe für diese hoch stehende Qualität der Roten ist der Cabernet Sauvignon, der den Syrah-Weinen einen unvergleichlichen Charakter verleiht.

Die Cuvées bestechen durch einen gewaltigen Reichtum herbwürziger Düfte von Kräutern und schwarzen Früchten. Es sind oft hochkonzentrierte, extraktreiche Weine von opulenter Fülle.

Rotweine der Coteaux Les Baux-de-Provence zum Essen

Wie die schweren Rotweine der Côtes du Rhône sollte man diese Weine eigentlich nur zum üppigen Hauptgang eines Menüs genießen. Die würzige Fülle der Weine von Les Baux harmoniert hervorragend mit herzhaft aromatischen Fleischgerichten. Nur wenige andere Rotweine (große Gewächse aus Bordeaux, Madiran, Côte Rôtie oder Hermitage) können nach einem Coteaux Les Baux-de-Provence gereicht werden.

Suppen und Vorspeisen

Diese Rotweine eignen sich weder als Begleiter zu Suppen noch zu Vorspeisen.

Fleisch, Wild und Geflügel

Der vollmundige, würzige Geschmack dieser Weine passt sehr gut zu Rindfleisch, Lamm und Wild. Besonders Schmorbraten aus der Keule oder von der Côte de Bœuf, rosa gebratene Hochrippe, geschmorter Ochsenschwanz, Tournedos vom Ochsenfilet, Chateaubriand, gegrilltes oder gebratenes Entrecôte und Rumpsteaks sind empfehlenswert.

Zubereitungen von Lamm und Wild, besonders auch mariniertes Wild, ergeben ebenfalls perfekte Kombinationen. Auch zur Gans, Wildente und Bluttaube lassen sich die Weine von Les Baux mit großem Genuss trinken. Zu all diesen Fleisch- und Geflügelgerichten passen dunkle, würzige Saucen.

Zutaten

Zu einem roten Coteaux Les Baux-de-Provence kommen alle herbwürzigen Zutaten wie Thymian, Majoran, Estragon, Rosmarin, Salbei, Lorbeer, Wacholder, Piment und schwarzer Pfeffer in Frage. Dazu werden kräftige, dunkle Saucen und Fleischfonds, nach Geschmack auch mit einem kräftigen roten Wein verfeinert, serviert.

Beilagen

Kartoffelgratins, Kartoffelklöße, Schupfnudeln, Bohnen, Linsen, Fenchel, Staudensellerie, Rotkohl, Rosenkohl, Wirsing, Mangold und alle Arten von Wurzelgemüse eignen sich gut, ebenso Morcheln und schwarze Trüffel.

Käse

Zu Käse sind diese Rotweine weniger empfehlenswert.

Coteaux d'Aix-en-Provence und Palette Westlich und zu einem kleinen Teil nordöstlich von Aix-en-Provence erstreckt sich die Appellation gleichen Namens über ein landschaftlich und historisch sehr eindrucksvolles Gebiet, das den Touristen eine Fülle kultureller Sehenswürdigkeiten zu bieten hat. Der Weinbau prägt auch hier, wie fast überall in der Provence, die Landschaft und die für den und vom Wein lebenden Menschen.

Neben den in Südfrankreich bedeutenden Rebsorten Syrah, Grenache, Mourvèdre, Cinsaut und Carignan wird in den Coteaux d'Aix-en-Provence auch Cabernet Sauvignon angebaut. Einer Reihe von Winzern gelingt es in dieser Region Jahr für Jahr, nicht nur großartige Rotweine, sondern auch zahlreiche beachtenswerte Weiß- und Roséweine zu erzeugen.

Palette, eine der kleinsten Appellationen Frankreichs, liegt südwestlich von Aix. Die besonderen Voraussetzungen der Böden und des Kleinklimas in dieser Region sind der Grund dafür, dass die wenigen Winzer in Palette ihre Weine unter dem Namen einer eigenen Appellation vermarkten dürfen. Besonders die weißen und roten Gewächse von Château Simone ließen das Kleinod Palette weit über die Region hinaus bekannt werden.

Eine exakte Beschreibung der Weine der Coteaux d'Aix-en-Provence und von Palette fällt schwer, da die Weingüter in verschiedenen Klimazonen und auf unterschiedlichen Böden liegen. Außerdem bevorzugen die interessantesten Winzer nicht die gleichen Rebsorten für ihre Weine. Die Rotweine weisen eine gewisse Ähnlichkeit mit den Weinen der Nachbarappellation Coteaux Les Baux-de-Provence auf.

Rotweine der Coteaux d'Aix-en-Provence und aus Palette zum Essen

Die Weine aus diesen beiden Regionen kann man mit gleichem Genuss zu jenen Gerichten trinken, die zu den Weinen der Coteaux Les Baux-de-Provence empfohlen werden.

Bandol und Cassis

Die Nähe zum Mittelmeer, das bemerkenswerte Klima mit überdurchschnittlich viel Sonnenschein und die außergewöhnlichen Böden schaffen hier einzigartige Voraussetzungen für den Weinbau. Wie alle auf griechischen Ursprung zurückgehenden Anbaugebiete der Provence haben auch die beiden Regionen Bandol und Cassis eine jahrhundertealte Tradition. Nach der in ganz Frankreich grassierenden Reblausplage gerieten sie zu Anfang des 20. Jahrhunderts fast in Vergessenheit. Einzelnen engagierten Winzern ist es zu verdanken, dass nach dem Zweiten Weltkrieg der Weinbau mit Akribie vorangetrieben und besonders hochwertige Weine gefördert wurden.

Vor allem die Rotweine von Bandol mit ihren von der Mourvèdre-Traube herrührenden, charakteristischen Merkmalen erlangten Berühmtheit. Neben Mourvèdre werden hauptsächlich Grenache, Cinsaut und Syrah angebaut, aus denen auch ein beachtlicher Rosé gekeltert wird. Roter Bandol bedeutet ungezügelte und urwüchsige Kraft, der man mit einiger Geduld begegnen muss. In jungen Jahren strotzen die Weine häufig vor Tannin, präsentieren aber reichlich Frucht von Brombeeren und schwarzen Johannisbeeren. Häufig anzutreffen sind auch Aromen von Süßholz, Tabak und Teer. Die Weißweine aus Bandol erreichen nicht die große Klasse der roten Gewächse, sind aber trotzdem gefällige Weine, gerade auch zum Essen.

Im Gegensatz zu Bandol ist Cassis bekannt für seine Weißweine. Prädestiniert durch seine Lage, werden aus den Rebsorten Ugni blanc, Clairette, Marsanne und kleinen Anteilen von Bourboulenc und Sauvignon blanc ausgesprochen feine Weine produziert. Frische und Eleganz sind charakteristisch für die eigenwillig würzigen und fleischigen Weißweine von Cassis.

Rotweine aus Bandol zum Essen

Seine Wucht und Dominanz machen den Bandol zum Einzelgänger, der einem nachfolgenden Wein kaum eine Chance lässt, außer er sei vom Kaliber eines Médoc, Hermitage oder Côte Rôtie. Ein Bandol passt aber ausgezeichnet zum Essen, besonders zu kräftigen Gerichten von dunklem Fleisch.

Suppen und Vorspeisen

Zu Suppen und Vorspeisen sollte man auf einen Bandol verzichten.

Fleisch, Wild und Geflügel

Geschmortes, gebratenes oder gegrilltes Fleisch von Rind, Lamm oder Wild ergibt mit einem Bandol harmonische Kombinationen. Dazu passen jeweils dunkle, würzige Saucen.
Geflügel, auch Gans und Wildente, passen nicht besonders gut zu der herben Würzigkeit des Weins. Als provenzalischer Rotwein wäre ein Coteaux Les Baux-de-Provence oder ein Coteaux d'Aix-en-Provence sicher geeigneter.

Zutaten

Ein Bandol verlangt nach aromatischen und pfeffrigen Zutaten wie Kräutern der Provence, Thymian, Majoran, Estragon, Rosmarin, Salbei, Lorbeer, Wacholder, Piment, schwarzem und grünem Pfeffer. Auf Sahnesaucen sollte man zugunsten kräftiger Fleischfonds, allenfalls mit einem Schuss Bandol verfeinert, verzichten.

Beilagen

Kartoffelgratins, Fenchel, Rotkohl, Rosenkohl, Wirsing, Mangold und alle Arten von Wurzelgemüse passen gut zu einem Bandol.

Käse

Bandol und Käse vertragen sich schlecht. Nach einem Bandol sollte man zum Käse einen süßen Wein servieren, etwa einen Banyuls, der auch zu einem großen Teil aus der Mourvèdre-Traube erzeugt wird.

Andere Gerichte

Ein Bandol kann auch zu einfachem, rustikalem Essen getrunken werden. Man sollte aber darauf achten, dass dieses mit dem strengen Charakter des Weins harmoniert. Rustikale, auch deftige Gerichte wie z. B. Rinderrouladen, Gulasch und ähnliche Fleischragouts von Rind, Lamm oder Wild, aber auch Eintöpfe von Bohnen und Linsen, Gulasch- und Ochsenschwanzsuppen eignen sich sehr gut, ebenso Wurstplatten mit geräucherter Wurst und Schinken.

Weissweine aus Cassis zum Essen

Wenn man oberhalb des kleinen Hafenstädtchens Cassis in den Weinbergen steht und seinen Blick über das Mittelmeer schweifen lässt, bekommt man den Eindruck, die Reben schauten den Fischern beim Fischfang zu. So verwundert es nicht, dass der weiße Cassis ein hervorragender Begleiter zu allen Fischgerichten ist. Sei es zu einer Bouillabaisse, die ihren Ursprung im nahe gelegenen Marseille hat, zu einer anderen Suppe von Fischen und Meeresfrüchten oder zu allen nur denkbaren Gerichten aus Fischen, Schalen- und Krustentieren: Ein weißer Cassis verspricht perfekten Genuss.

Côtes de Provence, Coteaux Varois und Bellet Wenn auch der Rosé mit etwa 60 % der Erzeugung die Vorherrschaft in diesen drei Appellationen geniesst, darf man die zum Teil hervorragenden Weiß- und Rotweine nicht vernachlässigen. Die Anbauregion, die sich zwischen Marseille und Nizza teilweise tief ins Landesinnere erstreckt, bringt keinen einheitlichen Weinstil hervor. Höchst unterschiedliche Böden, wechselndes Kleinklima sowie eine große Anzahl von Rebsorten ermöglichen es den Winzern, sehr individuelle Weine zu kreieren.

Weissweine aus den Côtes de Provence, Coteaux Varois und Bellet Der nur in geringen Mengen produzierte Weißwein wird entweder sortenrein aus Ugni blanc, Sémillon, Clairette und Rolle oder als Cuvée dieser Sorten ausgebaut. Je nach Vinifikation sind die Weine spritzig frisch und jung zu genießen oder aber schwer und körperreich; im letzteren Fall benötigen sie einige Jahre der Reife.

Weissweine aus den Côtes de Provence, Coteaux Varois und Bellet zum Essen

Die Wahl eines dieser Weine zum Essen hängt ganz davon ab, ob es sich um eines der leichten, eleganten oder um eines der eher üppigen Gewächse handelt. Auf alle Fälle passen diese Weine sehr gut zu allen Arten mediterraner Küche, harmonieren aber auch mit vielen Gerichten der klassischen Küche.

Suppen
Diese Weine sollte man zu klaren Consommés, Bouillons, Gemüsesuppen und vor allem zu Fischsuppen genießen, aber auch zu einem provenzalischen Pot-au-feu oder einer Soupe au Pistou, der provenzalischen Gemüsesuppe mit Basilikumpüree.

Vorspeisen
Ob kalte oder warme Vorspeisen, es sollte sommerlich leichte Kost sein, die mit diesen Weinen kombiniert wird. Salat, Carpaccio, Tatar und Soufflée von Geflügel oder Fisch eignen sich am besten.

Fleisch und Geflügel
Gebratene oder gegrillte Zubereitungsarten von Lamm, Kalb oder Schwein, gebratene Ente und Entenconfits passen hervorragend zu diesen Weißweinen. Liebhaber von Innereien werden die Kombination mit Lammleber und Kalbsnieren zu schätzen wissen. Dazu empfehlen sich kräftige, helle Saucen, Fonds vom Kalbsfuß und Weißweinreduktionen.

Fisch, Schalen-und Krustentiere
Man sollte nach Angeboten aus dem Mittelmeer Ausschau halten, z.B. nach Loup de Mer, Dorade, Rotbarbe, Lotte, Langusten, Crevetten und Jakobsmuscheln. Sowohl zu gebratenen als auch zu gedünsteten Zubereitungen sollte man kräftige helle Saucen, Beurre blanc, Kräutersaucen oder Fisch- und Weißweinreduktionen servieren.

Zutaten
Weißer Pfeffer, Kerbel, Basilikum, Thymian, Majoran, Estragon, Salbei, Dill, Fenchelkraut, Fenchel- und Koriandersamen, Lorbeer sowie ein wenig Knoblauch sind passende Zutaten.

Beilagen
Als feine Beilagen eignen sich Fenchel, Lauch, Spinat, Auberginen, Tomaten, Paprika, Sellerie oder eine Ratatouille.

Andere Gerichte

Ein herzhafter Eintopf von weißen Bohnen oder eine Kartoffelsuppe harmonieren perfekt zu diesen Weinen. Auch zu kalten Platten mit Fleisch, Geflügel und Fisch kann man sie kredenzen, vor allem zu herzhaften Wurst- und Schinkenzubereitungen sowie feinen Räucherfischdelikatessen.

Roséweine aus den Côtes de Provence, Coteaux Varois und Bellet In diesem Anbaugebiet werden nicht nur die meisten Roséweine der Welt erzeugt, sondern wohl – neben Tavel – auch die besten. Mourvèdre, Grenache, Cinsaut und Syrah sind die Hauptsorten, wobei die Weine immer als Cuvée von mindestens zwei Traubensorten erzeugt werden müssen. Jeder Winzer hat seine eigene Rezeptur für in der Regel frische, spritzige und jung zu trinkende Roséweine. Weine, die man auch nach drei oder gar vier Jahren noch mit Genuss trinken kann, sind die Ausnahme. Zu diesen Ausnahmen gehören die Roséweine der Domaine Ott.

Roséweine aus den Côtes de Provence, Coteaux Varois und Bellet zum Essen

Die Roséweine passen zu den gleichen Gerichten wie die Weißweine. Besonders zu Vorspeisen, sommerlichen Salaten, Tartes und Quiches, zu Suppen und Gemüseeintopfgerichten eignen sie sich speziell gut.

Rotweine aus den Côtes de Provence, Coteaux Varois und Bellet Wie auch in den anderen Appellationen der Provence erzeugen einige Winzer großartige Rotweine. Die Spitzengewächse sind von intensiver und reichhaltiger Fülle und mit den Rotweinen von den Coteaux Les Baux-de-Provence und den Coteaux d'Aix-en-Provence vergleichbar.

Rotweine aus den Côtes de Provence, Coteaux Varois und Bellet zum Essen

Aufgrund ihrer Ähnlichkeit mit den Rotweinen der Nachbarappellationen Les Baux-de-Provence und Aix-en-Provence schmecken diese Rotweine auch zu den gleichen Speisen.

LANGUEDOC-ROUSSILLON Auch in diesem geschichtsträchtigen Teil Frankreichs stößt man allerorten auf Spuren der römischen Kultur. Narbonne, eine der reizvollsten Städte der Gegend, war Mittelpunkt und Hauptstadt der römischen Kolonie Gallia Narbonensis. Auf einer Fahrt von Südfrankreich nach Spanien durchquert man riesige Rebgebiete. Neben den in zahlreichen kleinen regionalen und kommunalen Appellationen erzeugten Qualitätsweinen wird in dieser Region der größte Teil der französischen Vins de Pays und Vins de Tables, also einfacher Weine für die Massenvermarktung, produziert.

Bisher waren nur wenige Qualitätsweine über die Grenzen Frankreichs hinaus bekannt, die erfolgreichen Anstrengungen vieler Winzer liessen jedoch in den letzten Jahren aufhorchen. Einigen engagierten Weinmachern ist es gelungen, sich mit hervorragenden Qualitäten internationale Geltung zu verschaffen.

Bemerkenswerte Weine findet man besonders in folgenden Appellationen:

COTEAUX DU LANGUEDOC (ROTWEINE) · CORBIÈRES (ROTWEINE) FAUGÈRES (ROTWEINE) · ST-CHINIAN (ROTWEINE) · MINERVOIS (ROTWEINE) · FITOU (ROTWEINE) · CÔTES DU ROUSSILLON (ROTWEINE) · RIVESALTES (VINS DOUX NATURELS/SÜSSWEINE) · BANYULS (VINS DOUX NATURELS/SÜSSWEINE) MAURY (VINS DOUX NATURELS/SÜSSWEINE)

ROTWEINE AUS DEM LANGUEDOC-ROUSSILLON Die Weine der nennenswerten, in diesem großen Gebiet verstreuten Weingüter sind kaum miteinander vergleichbar. Zu unterschiedlich sind die klimatischen und geologischen Bedingungen in den einzelnen Appellationen. Hinzu kommt, dass die Winzer je nach Gegebenheiten der Natur und nach ihrer eigenen Philosophie jeweils andere Rebsorten für ihre Cuvées bevorzugen. Mit der gebotenen Vorsicht kann man immerhin einen ähnlichen Weinstil konstatieren.

Die Weine, die denen aus der Provence ähneln, weisen hohe Anteile der Sorten Syrah, Grenache, Mourvèdre und Cabernet Sauvignon auf. Sie sind von den typischen Aromen schwarzer Früchte und Kräuter geprägt, vollmundig, fleischig, sehr konzentriert und extraktreich.

Weine mit einem höheren Anteil der hier häufig angepflanzten Carignan-Traube sind von leichterem Charakter und weisen mehr Eleganz auf.

ROTWEINE AUS DEM LANGUEDOC-ROUSSILLON ZUM ESSEN

Die Rotweine aus dem Languedoc-Roussillon lassen sich zu den gleichen Gerichten kombinieren wie die roten Provence-Weine.

Vins Doux Naturels aus dem Languedoc-Roussillon

Süßweine vom Stil der so genannten Vins Doux Naturels können sowohl aus weißen als auch aus roten Trauben erzeugt werden. Ihre Süße ist natürlich, nicht jedoch ihr Alkoholgehalt, wird ihnen doch Weingeist zugesetzt (d. h. sie werden gespritet wie z. B. ein Portwein).

Bekannt für ihre süßen Weine aus den weißen Sorten Muscat blanc à petits grains und Muscat d'Alexandrie ist die Appellation Rivesaltes. In der nördlich von Perpignan in den Pyrénées Orientales gelegenen Region blickt der Muscat de Rivesaltes bereits auf eine mehrere hundert Jahre alte Tradition zurück. Heute wird in über achtzig Gemeinden von einer stattlichen Anzahl von Winzern mit großem Erfolg diese nektarähnliche Spezialität produziert. Die außerordentlich süßen Weine betören durch markante Fruchtaromen, die oft an Birnen und Aprikosen erinnern, und durch Nuancen orientalischer Gewürze, Macis (Muskatblüte) und Orangenschale.

In Maury und Banyuls werden die Süßweine aus roten Trauben gekeltert. Obwohl man in beiden Gebieten hervorragende Qualitäten findet, ist die Appellation Banyuls bekannter und erfolgreicher. Die Grenache-Traube dominiert klar in den Cuvées dieser Weine, aber auch Mourvèdre spielt eine wichtige Rolle. Farbe, Bouquet und Geschmack erinnern flüchtig an einen Vintage Port, wobei ein Banyuls niemals die massive Art der portugiesischen Weine erreicht. Manche Liebhaber ziehen sogar den filigraneren Stil eines Banyuls oder Maury vor. Ohne klebrig süß zu wirken, bewahren diese Weine die ganze Kraft der Süße der Trauben, vervollkommnet mit feinen Noten von gebrannten Nüssen und bitterer Schokolade.

Muscat de Rivesaltes zum Essen

Aufgrund seiner dominanten Süße und seiner hohen Konzentration ist der Muscat de Rivesaltes ein idealer Begleiter zu Käse und Desserts. Selbst mit strengem Ziegen- und Schafskäse oder mit Blauschimmelkäse wie Gorgonzola und Roquefort harmoniert dieser Dessertwein perfekt. Ebenso schmackhaft ist er zu Desserts mit exotischen, auch eingelegten und kandierten Früchten, zu Aprikosen- und Pfirsichtartes, zu Soufflés und Omeletts mit Konfitüre oder Kompott.

Banyuls und Maury zum Essen

Dunkel, kräftig-aromatisch und süß, passen auch die Dessertweine aus Banyuls und Maury nur zu kräftig-pikantem Käse und zu üppigen Desserts. Zahlreiche Käsesorten, z. B. Gruyère, Sbrinz, Parmigiano, Pecorino, alle Arten aus der Cheddar-Familie und besonders englische Schimmelkäse wie Blue Stilton oder Blue Cheshire, lassen sich gut zu Banyuls und Maury kombinieren.

Eine Traumhochzeit feiert Banyuls mit einer Mousse au chocolat, aber auch mit anderen Schokolade-Desserts wie Torten, Kuchen und Cremes. Dunkle eingelegte Früchte auf Schokoladeneis, Walnusseis mit Rumtopffrüchten oder Karamelisierte Früchte auf Gebäck ergeben ebenfalls überaus köstliche Kombinationen.

Südwestfrankreich Über eine große Fläche verteilt, zwischen Bordeaux, dem Périgord und den Pyrenäen, liegt diese schlicht nach ihrer Lage benannte Anbauregion. Sie ist ein buntes Mosaik geschichtsträchtiger, kulturell aber sehr unterschiedlicher, meist kleinerer Weinbaugebiete. Südöstlich von Bordeaux, entlang von Dordogne, Garonne und ihren Nebenflüssen Lot, Aveyron, Tarn und Agout, haben sich im Laufe der Jahrhunderte im Schatten des Bordelais einige weniger bedeutende, aber doch interessante Appellationen etabliert: Bergerac, Cahors, Buzet, Côtes du Frontonnais und Gaillac.

So unterschiedlich, wie sich das Landschaftsbild dieser Anbaugebiete präsentiert, so unterschiedlich sind auch die jeweiligen Weine. Dies gilt ebenfalls für die kleinen Appellationen am Rande der Pyrenäen, von wo einige hervorragende und mittlerweile weltweit bekannte Weine stammen: Madiran, Jurançon, Béarn und Irouléguy.

Ihres Bekanntheitsgrades und ihrer Bedeutung für den Weinliebhaber wegen, nicht zuletzt aufgrund der Erhältlichkeit der Weine außerhalb der Region, sollen hier lediglich vier Appellationen Südwestfrankreichs Erwähnung finden.

Edelsüsse Weissweine aus Bergerac (Monbazillac)

Neben einer Reihe eher weniger erwähnenswerter trockener Weiß-, Rosé- und Rotweine, findet man im Bergerac, in der Gegend von Monbazillac, außerordentliche Süßweine im Stil der weltbekannten Sauternes. Die Weine werden von den gleichen Rebsorten (Sauvignon blanc, Sémillon, Muscadelle) wie im Gebiet von Sauternes erzeugt und profitieren ebenfalls von der Edelfäule *Botrytis cinerea,* die den Weinen ihre unverkennbaren Aromen vermittelt. Sie sind von intensivem Goldgelb und zeichnen sich durch eine breitausladende Geschmacksfülle aus. Aprikosen- und Pfirsichtöne dominieren, aber auch Nuancen von Ingwer und Nelken sind auszumachen.

Monbazillac zum Essen

Die edelsüßen Weißweine aus Monbazillac haben so viel Ähnlichkeit mit den Weinen aus Sauternes und Barsac, dass sie auch zu den gleichen Gerichten kombiniert werden können.

Rotweine aus Cahors Die Ufer des mäandrierenden Flüsschens Lot sind gesäumt von den Weinbergen des Cahors. Unbeeindruckt von den Erfolgen des Cabernet Sauvignon im nahen Bordelais, nimmt hier der Malbec eine überragende Stellung ein. Jurançon noir, Tannat und Merlot ergänzen die Cuvées. Diese in Frankreich einmalige Rebsortenkonstellation verleiht den Weinen einen sehr eigenwilligen, originellen Charakter.

Von tiefdunklem Rot, manchmal fast schwarz, signalisiert schon die Farbe Kraft, Fülle und Langlebigkeit. Jung präsentieren sich die Cahors-Rotweine von fleischiger Fülle, bevor sie sich nach etwa zwei Jahren verschließen und das Tannin dominant wird. Nach einigen Jahren der Reife entfalten sie ihre wundervoll erdigen Aromen, die manchmal an die hier heimischen Trüffel erinnern.

Rotweine aus Cahors zum Essen

Diese Weine eignen sich wunderbar zu kräftigen, delikaten und auch herzhaft aromatischen Fleischgerichten, da sich ihr Geschmack hervorragend dem Eigengeschmack von geschmortem, gebratenem und gegrilltem Rind, Lamm und Wild anpasst. Kraft und Fülle der Cahors-Weine sind so dominant, dass sie nur zum Hauptgang eines Menüs passen oder zu Zubereitungen von Fleisch, die ohne Vorspeisen als Tellergericht serviert werden. Nach einem Cahors kann man allenfalls einen Cru aus dem Bordelais oder einen schweren Rhônewein servieren.

Suppen und Vorspeisen

Zu diesen Teilen des Menüs sollte man auf einen Cahors verzichten.

Fleisch, Wild und Geflügel

Man kann die Cahors-Weine nicht zu den eleganten Rotweinen zählen. Deshalb sollten sie auch eher zu kräftiger, rustikaler Hausmannskost serviert werden. Sie passen zu allen geschmorten oder gebratenen Gerichten von rotem Fleisch. In Kombination mit den würzig-kräftigen Noten des Weins bieten sich vom Rind gegrilltes oder gebratenes Entrecôte, Rumpsteaks, Schmorbraten aus der Keule oder von der Côte de Bœuf sowie Ochsenschwanz an.

Ähnliche Zubereitungen sollte man bei Lamm und Wild bevorzugen. Auch andere deftige Gerichte wie z.B. Rinderrouladen, Gulasch und ähnliche Fleischragouts von Rind, Lamm oder Wild passen ausgezeichnet. Dazu reicht man am besten dunkle, würzige Saucen.

Zu Geflügel ist ein Cahors wegen seiner herben Würzigkeit weniger empfehlenswert.

Zutaten

Geeignet sind alle aromatischen, würzigen Zutaten wie Thymian, Majoran, Lorbeer, Wacholder, Piment, schwarzer und grüner Pfeffer, süßer Paprika und Tomatenmark. Auf Gewürze, die einen eher mediterranen Charakter haben (Basilikum, Rosmarin, Bohnenkraut), sollte man verzichten. Da die Gerichte rustikaler und somit fetter als üblich sein können, sollte man für die Saucen keine Sahne verwenden. Kräftige Fleischfonds, allenfalls mit einem Cahors verfeinert, harmonieren besser.

Beilagen

Bratkartoffeln, Pommes frites, Kartoffelgratins, Bohnen, Linsen, Rotkohl, Rosenkohl, Wirsing, Mangold und alle Arten von Wurzelgemüse eignen sich gut.

Käse

Ob ein Cahors zu Käse passt oder nicht, darüber gehen die Meinungen der Gourmets auseinander. Liebhaber, die ihn gerne zum Käse trinken möchten, wählen würzige Sorten wie Cantal, Laguiole, Tomme de Savoie, Gaperon, Banon oder Murol.

Andere Gerichte

Eintöpfe von Bohnen und Linsen, Gulasch- und Ochsenschwanzsuppen eignen sich gut, ebenso Wurstplatten mit geräucherter Wurst und Schinken.

Rotweine aus dem Madiran Kaum eine andere Appellation hat in den letzten Jahren mehr von sich reden gemacht als das Madiran. Von der Reblausplage beinahe vernichtet und danach für fast ein Jahrhundert in Vergessenheit geraten, blüht die Appellation seit den siebziger Jahren wieder auf und genießt heute auch international hohes Ansehen.

Diesem guten Ruf liegen zwei Namen zugrunde: Brumont und Tannat. Dem rührigen Winzer Alain Brumont ist es mit hervorragenden Weinen gelungen, der Appellation die Geltung zu verschaffen, die sie mittlerweile genießt – und verdient. Madiran ist fast ein Synonym für Tannat. Zwar werden noch einige andere rote Rebsorten, u.a. Cabernet Sauvignon und Cabernet franc, angebaut, unbestrittene Königin im Madiran ist aber die Tannat-Traube. Sie ergibt Weine von einzigartigem, unvergleichlichem Stil.

Die nach traditionellen Methoden im Holzfass ausgebauten Weine erreichen ein hohes Lebensalter und benötigen einige Jahre der Lagerung, bevor sie ihre Trinkreife erlangen. Die tiefdunklen, opulenten Weine präsentieren sich mit einem reichhaltigen Bouquet von reifen schwarzen Früchten, Tabak und Teer, manchmal auch mit Noten von Süßholz und Toast.

Rotweine aus dem Madiran zum Essen

Der Madiran in seiner opulenten Fülle duldet keinen anderen Rotwein neben sich. Er ist so erhaben, dass er sich nur zum Hauptgang eines Menüs eignet oder zu Fleischgerichten, die ohne Vorspeisen gegessen werden.

Suppen und Vorspeisen

Ein Madiran sollte nicht zu Suppen und Vorspeisen getrunken werden.

Fleisch, Wild und Geflügel

Der opulente, herb-würzige Geschmack des Madiran passt sehr gut zu gebratenem, geschmortem und auch gegrilltem Rindfleisch, Lamm und Wild, wobei für eine schmackhafte Zubereitung nicht immer nur die edelsten Teile verwendet werden müssen. Auch Küchenklassiker wie z.B. Schmorbraten, Rostbraten, geschmorte Beinscheiben, Rouladen, Gulasch oder Fleischragouts passen ausgezeichnet.

Gans, Ente, Wildente und Taube harmonieren perfekt mit einem Madiran. Zu allen Fleisch- und Geflügelgerichten serviert man jeweils dunkle, würzige Saucen.

Zutaten

Wie zu allen vollmundigen und kräftigen Weinen passen aromatische und herb-würzige Zutaten wie Thymian, Majoran, Estragon, Bohnenkraut, Rosmarin, Salbei, Lorbeer, Wacholder, Piment, schwarzer, rosa und grüner Pfeffer sowie Tomatenmark. Kräftige, dunkle Fleischfonds und Rotweinreduktionen eignen sich am besten.

Beilagen

Bratkartoffeln, Kartoffelgratins, Bohnen, Linsen, Sellerie, Rotkohl, Rosenkohl, Wirsing, Mangold, Kohlrabi und alle Arten von Wurzelgemüse sind gut geeignet.

Käse

Wie beim Cahors kann man sich auch beim Madiran darüber streiten, ob er zu Käse passt oder nicht. Wenn, dann empfehlen sich würzige Sorten wie Cantal, Laguiole, Tomme de Savoie, Gaperon, Banon und Murol.

Andere Gerichte

Besonders Eintöpfe von Bohnen und Linsen mit deftiger Fleischeinlage passen sehr gut zu einem Madiran. Die südwestfranzösische Spezialität Cassoulet von Bohnen und Gänseconfit sollte man unbedingt mit einem Madiran kombinieren. Auch Hausmacherwurstplatten mit geräucherter Wurst und Schinken oder ländliche Pasteten eignen sich bestens.

Süssweine aus dem Jurançon

Im Verborgenen, von der Weinöffentlichkeit leider kaum bemerkt, blühen die edelsüßen Gewächse der Appellation Jurançon. Dabei handelt es sich um einen der ruhmreichsten und geschichtsträchtigsten Weine Frankreichs.

Sehr versteckt, von den Durchreisenden kaum wahrzunehmen, wachsen an den Hängen der Pyrenäenausläufer Trauben, die man andernorts in Frankreich nicht findet. Aus den überreifen, am Stock getrockneten und rosinierten Trauben der Sorten Petit Manseng, Gros Manseng und Courbu werden außergewöhnlich reichhaltige Süßweine erzeugt.

Der Jurançon ist mit keinem anderen Süßwein Frankreichs vergleichbar. Die eigenwilligen Rebsorten bieten ein perfekt ausbalanciertes Spiel von Süße und Säure. Das elegante und sinnliche Bouquet verspricht unnachahmlichen Genuss mit Düften von Ananas, Pfirsichen, Maracuja, Zimt und Koriander. Am Gaumen entfaltet sich eine feine, cremige, honigartige Süße, die durch eine dezent wahrnehmbare Säure gestützt wird.

Jurançon zum Essen

Der Jurançon passt zu den gleichen Gerichten wie andere Süßweine.

Vorspeisen

Ein Jurançon passt natürlich zu Foie gras und deren Terrinen und Pasteten sowie zu anderen reichhaltigen Fleisch- und Leber-Terrinen.

Fleisch, Wild und Geflügel

Gerichte von Geflügel oder Wild, die mit eingelegten Früchten wie Pfirsichen, Aprikosen oder Ananas zubereitet werden, können sich durchaus mit einem Jurançon vertragen. Auch ein Gericht mit gebratener Foie gras und einer dem Geschmack des Weins angepassten Sauce harmoniert mit diesem Wein.

Käse

Zu Blauschimmelkäse wie Roquefort, Fourme d'Ambert und Bleu d'Auvergne sowie zu Ziegenkäse in der Art von Valençay oder Crottin de Chavignol passt ein Jurançon ausgezeichnet.

Desserts

Alle Desserts, deren Fruchtaromen man auch in einem Jurançon findet, eignen sich bestens, so z. B.: Pfirsich- und Aprikosentartes, Crème brûlée mit kandierten Früchten, Parfaits von Orangen oder Ananas. Blätterteiggebäck harmoniert ebenfalls sehr gut mit der cremigen Konsistenz der Weine.

Champagne Als sich vor über 100 Millionen Jahren ein riesiges Meer zurückzog, hinterließ es in der Gegend der heutigen Champagne Kreide, die nun – nur von einer dünnen Schicht Sand und Lehm bedeckt – bis in eine Tiefe von zweihundert Metern reicht. Diese Kreide verleiht dem Champagner seinen eigenwilligen, unnachahmlichen Charakter.

Das, was ihn zu einem beispiellosen, begehrenswerten Getränk macht, hat er einem Zufall, einer chemischen Reaktion und der Entdeckerleidenschaft eines Benediktinermönches zu verdanken. Dom Pérignon, Kellermeister der Abtei von Hautvillers, entdeckte der Überlieferung zufolge das Geheimnis der prickelnd-schäumenden Weine und entwickelte zusammen mit anderen Mönchen den Schaumwein, den wir heute als Champagner kennen und schätzen.

Aus den Rebsorten Chardonnay, Pinot noir und Pinot Meunier werden die Champagner im klassischen Flaschengärverfahren als Cuvée oder rebsortenrein erzeugt. Die Cuvée, die kunstvolle Komposition verschiedener Rebsorten und Lagen, ist das wohlgehütete Geheimnis der einzelnen Champagner-Häuser und macht die Charakteristik der einzelnen Champagner aus.

In Jahren mit hervorragenden Bedingungen und besten Qualitäten werden oft nur Weine aus diesem einen Jahrgang auf die Flasche gefüllt, die so genannten «Champagnes millésimés», die Jahrgangs-Champagner. Führende Häuser leisten sich darüber hinaus eine «Cuvée Prestige», Champagner von ausgesuchtem Rebgut aus besonderen Lagen, individueller Vinifikation und Lagerung. Neben dem üblichen, trockenen «Brut» bieten einige Erzeuger ihre Produkte auch «demi-sec» (halbtrocken) und «doux» (süß) an.

Ob auf einer Hochzeit, zum Jubiläum, zur Oscar-Preisverleihung oder zu einer Schiffstaufe: Große Feste sind ohne Champagner nicht denkbar. Er ist zum Anstoßen und Feiern das elegante Getränk schlechthin für den gehobenen gesellschaftlichen Anlass. Darüber wird leider oft vergessen, dass er mit seinen vielschichtigen Aromen ein wunderbarer Begleiter zum Essen sein kann.

Champagner zum Essen

Seine schäumende Art, sein von den Rebsorten geprägter Charakter und – seien wir ehrlich! – auch sein Image prädestinieren den Champagner zum Begleiter luxuriöser Speisen. Aber: Es muss nicht immer Kaviar sein – obwohl Champagner hervorragend zum Kaviar passt!

Vorspeisen

Die zu einem festlichen Menü oft servierte Terrine von Foie gras verträgt sich am ehesten mit einem Champagner, wenn er nicht ganz trocken ist. Trockene Champagner sollten von fetter, fülliger und konzentrierter Art sein. Champagner passt auch hervorragend zu anderen feinen Terrinen und Pasteten von Fleisch und Geflügel, ebenso zu delikaten Sülzen. Zu Spezialitäten von geräuchertem oder mariniertem Fisch (Lachs), zu Kaviar und zu Austern ist er nicht nur eine traditionelle, sondern auch eine sehr schmackhafte Begleitung.

Fleisch, Wild und Geflügel

Es gibt Liebhaber, die auch zu einem Hauptgang mit gebratenem Fleisch nicht auf ein Glas Champagner verzichten möchten. Empfehlenswert ist er zu pochiertem Fleisch oder Geflügel mit mäßig kräftigen Saucen. Ein Rosé-Champagner passt auch zu zart gebratenen Filets von Rind, Lamm und Wild.

Fisch, Schalen- und Krustentiere

Will man für den Hauptgang beim Champagner bleiben, dann wählt man am besten feine Gerichte von Fisch, Schalen- oder Krustentieren. Die Speisen sollten aber nicht von schweren, betont aromatischen Saucen begleitet sein, die seinen filigranen Charakter stören würden.

Käse

Käse und Champagner? Hier scheiden sich die Geister. Wenn, dann sollte man Champagner auf keinen Fall zu Hart- oder Schnittkäse genießen. Ein Champagne doux oder demi-sec eignet sich überdies wesentlich besser als Käsebegleiter als ein trockener Brut.

Desserts

Spätestens hier sollte die lukullische Vernunft siegen: Champagner zum Dessert ist ungeeignet, es sei denn, er hat schon das ganze Menü begleitet. In diesem Fall könnte man je nach Dessert einen Champagne doux servieren.

Italien

Der Weinbau in Italien lässt sich fast 4000 Jahre weit zurückverfolgen. Schon lange bevor die Griechen die apenninische Halbinsel besetzten, kultivierten einheimische Volksstämme Reben. Oinotria, das Weinland, nannten die Griechen deshalb dieses Land.

Die Geheimnisse des Weinbaus und der Weinerzeugung gingen von den Griechen und Etruskern auf die Römer über. Sie verfeinerten diese Methoden zur Vollkommenheit und verbreiteten die Kunst des Weinmachens in ihren Kolonien in Nordafrika, Spanien, Frankreich, Deutschland und selbst in England.

Nach dem Zusammenbruch des römischen Imperiums lag der Weinbau in Italien weitgehend brach, um erst im Mittelalter erneut an Bedeutung zu gewinnen, ohne jedoch im Laufe der folgenden Jahrhunderte die Größe zu erreichen, die der Weinbau mittlerweile in Frankreich erlangt hatte.

Wein war in Italien lange Zeit ein einfaches landwirtschaftliches Produkt. So dauerte es bis zur Mitte des 19. Jahrhunderts, bis man dem Wein einen höheren Stellenwert beimaß und sich in einigen Regionen an französischen Vorbildern zu orientieren begann. Dieser Prozess ist selbst heute noch nicht abgeschlossen, denn es gibt immer noch Gegenden, die ihr natürliches Potenzial zur Erzeugung von Qualitätsweinen nicht oder nicht völlig ausgeschöpft haben.

Seit den sechziger Jahren setzen aber immer mehr Winzer kontinuierlich auf Qualitätsverbesserungen, und die Ergebnisse können sich wahrlich sehen lassen. Besonders im Piemont und in der Toskana wurden wahre Weinmonumente geschaffen, die heute ihren Rang unter den besten Weinen der Welt einnehmen.

Nicht so einfach wie in Frankreich ist beim Weinkauf die Orientierung anhand des Weinetiketts. Zwar kennt auch Italien kontrollierte und garantierte Herkunftsbezeichnungen, die DOC (Denominazione di Origine Controllata) und DOCG (Denominazione di Origine Controllata e Garantita). Viele der besten Weine Italiens haben allerdings kein Anrecht auf die DOC oder DOCG, da die Regelungen den Winzern, vor allem in der Toskana, nur einen engen Spielraum gewähren, wie und aus welchem Traubengut sie ihre Weine zu erzeugen haben. Um individuellere und bessere Weine zu produzieren, halten sich viele Weinmacher nicht an die gesetzlichen Vorgaben, was zur Folge hat, dass ihre Weine als Vini da Tavola (Tafelwein) eingestuft werden. Einige der bedeutendsten Weine Italiens, z.B. Ornellaia, Solaia, Tignanello, tragen diese niedrigste Qualitätsbezeichnung, was ihrem Ansehen jedoch nichts geschadet hat. Neue Gesetze versuchen dieser unglücklichen Entwicklung Rechnung zu tragen und das italienische dem französischen Appellations-System anzugleichen.

Piemont Im Nordwesten Italiens, von den Alpengipfeln gleich weit entfernt wie von der Riviera, zwischen Po und den Monferrato-Bergen, liegen die Weinbaugebiete des Piemont. Von den Gegensätzen seiner natürlichen Umgebung geprägt, gehen im Weinbau des Piemont Tradition und Fortschritt, Stillstand und Moderne Hand in Hand. Nur hier, in der Heimat der weißen Trüffel, findet man eine solch verwirrende Vielzahl von alten, über die Grenzen der Region hinaus kaum bekannten Rebsorten.

Ungeachtet dieser Vielfalt haben sich einige Rebsorten und ihre Weine einen Platz unter den bedeutendsten Gewächsen der Welt erobert. Von der großartigen Nebbiolo-Traube werden die berühmten Barolo- und Barbaresco-Weine erzeugt. Die Sorten Barbera, Dolcetto, Arneis und Cortese liefern Kreszenzen, die heute in jedem Weinregal rund um den Erdball zu finden sind, und Nebbiolo-Weine aus den nordpiemontesischen DOC-Gebieten Gattinara, Carema und Ghemme gelten unter Liebhabern als Geheimtipp. Allerdings steht die Qualität nicht immer in einem vernünftigen Verhältnis zum Bekanntheitsgrad eines Weins, doch scheint das für die große Anhängerschar kaum von Bedeutung zu sein.

Barolo Südwestlich von Alba wachsen an den steilen Hängen und auf den runden Kuppen der Langhe-Berge die Nebbiolo-Trauben für den Barolo. Seinen Namen hat er von einem kleinen Weinbauort im Herzen der Region zwischen La Morra und Monforte d'Alba. Historische Überlieferungen berichten, dass bereits im 14. Jahrhundert Nebbiolo angebaut wurde, als trockener Wein ist der Barolo allerdings erst seit Mitte des 19. Jahrhunderts bekannt, als man die ursprünglich süßen Weine nach französischem Vorbild trocken zu vinifizieren begann.

Um einen Barolo wirklich würdigen zu können, muss man ihm eine sehr lange Zeit der Reife gönnen. Als junger Wein verschlossen und unnahbar, tanninreich, mit markanter Säure, ohne nennenswertes Bouquet und Aroma, entwickelt er sich im Verlauf der Jahre meist zu außergewöhnlicher Größe. Dann entfaltet er ein verführerisches Bouquet von Veilchen, Rosen, Brombeeren, mit Noten von Teer und Trüffeln. Seine fruchtige Geschmacksfülle harmoniert jetzt auch mit dem gezügelten Tannin und verwöhnt mit einem süßen, oft kaum enden wollenden Nachhall.

Barolo zum Essen

Damit man einen Barolo zum Essen wirklich genießen kann, muss er seine volle Reife erreicht haben. Dann ist er ein unvergleichlich köstlicher Begleiter zum Hauptgang eines großen Menüs.

Suppen und Vorspeisen

Den Genuss eines solch mächtigen Weines sollte man sich bis zum Ende eines Menüs aufsparen und ihm höchstens eine edelsüße Kreszenz folgen lassen.

Fleisch, Wild und Geflügel

Ein besonderes Erlebnis bereitet die Kombination eines Barolo zu herzhaften Fleischgerichten mit extraktreichen, dunklen Saucen. Die Weine sind köstlich zu gebratenem und geschmortem

Fleisch von Rind und Lamm sowie zu allen Zubereitungsarten von Wild.
Besonders hervorzuheben ist die Harmonie, die ein Barolo mit gegrilltem Fleisch, allen Arten von Steaks und Rostbraten sowie mit geschmorten Rinderbeinscheiben in einer Rotweinsauce ergibt. Auch Schmorbraten aus der Keule oder von der Côte de Bœuf sowie rosa gebratene Hochrippe und geschmorter Ochsenschwanz bieten sich an. Zu geschmacksintensivem Geflügel (Perlhuhn, Barbarie-Ente, Wildente, Taube, Wachtel und Fasan) passt er ebenfalls hervorragend.

Fisch, Schalen- und Krustentiere

Zu allem, was aus Fluss und Meer kommt, ist ein Barolo nicht geeignet.

Zutaten

Um die Speisen und einen Barolo vollendet genießen zu können, muss man auf kräftige Gewürze und Kräuter nicht verzichten, solange sie nicht einen dominierenden Eigengeschmack entwickeln. Im Gegensatz zu vielen anderen roten Gewächsen verträgt der Barolo auch leicht säuerliche Zutaten wie z. B. einen Spritzer Balsamico an der Sauce. Bei den Saucen sollte man aber nach Möglichkeit auf Sahne verzichten. Zum Abschmecken oder als Basis eignet sich ein kräftiger Rotwein.

Beilagen

Als Beilagen empfehlen sich gebratene Kartoffeln und Gratins sowie herzhaftes Gemüse. Nudel- und Pastabeilagen sind, auch wenn es sich um einen italienischen Wein von nationaler Bedeutung handelt, weniger empfehlenswert.

Käse

Barolo und Käse ergeben keine genussvolle Verbindung.

Barbaresco In der Umgebung des gleichnamigen Ortes nordöstlich von Alba, unweit der Ufer des Flusses Tanaro, gedeihen die Nebbiolo-Reben von Barbaresco. Der Barbaresco ist etwas leichter und in seiner Jugend eine Spur eleganter als der Barolo, weshalb er oft als dessen kleiner Vetter bezeichnet wird. Eine gewisse Ähnlichkeit ist Barolo und Barbaresco zwar nicht abzusprechen, dennoch bringen die geografische Lage, das Klima und die Handschrift der Winzer eigenständige Weine hervor.

Auch ein Barbaresco ist in seiner Jugend unnahbar und entwickelt sich erst nach einigen Jahren zu seiner wahren Größe, allerdings schneller als ein Barolo. Sein Bouquet präsentiert dann verschwenderische florale Noten, Düfte von Waldbeeren und orientalischen Gewürzen, Nuancen, die sich im Gaumen bestätigen.

Barbaresco zum Essen

Ein Barbaresco passt grundsätzlich zu den gleichen Gerichten wie ein Barolo.

BARBERA Die meistangebaute rote Rebsorte des Piemont erfreut sich international großer Beliebtheit, kann aber nicht den Ruhm von Barolo und Barbaresco teilen. Die besten Barbera-Weine kommen aus den Anbaugebieten um Alba aus den Langhe-Bergen und aus der Gegend von Monferrato rund um Asti.

Barbera-Weine sind weniger gerbstoffreich als die aus Nebbiolo gekelterten Kreszenzen, aber von einer kräftigen Säure geprägt, was heute viele Winzer durch den Ausbau in Barriques und größeren Eichenholzfässern kompensieren.

Das Bouquet eines Barbera weist im reifen Zustand blumige Noten auf. Im Gaumen zeigt er sich fruchtig, eine Spur säuerlich, gepaart mit dezent süßen Nuancen.

BARBERA ZUM ESSEN

Der herzhafte Barbera scheint wie gemacht zu sein für eine Vielzahl von Gerichten der italienischen Küche. Besonders regionale Gerichte mit geschmorten Tomaten, Knoblauch und Kräutern, Pizza und andere Spezialitäten harmonieren perfekt mit einem Barbera. Aber nicht nur zur italienischen Küche, auch zu pikanten Gerichten anderer Regionen ist der Barbera eine glückliche Wahl.

SUPPEN UND VORSPEISEN

Zu herzhaften Lamm- und Rindfleischsuppen mit Einlagen von geschmortem Gemüse ist ein Barbera sehr empfehlenswert. Er eignet sich auch ausgezeichnet zu einer Menge von kalten und warmen Vorspeisen, allen Arten von Crostini (den traditionellen italienischen Röstbrotscheiben mit den unterschiedlichsten Belägen), Pastagerichten mit Fleisch- und Tomatensaucen und pikantem Risotto.

Auch zu Salaten, zu deren Hauptbestandteil Fleisch oder roher Schinken gehören, kann man einen Barbera servieren.

FLEISCH, WILD UND GEFLÜGEL

Man sollte einen Barbera unbedingt zu Ossobuco alla milanese probieren. Einen besonderen Genuss bereitet ein Barbera zu Rind-, Lamm- und Wildgerichten mit pikanten, auch leicht säuerlichen, dunklen Saucen, besonders wenn

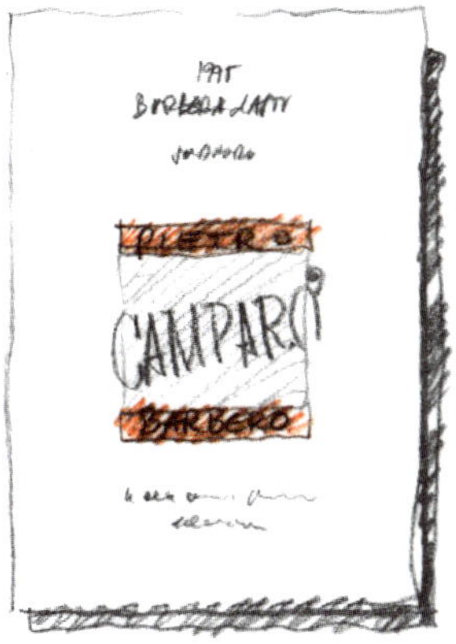

das Fleisch vorher in Rotwein (am besten in einem Barbera) mariniert wurde.

Fisch, Schalen- und Krustentiere

In Italien gibt es eine Menge von Zubereitungen mit Fisch und Meeresfrüchten in Rotwein. Gerade zu solchen Rezepten ist ein Barbera sehr empfehlenswert.

Zutaten

Gewürze und Kräuter (besonders Knoblauch) jeder Art harmonieren mit der aromatischen Art des Barbera. Genauso wie Barolo und Barbaresco verträgt der Barbera auch leicht säuerliche Zutaten wie z.B. einen Spritzer Balsamico oder ein wenig Marinade an der Sauce. Sahne passt dagegen weniger gut. Zum Abschmecken oder als Basis eignet sich ein kräftiger Rotwein.

Beilagen

Als Beilagen empfehlen sich alle Kartoffelgerichte, Polenta, Nudeln, Gnocchi sowie herzhaftes Gemüse.

Käse

Barbera passt sehr gut zu Hartkäsen (zu allen Arten von Pecorino), zu Schafskäsen wie Manchego, zu Käsen der Cheddar-Familie und zu allen würzigen Weichkäsen.

Andere Gerichte

Ein Barbera kann auch ein einfaches Essen begleiten. Man sollte aber darauf achten, dass dieses mit der Würze des Weins harmoniert. Es sollten deshalb gehaltvolle, pikante Gerichte sein wie Gemüseeintöpfe oder deftige Wurstplatten mit geräucherter Wurst und Schinken. Besonders gut schmeckt ein Barbera zu einer knusprigenPizza.

Dolcetto Der Anbau von Dolcetto ist weitgehend auf das Piemont beschränkt. Die besten Weine dieser frühreifen, süßen Traube werden im Süden von Alba erzeugt, in Lagen, die für die Kultivierung von Nebbiolo ungeeignet sind. Obwohl er von gänzlich anderer Struktur ist, wird er gern als Rivale des Barbera bezeichnet.

Der meist dunkel-violettrote Dolcetto besitzt weniger Säure als ein Barbera, dafür spürbares, aber nicht strenges Tannin und eine feine Süße im Abgang. Er hat ein blumiges Bouquet und gefällt mit weichen, fruchtig-frischen, vollmundigen Nuancen von Mandeln, Nüssen, Süßholz und manchmal bitterer Schokolade.

Dolcetto zum Essen

Es ist schwierig, Rotweine zu finden, die auch zu schärfer gewürzten oder süßsauren Gerichten passen. In solchen Fällen ist der Dolcetto eine schmackhafte Alternative, sowohl zu Vorspeisen als auch zu Hauptgerichten regionaler italienischer Küche sowie zu asiatischen, mexikanischen oder kreolischen Speisen.

Gavi Nicht immer muss ein anspruchsloser Wein erfolglos sein. Das beste Beispiel hierfür sind die Weine der Provinz Alessandria, die Weißweine der Anbauregion Gavi bzw. der Lagen um das Städtchen gleichen Namens, die sich dann Gavi di Gavi nennen. Ein Gavi wird immer sortenrein aus der Cortese-Traube gekeltert.

Cortese wird schon seit dem 10. Jahrhundert auf den kalkreichen Lehmböden des Piemont angebaut und diente lange Zeit als Grundwein für Asti Spumante. Dem Produzenten

Vittorio Soldati ist es zu verdanken, dass diese Weine heute so erfolgreich sind. In den fünfziger Jahren begann er den Stil des heutigen Gavi zu entwickeln. Der Erfolg war so groß, dass seine Gavi-Weine in den sechziger und siebziger Jahren zu den gesuchtesten und teuersten Weißweinen Italiens wurden.

Seit den achtziger Jahren haben diese Weine eine immer größer werdende Anhängerschar gewonnen. Mittlerweile zählt der Gavi zu den beliebtesten italienischen Sommer- und Terrassenweinen.

Der Gavi ist nicht mit markanten Duft- und Geschmacksaromen ausgestattet, gefällt aber – zumindest wenn er von guten Erzeugern stammt – als sauberer, rassiger, lebendiger, meist säurebetonter Wein, der in guten Jahren auch ein gewisses Fruchtpotential aufweisen kann.

Gavi zum Essen

Trotz seines Kultstatus fehlen dem Gavi die Merkmale großer Weißweine. Dem eher neutralen Gavi mangelt es zu sehr an Komplexität, um ihn zu feinen Gerichten oder großen Menüs empfehlen zu können. Dagegen ist er sehr gut geeignet zu sommerlichen Salaten, Salatbüffets, Gemüsesuppen (Minestrone), Aufschnitt- und Wurstplatten (Mortadella, San Daniele, Coppa, Pancetta etc.), kaltem Geflügel und mariniertem Gemüse und Gemüseaufläufen.

Besonders gut passt er zu dem eigenwilligen Geschmack von Vitello tonnato oder kalten und warmen Vorspeisen und einfachen Hauptgerichten von Fisch.

Arneis In den letzten Jahren macht ein lange in Vergessenheit geratener Piemonteser Weißwein dem überaus beliebten Gavi Konkurrenz. Im Hügelland von Roero, unweit von Alba, wächst auf sandigem, quarzhaltigem Lehmboden die weiße Rebsorte Arneis, die schon im 15. Jahrhundert erstmals urkundlich erwähnt wurde.

Sensorisch hat der Arneis mit seinen frühreifen, zuckersüßen Trauben dem Gavi eine Menge voraus. Der zart strohgelbe Wein weist eine Fülle blumig-fruchtiger Duftnoten auf. Er ist vollmundig und erinnert im Gaumen dezent an Honig und Mandeln. Seine geringe Säure macht ihn zu einem äußerst angenehmen, vielseitigen Wein.

Arneis zum Essen

Der Arneis eignet sich mit seiner leichten, gefälligen Art nicht als Begleiter eines anspruchsvollen Hauptgerichts. Er harmoniert jedoch ausgezeichnet mit leichten Vorspeisen, besonders von Kalbfleisch und Geflügel, aber auch mit Cocktails und Salaten von Schalen- und Krustentieren, Carpaccio von Meeresfischen und den typisch italienischen Vorspeisen mit mariniertem Fleisch, Fisch und Gemüse.

SÜDTIROL (ALTO ADIGE)/TRENTINO Zwischen den Hängen der Rhätischen Alpen windet sich die Etsch (Adige), Italiens zweitlängster Fluss, von Meran über Bozen südwärts Richtung Trento. Zwischen dem noch zu Südtirol gehörenden Salurn und dem Trentiner Roverè della Luna verläuft die Grenze zwischen den beiden Regionen, die man zu den landschaftlich schönsten Weinbaugebieten Europas zählen darf.

Auf den sanften Ausläufern der monumentalen Bergketten wird schon seit dem 6. Jahrhundert v. Chr. Wein kultiviert. Auffällig ist in vielen Lagen die heute noch weit verbreitete Erziehung der Reben im Pergelsystem, der Pergola Trentina, einem hohen, mit Draht bespannten Holzgerüst.

Die geologisch und klimatisch hervorragenden Bedingungen schaffen beste Voraussetzungen für den Anbau und die Erzeugung großer Weine. Dass noch immer große Mengen kuranter Qualitäten exportiert werden, liegt an der großen Beliebtheit der Vernatsch-Weine wie Kalterersee, Sankt Magdalener oder Trentiner Marzemino.

In den letzten Jahren ist es jedoch einigen engagierten Winzern gelungen, international vielbeachtete Weine zu produzieren. Zwangsläufig spielen im reichlich modeanfälligen Italien Sorten wie Chardonnay, Pinot grigio, Pinot bianco, Cabernet Sauvignon und Merlot eine führende Rolle. Allerdings ist auch eine Gegenbewegung festzustellen: Die alten, aus der Region stammenden Rebsorten wie Lagrein gewinnen immer mehr an Bedeutung, weil sie nicht nur Tradition vermitteln, sondern auch interessante und eigenständige Weine ergeben.

LAGREIN Alte Aufzeichnungen des Benediktinerklosters Muri bei Bozen erwähnen den Lagrein schon im 17. Jahrhundert. Neben dem meist als Lagrein Dunkel bezeichneten Rotwein gibt es auch eine weniger interessante Rosé-Variante namens Lagrein Kretzer.

Mit sehr viel Hingabe keltern heute schon zahlreiche Winzer den Lagrein zu einem abseits vom leider oft gepflegten Allerweltsstil rundum erfreulichen, charaktervollen Wein. Der Lagrein besticht durch sein individuell fruchtiges Bouquet und seine geschmeidig-samtige Struktur. Lagrein, der im Barrique ausgebaut wurde, gewinnt deutlich an Charakter.

Lagrein zum Essen

Die weiche, fruchtige Art des Lagrein passt sehr gut zu einfachen Fleischgerichten. Er kann Ragouts von Schweine-, Rind-, Kalb- und Lammfleisch genauso gut begleiten wie Koteletts, Schnitzel oder Steaks. Er harmoniert mit gebratenem Geflügel, Fleisch- und Gemüseeintöpfen, Wurst und Schinken (Parma, San Daniele, Coppa) sowie geräuchertem Fisch.

Teroldego Schon im 15. Jahrhundert wird die rote Rebsorte Teroldego, die ausschließlich in der Rotaliano-Ebene im Trentino angebaut wird, erstmals erwähnt. Der Teroldego ist ein Gewächs, auf das sich immer mehr einheimische Winzer besinnen und das individuelle, charaktervolle Weine ergibt.

Einige Wissenschaftler vermuten, dass der Teroldego mit dem Lagrein verwandt ist. Allerdings weist er weniger Tannin, dafür eine herzhaftere Säure als der Lagrein auf. In seinem Bouquet finden sich feine Himbeer- und Veilchendüfte, im Gaumen präsentiert er sich mild und würzig.

Teroldego zum Essen

Aufgrund seiner recht kräftigen und würzigen Art sollte man den Teroldego auch zu kräftigen und würzigen Gerichten genießen. Geschmortes und gebratenes Rindfleisch, Lamm und Wild eignen sich am besten. Ganz ausgezeichnet passt er zu gepökeltem und geräuchertem Fleisch (Kasseler). Er ist auch nicht zimperlich, wenn die Speisen delikat gewürzt sind.

Gewürztraminer Wenn auch die heute bekanntesten Gewürztraminer aus dem Elsass kommen, haben die Südtiroler Gewürztraminer eine besondere Würdigung verdient, denn immerhin stand das Dorf Tramin im Südtirol Pate für den Namen dieser Traube und ist wahrscheinlich auch Ursprungsregion für eine Variante dieser Rebsorte. Schon ums Jahr 1000 wird der Traminer vor Ort erstmals erwähnt, jedoch als Traube mit grünen Beeren; die Beeren des Gewürztraminers sind hellrot, mit einem grauen Schimmer.

Die trocken ausgebauten Weine zeigen eine goldgelbe Farbe mit einem sehr konzentrierten, oft wuchtigen, würzig-fruchtigen Aroma. Gewürztraminer aus dem Südtirol besitzen allerdings nicht das extrem stark parfümierte Bouquet und die voluminöse Struktur ihrer Elsässer Vettern, wodurch sie vielleicht etwas eleganter wirken. Doch auch hier macht die Traube ihrem Namen alle Ehre: Orientalische Gewürze, Honigkuchen und Butteraromen verwöhnen Nase und Gaumen.

SÜDTIROLER GEWÜRZTRAMINER ZUM ESSEN

Die Empfehlungen für Elsässer Gewürztraminer gelten auch für die Weine aus dem Südtirol. Man sollte jedoch berücksichtigen, dass die hiesigen Gewürztraminer weniger wuchtig sind als ihre Verwandten aus Frankreich. Das Essen sollte geschmacksintensiv und herzhaft-pikant sein.

SUPPEN UND VORSPEISEN

Am besten passt ein Südtiroler Gewürztraminer zu kräftig gewürzten, aromatischen Suppen und zu Cremesuppen von Kohlgemüse, z. B. Blumenkohl- oder Brokkolisuppe, außerdem zu allen Wildsuppen. Besonders schmackhaft ist die Kombination mit einer Minestra di Orzo (Südtiroler Graupensuppe).

Der Gewürztraminer begleitet Wild- und Geflügelpasteten und -terrinen (zur Stopfleber ist der Elsässer Gewürztraminer wegen seiner fetteren Art zu bevorzugen), andere Zubereitungen von Wild sowie Räucherfischspezialitäten. Außerdem ergänzt er gut Vorspeisen, die mit Curry, Ingwer, Koriander etc. zubereitet werden.

FLEISCH UND GEFLÜGEL

Schweinebraten, Lammbraten, Gänsebraten, gefüllt mit Äpfeln und Majoran, harmonieren ausgezeichnet mit einem Gewürztraminer. Ebenso Fleischgerichte, bei denen Kohl eine dominierende Rolle spielt, so z. B. Kohlrouladen von Wirsing oder Spitzkohl. Köstlich ist der Wein zu Bollito misto (Siedfleisch) mit Salsa verde und zu gebratener Leber mit Äpfeln und Majoran.

ZUTATEN

Bei Zutaten und Gewürzen gibt es fast keine Grenzen. Besonders geeignet sind Kümmel und Kreuzkümmel, Muskat, Fenchelsamen, Koriander, Piment, Nelke, Wacholder, Lorbeerblatt, Thymian, Oregano, Majoran, Liebstöckel, Zitronengras, Galgant und Ingwer.

BEILAGEN

Alle Arten von Kohlgemüse und von Gemüsesorten, die man vorzugsweise mit Muskat und Kümmel abschmeckt.

KÄSE

Gewürztraminer passt hervorragend zu herbwürzigem Weichkäse wie Münster, Saint-Rémy, Romadur, Limburger oder Maroilles.

ANDERE GERICHTE

Südtiroler Gewürztraminer begleitet mit Vergnügen herzhafte Eintopfgerichte. Auch zu Spezialitäten der asiatischen Küche ist Gewürztraminer sehr empfehlenswert, allerdings sollte man in diesem Fall zum wuchtigeren Elsässer Wein greifen.

CHARDONNAY, PINOT GRIGIO, CABERNET SAUVIGNON UND MERLOT Die Rebsorten Chardonnay, Pinot grigio, Cabernet Sauvignon und Merlot geniessen in letzter Zeit in der Region Südtirol/Trentino eine besondere Wertschätzung und bringen auch qualitativ bedeutsame Weine hervor. Auf eine nähere Beschreibung und Empfehlung zum Essen wird an dieser Stelle verzichtet, da Weine aus diesen Sorten bereits in anderen Kapiteln vorgestellt werden. Cabernet-Sauvignon- und Merlot-Weine aus dem Südtirol präsentieren sich zwar leichter als ihre Verwandten in Bordeaux, können jedoch zum gleichen Essen getrunken werden (Cabernet Sauvignon siehe Médoc, Seite 97f., Merlot siehe St-Emilion, Seite 103). Auch der Südtiroler Chardonnay ist von leichterer Art als die Weißweine Burgunds. Deswegen ist er eher zu Gerichten zu empfehlen, die zu einem Chadonnay aus dem Friaul passen. Auch für Pinot grigio gelten die Empfehlungen für das Friaul (siehe Seite 152ff.).

Veneto Entlang der südlichen Alpenhänge, nahe der Grenzen zum Südtirol, zu Österreich und zum Friaul, erstrecken sich zwischen Gardasee und Adria die Weinlagen des Veneto. Die Schwerpunkte des Weinbaus liegen nördlich von Verona, südlich und östlich des Gardasees, im zentralen Hügelland sowie nordöstlich von Venedig.

Das Veneto hat sich als eines der mengenmäßig führenden Anbaugebiete Italiens etabliert, in dem eine kaum überschaubare Anzahl von Rebsorten kultiviert und fast ebenso viele unterschiedliche Weine erzeugt werden. Neben vielen alten, einheimischen Reben findet man, wie in den benachbarten Regionen, zunehmend namhafte internationale Traubensorten. Die Weine, die das Veneto bekannt und beliebt gemacht haben, werden jedoch ausschließlich aus einheimischen Rebsorten gekeltert.

Soave Der berühmteste Weißwein des Veneto ist nach einem kleinen mittelalterlichen Städtchen östlich von Verona benannt. Neben Soave ist Monteforte d'Alpone ein weiterer bedeutsamer Ort für die hier angebauten Weine, die als Soave Classico Superiore und auch als Crus mit Lagenbezeichnung (z. B. Soave Classico Superiore Cru Monteforte) ihre absolute Spitze erreichen. Hauptrebsorte für den Soave ist die Garganega, die mit bis zu 30 % Trebbiano in den Cuvées ergänzt werden darf. Bemerkenswert ist, dass die Reben noch weitgehend auf den traditionellen Pergolen erzogen werden.

Der Soave ist von hellem Strohgelb, was seine frische, unkomplizierte Art unterstreicht. Die Weine gefallen mit blumig-fruchtigem Bouquet; je nach Lage weisen sie auch mineralische Noten auf.

Soave zum Essen

Soave, besonders die Crus, sind richtige Allround-Weine, die man zu vielen Gerichten genießen kann. Am besten eignen sie sich zu Vorspeisen, die nicht nur aus der italienischen Küche kommen müssen.

Suppen und Vorspeisen

Ein Soave begleitet angenehm alle klaren Suppen von hellem Fleisch, Fisch und Gemüsen. Salate passen zu einem Soave ebenso gut wie andere leichte, besonders sommerliche Vorspeisen. Ganz ausgezeichnet schmeckt er auch zu Sülzen und Gelees.

Zu Nudelgerichten ist ein Soave dann zu empfehlen, wenn helle Saucen und Käse-, Gemüse- oder Kräutersaucen die Pasta begleiten, z. B. Spaghetti carbonara, Tagliatelle mit Pesto, Ravioli mit Salbei, Gnocchi mit Blattspinat, Tortellini mit Tomatensauce, aber auch Tagliatelle mit Muscheln.

Fleisch und Geflügel

Am besten harmonieren mit einem Soave einfache Gerichte von Kalb- oder Schweinefleisch, Schnitzel (Scaloppine al limone), Geschnetzeltes u. Ä., nach Möglichkeit ohne allzu fette Saucen. Frikassees und Ragouts vom Huhn sind ideal.

Fisch

Der frische Charme des Soave macht ihn zum geeigneten Begleiter von Fisch. Die Zubereitungen sollten nicht zu üppig sein; am besten sind gebratener oder gegrillter Fisch (Meerbarben, Sardinen, Calamari) oder panierte Fischfilets mit einer einfachen Salat- oder Gemüsebeilage.

Zutaten

Alle frischen Gartenkräuter, weißer Pfeffer und ein wenig Knoblauch.

Beilagen

Nudeln, Reis, Kartoffelgratins und alle Arten von Salat und Gemüse.

Käse

Zum Käse eignet sich der Soave nicht – da fehlt es ihm dann doch an Fülle und Durchsetzungsvermögen.

Bardolino Rund um das Städtchen Bardolino, von den östlichen Ufern des Gardasees bis ins Tal der Etsch, befinden sich die Lagen dieses beliebten Rotweins des Veneto. Auf den kiesigen, sandigen Böden werden die gleichen Trauben angebaut, wie man sie auch für den Valpolicella verwendet. Aus den Rebsorten Corvina, Rondinella, Molinara und Negrara werden hellrubinrote Weine erzeugt, oft nicht dunkler als ein kräftiger Rosé, wobei die Weine der Qualitätsstufe Superiore meist gehaltvoller sind.

Ein Bardolino zeichnet sich durch einen angenehmen, appetitanregenden Kirschenduft aus und gefällt mit lebendig-fruchtigem Wesen. Der leicht bittere Nachgeschmack erinnert an reifes Kernobst.

Bardolino zum Essen

Bardolino-Weine sind eher zu einfachen Gerichten der alltäglichen Küche empfehlenswert als zu großen Menüs. Am besten begleiten sie Wurst- und Aufschnittplatten, Salate und marinierte Spezialitäten. Zu Gemüseaufläufen, Quiches und Tartes passen sie ebenso gut. Dank seiner Vielseitigkeit kann man einen Bardolino auch sehr gut zu sommerlichen italienischen Büffets anbieten, bei denen es die ganze Vielfalt mediterraner Leckereien zu probieren gibt.

Valpolicella Kaum ein anderes Gewächs neben dem Chianti hat italienischen Wein in der Welt so bekannt gemacht wie der Valpolicella. Durch Massenabfüllungen in Großflaschen in Verruf geraten, kämpft speziell der Valpolicella Classico zu Recht um ein besseres Image.

Auf den Terrassenlagen nordwestlich von Verona werden rund um die Dörfer Marano, Negrar und San Pietro ansprechende Weine aus den Rebsorten Corvina, Rondinella, Molinara und Negrara erzeugt. Valpolicella Classico der Qualitätsstufe Superiore, mit einer Lagerzeit von fünfzehn Monaten, bringt kräftigere, komplexere Weine hervor. Das fruchtige Bouquet wird durch einen lebendigen, frischen Geschmack mit subtilen, aber feinen und würzigen Tönen unterstrichen.

Valpolicella zum Essen

Der Valpolicella ist kein großer Wein, der ein festliches Menü begleitet, aber es gibt kaum ein Alltagsgericht, speziell der italienischen Küche, zu dem man ihn nicht empfehlen könnte. Durch seine unaufdringliche Art passt er bestens zu einfachen Vorspeisen und Hauptgerichten von Fleisch und Geflügel. Ebenso ansprechend ist er zu Pastagerichten mit Tomaten- und anderen Gemüsesaucen, zu Fischgerichten, marinierten Muscheln und anderen Meeresfrüchten mit Tomaten- oder Gemüsebeilagen. Italienische Salami, geräucherte und luftgetrocknete Würste lassen sich ebenfalls gerne von einem Valpolicella begleiten.

Amarone Eigentlich heißt der Amarone Recioto della Valpolicella und wird aus den gleichen Traubensorten wie der normale Valpolicella (Corvina, Rondinella, Molinara und Negrara) gekeltert. Zur Unterscheidung vom süß ausgebauten Recioto wird der voll durchgegorene trockene Wein Amarone genannt. Die Bereitung eines Amarone ist aufwendig, werden doch die vollreifen, süßen Beeren aus besten Lagen an der Luft getrocknet und erst im Januar abgepresst und vergoren. Das Resultat ist ein mächtiger Wein mit sehr hohem Alkoholgehalt von 14 bis 17 %-vol., von betörender Geschmacksvielfalt und überwältigender Fülle. Der Amarone ist zwar ein Schwergewicht, aber ein sehr elegantes. Trotz seiner alkoholischen Kraft zeigt er sich weich, samtig rund und mit schmeichelnden Aromen von schwarzen Beeren.

AMARONE ZUM ESSEN

Kraft, Fülle und Alkoholgehalt ordnen einen Amarone nur dem üppigen Hauptgang eines großen Menüs zu. Was soll ihm noch folgen, wenn man ihn bereits zur Vorspeise kredenzt?

FLEISCH, WILD UND GEFLÜGEL

Fleischgerichte, die der Amarone begleitet, sollten opulent, würzig und von einer kräftigen dunklen Sauce begleitet sein. Es kommen gebratenes und geschmortes Rind- oder Lammfleisch sowie Wild in Frage. Gefüllte und gebratene Gans harmoniert ebenfalls köstlich.

ZUTATEN

Zu einem Amarone eignen sich bestens pfeffrige Zutaten wie Thymian, Majoran, Estragon, Rosmarin, Salbei, Lorbeer, Wacholder, Piment, schwarzer und grüner Pfeffer. Wenn auch die Gerichte üppig sein können, sollte man bei den Saucen auf Sahne verzichten. Kräftige Fleischfonds, mit einem Amarone oder Valpolicella abgeschmeckt, harmonieren am besten.

BEILAGEN

Reis und Nudeln sollten als Beilage nach Möglichkeit nicht serviert werden. Kartoffelgratins und -pürees, Fenchel, Rotkohl, Rosenkohl, Wirsing, Mangold, Paprika, Tomaten und alle Arten von Wurzelgemüse sind gut geeignet. Morcheln und schwarze Trüffel sind ebenfalls eine gute Wahl.

KÄSE

Amarone ist einer der Rotweine, die hervorragend zu würzig-kräftigen Käsesorten passen. Hartkäse wie Gruyère, Parmigiano, Pecorino und Idiazabal eignen sich genauso gut wie cheddarartige Käse, z. B. Laguiole, Cantal oder Cheshire. Sogar verschiedene Blauschimmelkäse sind empfehlenswert.

PROSECCO Weit über die Grenzen Italiens hinaus bekannt, ist der prickelnd schäumende Prosecco zu einer der erfolgreichsten italienischen Weinspezialitäten und – zumindest in Deutschland – zu einem wahren In-Getränk geworden. Prosecco ist nicht einfach die Bezeichnung für einen Schaumwein aus den Colli Trevigiani, sondern der Name einer im Nordosten Italiens beheimateten Rebsorte, die heute zwar vor allem zur Erzeugung des Prosecco Frizzante und Spumante verwendet wird, von der es aber auch seltene und ausgezeichnete Stillweine gibt.

Ein Frizzante ist ein Perlwein, der durch Zusatz von Kohlensäure seinen prickelnden Charakter erhält, ein Spumante hingegen ist ein Schaumwein, der nach dem gleichen traditionellen Flaschengärverfahren wie ein Champagner hergestellt wird. Die besten Prosecco-Schaumweine tragen die Bezeichnung Prosecco di Conegliano oder Prosecco di Valdobbiadene. Ihre lebendige Art, das feine Spiel von dezenter Süße und einer Spur erfrischender Säure machen sie zu einem beliebten Aperitif.

PROSECCO ZUM ESSEN

Man sollte nicht alle Weine zum Essen vergewaltigen. Am besten eignet sich Prosecco, speziell Frizzante, als Aperitif oder als erfrischendes Getränk auf Partys oder anderen gesellschaftlichen Anlässen. Allenfalls kann man einen Spumante von herausragender Qualität zu den gleichen Gerichten wie einen Champagner servieren.

Friaul – Julisch Venetien Im äußersten Nordosten Italiens, im Grenzbereich zu Österreich und Slowenien, erstreckt sich von den Ausläufern der Alpen bis hin zur Adria Friaul-Julisch-Venetien. Der Name Julisch-Venetien geht auf die Eroberung des Gebietes durch Julius Cäsar zurück. Wein wird in dieser Region schon seit mehr als zweitausend Jahren erfolgreich angebaut.

In den verschiedenen Regionen des Friaul werden heute im Wesentlichen rebsortenreine Weine erzeugt, von denen der Pinot grigio der bekannteste ist. Er hat von hier aus seinen triumphalen Siegeszug durch die Welt des Weins angetreten. Neben Pinot grigio spielen Chardonnay, Sauvignon blanc und Pinot bianco mittlerweile eine führende Rolle, aber auch die alten Rebsorten Tocai friulano, Ribolla gialla, Verduzzo und Picolit erleben eine gewisse Renaissance.

Pinot grigio Man fragt sich manchmal, woher die Unmengen von Pinot grigio kommen, die im deutschsprachigen Raum, im Norden Europas und in Amerika konsumiert werden. Der Verdacht liegt nahe, dass nicht alle vermarkteten Weine zu den großen Vertretern dieser Rebsorte gehören. Zweifelsohne gibt es jedoch ganz hervorragende Gewächse aus dieser Sorte, die wir aus Frankreich als Tokay Pinot gris und aus Deutschland als Ruländer oder Grauburgunder kennen.

Qualitativ bedeutender Pinot grigio stammt aus den Regionen um Udine und Gorizia, aus dem Collio, den Colli Orientali und aus Isonzo. Die Verschiedenheit der Böden in den einzelnen Anbaugebieten, das teils unterschiedliche Kleinklima und natürlich die Philosophie der Winzer bringen eine Vielfalt von Weinstilen hervor.

Friulaner Pinot grigio ist meist von hellem bis mittlerem Strohgelb. Sein Bouquet ist dezent, weist jedoch feine Noten tropischer Früchte auf. Weine, die im Barrique ausgebaut wurden, zeigen Aromen von Ananas, Banane und Melone wie auch mineralische Töne und Röstnoten. Anders als seine französischen und deutschen Verwandten weist der Pinot grigio aus dem Friaul teilweise eine markante, aber nicht unangenehme Säure auf.

Pinot grigio aus dem Friaul zum Essen

Ein Pinot grigio harmoniert mit vielen Fleisch- und Fischgerichten. Am idealsten genießt man ihn zu Vorspeisen, um danach Platz für ausdrucksvollere Weine zu lassen. Man kann ihn aber auch ohne weiteres zu einem Hauptgang trinken.

Suppen und Vorspeisen

Pinot grigio passt besonders zu klaren und hellen, gebundenen Suppen, kalten und warmen Vorspeisen von weißem Geflügel, Kaninchen und Kalbfleisch sowie deren Terrinen und Pasteten. Er ist auch eine gute Empfehlung zu Pastagerichten, besonders zu solchen mit hellen Saucen und Pilzen, und zu Risotto.

Fleisch und Geflügel

Gebratenes und pochiertes Schweinefleisch, Spanferkel, Kaninchen, Zicklein und Geflügel harmonieren sehr gut mit einem Pinot grigio. Besonders zu Kalbfleisch (gefüllte Kalbsbrust, Kalbsrouladen und Kalbsleber) passt er hervorragend. Ragouts mit hellen Saucen sind genauso empfehlenswert wie mild gepökeltes Fleisch.

Fisch
Die meist fruchtige Säure eines Pinot grigio macht ihn zum geeigneten Partner von pochierten Meeresfischen, die mit viel frischen Kräutern, einer Zitronenbutter oder einer Beurre blanc zubereitet werden sollten.

Zutaten
Mit Maß kann man alle gängigen Küchenkräuter und Gewürze benützen, mit Ausnahme der scharfen und stark parfümierten Zutaten der asiatischen Küche.

Beilagen
Nudeln, Kartoffelpüree und Reis sind ideale Beilagen. Fenchel, Spinat, Kohlrabi, Mangold und Pilze passen sehr gut zu den Gerichten. Besonders empfehlenswert ist gebratener Radicchio.

Käse
Pinot grigio und Käse ergeben keine harmonische Verbindung, abgesehen von mildem Ziegenkäse.

Chardonnay Wie in vielen anderen Regionen Norditaliens hat auch im Friaul der Chardonnay eine Heimat gefunden. Neben dem Südtirol und dem Trentino werden im Friaul die besten Chardonnay-Weine Italiens erzeugt.

Zweifellos erreicht ein Chardonnay aus dem Friaul niemals die Fülle und den sinnlichen Charme eines Weins aus dem Burgund, dazu besitzt er zu wenig Struktur. Er gefällt jedoch durch seinen ausgesprochen harmonischen, frischen und eleganten Charakter. Wird er im Barrique ausgebaut, scheint er mit dem Burgunder konkurrieren zu wollen und präsentiert sich maskuliner und breiter. Sein meist fruchtiges Bouquet enthält Noten von wilden Früchten, Mandeln und Honig, bei barriqueausgebauten Weinen auch feine Röstaromen und Vanille.

Chardonnay aus dem Friaul zum Essen

Ein Chardonnay lässt sich zum Essen sehr vielseitig genießen. Er harmoniert mit vielen kalten und warmen Gerichten der alltäglichen Küche, aber auch mit den entsprechenden Gängen eines großen oder festlichen Menüs.

Suppen und Vorspeisen
Man kann den Chardonnay zu jeder Bouillon, Consommé oder gebundenen Suppe von Fleisch, Geflügel oder Fisch servieren. Sehr viele Variationen kalter und warmer Vorspeisen passen zu diesem Wein: feine Salate von Geflügel, Fisch, Schalen- und Krustentieren, marinierte Spezialitäten und Carpaccio von Kalbfleisch, Ente und Fisch, Tatar von Edelfischen, Terrinen und Pasteten von Kalbfleisch, Geflügel und Fisch. Er harmoniert auch mit feinen Gerichten der Pastaküche, phantasievoll gefüllten Ravioli oder Tortellini, Nudelaufläufen, Risotto und Eierspeisen.

Fleisch und Geflügel
Kalbfleisch lässt sich gerne von einem Chardonnay begleiten, ebenso Gerichte von pochiertem Ochsenfleisch (Filet, Tafelspitz, Zunge), Stubenküken, Poularden, Perlhuhn und Ente wie auch Kaninchen. Man serviert dazu helle Saucen und Fonds, die auch mit Sahne, Butter, Weißwein und Gartenkräutern verfeinert sein können.

Fisch
Je nach Art der Zubereitung eignen sich alle Süßwasser- und Meeresfische. Als Saucen empfehlen sich feine Weißweinreduktionen, milde Fisch-

fonds, Kräutersaucen und alle aus Butter gefertigten Saucen wie Beurre blanc, Sauce hollandaise etc.

Schalen- und Krustentiere

Ein Chardonnay ist eine ausgezeichnete Ergänzung zu Jakobsmuscheln, Scampi, Garnelen oder Flusskrebsen. Zu Hummer oder Languste sollte man ein sehr feines, großes Gewächs wählen, für das man gerne etwas tiefer in die Tasche greifen darf. Für die begleitenden Saucen gelten die gleichen Regeln wie beim Fisch.

Zutaten

Petersilie, Kerbel, Schnittlauch, Dill, Estragon, Liebstöckel, weißer Pfeffer, Koriander- und Fenchelsamen, Lorbeerblatt und Safran sind empfehlenswert. Chili, Cayennepfeffer, Nelke, Zimt, Muskat und andere stark parfümierende oder scharfe Gewürze sollte man vermeiden bzw. nur sehr sparsam einsetzen.

Beilagen

Kartoffeln, Nudeln, Polenta, weißes und grünes Gemüse sind zu empfehlen, auch Pilze, besonders Steinpilze, andere edle Röhrlinge und Morcheln, gedünstet oder in Butter gebraten.

Käse

Chardonnay passt nicht gut zum Käse.

Andere Gerichte

Einen Chardonnay aus dem Friaul kann man auch zu einem einfacheren Gericht, zu kalten Platten, Eierspeisen, Omeletts und Aufläufen reichen.

Sauvignon blanc Viele Liebhaber italienischer Weißweine zählen die Friulaner Sauvignon-blanc-Weine zu den besten Weißweinen Italiens. Es gibt tatsächlich einige köstliche Beispiele, die durchaus mit den großen Sauvignon-Gewächsen von der Loire konkurrieren können. Leider findet man aber auch Weine, die eine Beleidigung für diese wundervolle Rebsorte und bestenfalls als undefinierbar fades, saures Getränk einzustufen sind.

Engagierte Winzer wie Jermann oder Pecorari stehen für großartige Weine aus dem Friaul, insbesondere für köstliche Sauvignon-blanc-Weine. Vegetale und fruchtige Düfte dominieren das Bouquet eines Sauvignon blanc aus dem Friaul, das manchmal auch den sortentypischen Buchsbaumton aufweist. Im Gaumen entdeckt man Zitrusnoten und feine mineralische Töne.

Sauvignon blanc aus dem Friaul zum Essen

Einen Sauvignon blanc genießt man am besten zu leichten Vorspeisen und Hauptgerichten.

Suppen und Vorspeisen

Ein Sauvignon blanc eignet sich sehr gut zur Consommé, besonders zu klaren Gemüsesuppen und Fleischbrühen mit Gemüseeinlagen. Mit Salaten von weißem Geflügel, Kaninchen und Kalbfleisch, gefüllten Zucchiniblüten, marinierten Zucchini und Auberginen harmoniert er ausgezeichnet, am besten passt er allerdings zu Fisch, Schalen- und Krustentieren.

Fleisch und Geflügel

Vom Kalbfleisch, der Kalbshaxe, Beinscheiben (Ossobuco alla milanese) und der Kalbsbrust passen pochierte oder gebratene Zubereitungsarten (Scaloppine al limone) sehr gut zu einem Sauvignon blanc. Ebenso gebratenes Geflügel, Geflügelragouts und -frikassees mit einer herzhaften Weißweinsauce.

Fisch, Schalen- und Krustentiere
Sauvignon blanc ist unbestritten einer der besten Partner zu sämtlichen (nicht zu fetten) Gerichten mit Fluss- und Meerestieren.

Zutaten
Die häufig sehr intensive Frucht und die natürliche Säure des Sauvignon blanc verlangen nach entsprechender Würze. Man kann alle gängigen Küchenkräuter und Gewürze sowie Senf, Zitronenschale und Kapern benützen. Auf stark parfümierende Zutaten sollte man verzichten.

Beilagen
Kartoffelgratins, Gnocchi, Polenta und Nudeln passen gut. Sellerie, Fenchel, Spargel, Paprika und Tomaten sind geschätzte Beilagen. Kohl und Pilze dagegen harmonieren nicht mit der feinen Frucht des Sauvignon.

Käse
Ein Sauvignon blanc verträgt sich gut mit allen Arten von frischem Ziegenkäse und vielen nicht zu stark gewürzten Weichkäsen.

Verduzzo und Picolit Neben den bekannten trockenen Weißweinen des Friaul finden Weinliebhaber in dieser Gegend zwei sehr interessante Süßweinvarianten, gekeltert aus den einheimischen Rebsorten Verduzzo und Picolit. Speziell in den Colli Orientali wird die weiße Rebsorte Verduzzo zu Süßwein verarbeitet. Ein süßer Verduzzo besticht durch sein helles Bernsteingelb und sein blumiges Bouquet, das an Akazienblüten und orientalische Kräuter erinnert. Im Gaumen präsentiert er sich nektarähnlich und weist feine Karameltöne auf.

Der ebenfalls hauptsächlich in den Colli Orientali anzutreffende Picolit kann auf eine lange Tradition als einer von Italiens edelsten Süßweinen zurückblicken. Aus getrockneten Trauben gepresst, ist der goldgelbe Wein mit 15 bis 18 %-vol. sehr alkoholreich. Er gefällt mit honigartigen Aromen, ist aber keineswegs klebrig-süß.

Verduzzo und Picolit zum Essen

Wie die meisten süßen Gewächse eignen sich auch Verduzzo und Picolit hauptsächlich zu Käse und zum Dessert. Will man sie zum Käse servieren, sollte man würzige, kräftige Käsesorten wählen, z.B. Blauschimmelkäse wie den einheimischen Gorgonzola oder cheddarartige Käsesorten. Da die Weine neben ihrer Süße auch dezente Bittertöne aufweisen, schmecken sie besonders gut zu solchen Desserts, die mit Gebäck, Nüssen und Mandeln zubereitet werden.

Toskana Vermutlich als erstes Anbaugebiet überhaupt wurde das Großherzogtum Toskana bereits im Jahre 1716 zu einem amtlichen Weinbaubezirk ernannt. Dieser offiziellen Anerkennung ging eine lange Geschichte der Kultivierung von Reben voraus.

Schon die Etrusker betrieben in der Toskana systematisch Weinbau. Da den Römern die schwereren Weine des Südens mehr zusagten, vernachlässigten sie die Pflege der toskanischen Weinwirtschaft, die erst im frühen Mittelalter wieder zur Blüte kam. Mönchen aus den Klöstern rund um Florenz, Siena, Pisa, Lucca und Arezzo ist diese Entwicklung zu verdanken, aber auch alten Adelsgeschlechtern, die sich im Weinbau engagierten. Namen wie Ricasoli, Frescobaldi und Antinori, deren hervorragender Ruf heute weit über die Grenzen Italiens hinaus reicht, haben während Jahrhunderten die toskanische Weinkultur geprägt und beeinflusst.

Heute gilt die Toskana einerseits als Weinland voller Tradition, andererseits als Region, die nach Neuerungen lechzt. Rund um die Hügel von Florenz und Siena werden neben den vielen einheimischen Rebsorten immer mehr internationale Sorten angepflanzt, die besonders in den namhaften französischen Anbaugebieten Erfolge feiern.

Sicher war es nicht nur der neidvolle Blick zu den weltberühmten Gewächsen, der den französischen Rebsorten einen neuen Platz schaffte; die hervorragenden Böden und das besondere Klima boten sich dazu an, Cabernet Sauvignon und Merlot, Pinot noir, Chardonnay und Sauvignon blanc zu kultivieren und zu Weinen auszubauen, die mittlerweile zu ruhmreicher Größe gedeihen konnten.

Chianti Im Herzen der Toskana wachsen die Trauben für einen der bekanntesten Rotweine der Welt. Wer kennt nicht die «Fiaschi», die strohumflochtenen bauchigen Flaschen, die einst als Symbol italienischer Lebensfreude galten? Das Symbol ist seriöseren Formen gewichen, der Genuss eines Chianti als Ausdruck toskanischen Lebensgefühls dagegen ist geblieben.

In den letzten Jahrzehnten einem ständigen Auf und Ab unterworfen, genießt der Chianti heute international einen besseren Ruf denn je, besonders, nachdem die Bestimmungen für seine Herstellung durch die DOC-Richtlinien strenger gefasst wurden. Sein Hauptanbaugebiet liegt im Dreieck zwischen Livorno, Florenz und Siena. Noch heute kommen die besten Weine aus dem Bereich um Castellina, Gaiole und Radda in der Provinz Siena, wo die Reben auf steinigen, kalkreichen Böden gedeihen.

Hauptrebsorte für die Erzeugung des Chianti war und ist der Sangiovese, mancherorts in der Toskana auch Sangioveto genannt. Ein seit der Ernte 1996 überholtes Reglement sah vor, dass eine Chianti-Cuvée 75 bis 90 % Sangiovese, 5 bis 10 % Canaiolo nero, 2 bis 5 % weiße Sorten wie Trebbiano und Malvasia und bis zu 10 % andere rote Sorten wie z. B. Cabernet Sauvignon enthalten musste bzw. durfte. Das neue Disziplinar erlaubt die reinsortige Verwendung des Sangiovese und schreibt die Mitkelterung von weißen Sorten nicht mehr zwingend vor. Außerdem dürfen 15 % andere rote Traubensorten (Cabernet & Co.) mitgekeltert werden.

Ein Chianti Classico unterscheidet sich von einem Chianti ohne Zusatzbezeichnung dadurch, dass er aus der so genannten Classico-Zone, dem landschaftlich zauberhaften Herzstück zwischen Florenz und Siena, stammt. Die Zusatzbezeichnung Riserva weist darauf hin, dass der Wein mindestens 27 Monate lang ausgebaut und gereift wurde.

Chianti-Weine, besonders ein Classico oder eine Riserva, gehören zu den feinsten Rotweinen des Landes. Von tief dunkelroter Farbe, weist ein Chianti ein überaus fruchtiges, manchmal blumiges Bouquet auf mit Noten von Veilchen, roten und schwarzen Früchten, Vanille und Tabak. Im Gaumen präsentiert er sich mit feinen Aromen von Beeren-Konfitüre, meist saftig und mit milden, runden Tanninen.

Chianti zum Essen

Während man einen einfachen Chianti und einen Chianti Classico zu allen Teilen eines Menüs und auch zu alltäglichen Gerichten genießen kann, sollte man eine Riserva für den Hauptgang eines Menüs aufbewahren. Die Fruchtigkeit des Chianti verträgt sich gut mit leicht pikant gewürzten Gerichten.

Suppen und Vorspeisen

Zur Suppe, abgesehen von einer Wild- oder Ochsenschwanzsuppe, sollte man auf den Chianti verzichten. Er passt jedoch sehr gut zu Vorspeisen von Rindfleisch, Lamm und Wild und zu Pastagerichten mit kräftigen Saucen, z. B. zu Spaghetti bolognese oder zu mit Fleisch gefüllten Ravioli.

Fleisch, Wild und Geflügel

Einen Chianti sollte man zu gebratenen oder geschmorten Gerichten und zu Ragouts oder Rouladen von Rind-, Ochsen-, Schweine- und Lammfleisch mit kräftigen Saucen genießen. Eine Riserva reicht man zu Tournedos, Chateaubriand oder Entrecôte vom Rind. Mit Lamm, zarten Filets, einem Braten aus Keule oder Schulter, harmoniert der Wein ausgezeichnet, besonders, wenn Kräuter und Gewürze wie z. B. Rosmarin, Thymian und Oregano die Saucen würzen. Auch zu Wildgerichten, hauptsächlich nach italienischen Rezepten, oder zu gebratenem Geflügel ist eine Chianti Classico Riserva eine gute Wahl.

Fisch

Ein Chianti Classico passt gut zu gebratenen Mittelmeerfischen mit pikanten Tomatensaucen.

Zutaten

Chianti verträgt sich hervorragend mit Thymian, Majoran, Oregano, Basilikum, Estragon, Rosmarin, Salbei, Lorbeer, Wacholder, Piment und schwarzem Pfeffer. Auch ein Hauch Knoblauch ist gestattet.

Beilagen

Kartoffeln oder Nudeln sind ideale Beilagen, ebenso Tomaten, Paprika, Zucchini, Auberginen, Fenchel, Spinat und weiße Bohnen.

Käse

Chianti passt sehr gut zu Hartkäsen (alle Arten von Pecorino), zu Ziegenkäse und zu allen würzigen Weichkäsen.

Andere Gerichte

Zu Schinken und Salami kann man einen einfachen Chianti genauso genießen wie zu einer Pizza.

Brunello und Rosso di Montalcino

Etwa vierzig Kilometer südlich von Siena überragt die Festung von Montalcino eines der prestigeträchtigsten Anbaugebiete Italiens. Seit der Mitte des 19. Jahrhunderts besass die alteingesessene Winzerfamilie Biondi Santi für viele Jahrzehnte gewissermassen das Monopol auf Brunello di Montalcino. Es dauerte fast ein Jahrhundert, bis diese unangefochtene Alleinstellung gebrochen wurde. Zu Beginn der sechziger Jahre kamen, vom Ruhm dieser Weine angelockt, viele neue Winzer in die Region. Sie erzeugen Brunello-Weine, von denen manche heute zu den majestätischsten Gewächsen der Toskana, ja ganz Italiens gehören.

Der Brunello di Montalcino wird reinsortig aus dem Brunello-Klon des Sangiovese gekeltert. Die Weine müssen mindestens drei Jahre (vor kurzem noch dreieinhalb Jahre) in großen Eichenfässern und danach noch ein Jahr in der Flasche reifen, eine Riserva bleibt gar fünf Jahre im Holzfass. Auch wenn der tiefdunkle Brunello abgefüllt ist, braucht er noch einige Jahre der Reife, bis er zugänglich wird. In jungen Jahren ist er oft von strengem Tannin beherrscht. Die reifen, opulenten Weine verwöhnen Nase und Gaumen mit einer Vielzahl der herrlichsten Aromen von schwarzen Beeren, Schokolade und Süßholz, aber auch von Veilchen und Eukalyptus.

Als kleinen Bruder des Brunello bezeichnet man den Rosso di Montalcino. Aus denselben Trauben wie der Brunello gekeltert, benötigt er nur ein Jahr Reifezeit im Holzfass, bevor er auf den Markt gebracht werden darf. Von dem etwas weniger üppigen Rosso di Montalcino darf man nicht die fleischige Fülle des Brunello erwarten. Dennoch ist er ein erfreulicher, charaktervoller Wein mit individuellem Charme.

Brunello und Rosso di Montalcino zum Essen

Ein Brunello ist mächtiger als ein Chianti und eignet sich daher sehr gut zu herzhaft aromatischen Gerichten. Seine Fülle harmoniert hervorragend mit dem dominanten Eigengeschmack verschiedener Fleischgerichte, so z.B. mit Lamm oder Wild. Es empfiehlt sich, einen Brunello zum Hauptgang eines großen Menüs zu trinken. Einen Rosso di Montalcino kann man auch zu alltäglichen Gerichten servieren.

Suppen und Vorspeisen

Zu diesen Teilen des Menüs sollte man auf einen Brunello verzichten. Einen Rosso di Montalcino kann man jedoch zu delikaten Vorspeisen von gebratenem Fleisch oder Geflügel anbieten.

Fleisch, Wild und Geflügel

Geschmortes oder gebratenes rotes Fleisch harmoniert am besten mit den Weinen aus Montalcino. In Kombination mit den herbwürzigen Noten des Weins empfehlen sich vom Rind Tournedos, Chateaubriand, gegrilltes oder gebratenes Entrecôte, Rumpsteaks, Schmorbraten aus der Keule oder von der Côte de Bœuf sowie Ochsenschwanz. Auch geschmortes oder gebratenes Lamm und Wild passen sehr gut. Dazu serviert man dunkle, würzige Saucen. Vom Geflügel sind Gans und Ente sowie Wildgeflügel empfehlenswert. Einen Rosso di Montalcino serviert man zu deftigen Fleischragouts und allerlei geschmorten Bratengerichten sowie zu Fleisch vom Holzkohlengrill.

Zutaten

Brunello und Rosso di Montalcino vertragen würzige Zutaten wie Thymian, Majoran, Estragon, Rosmarin, Salbei, Lorbeer, Wacholder, Piment, schwarzen und grünen Pfeffer und Tomatenmark. Auch wenn die Gerichte fetter als üblich sein dürfen, sollte man bei den Saucen auf Sahne verzichten. Kräftige Fleischfonds, allenfalls mit einem Rosso verfeinert, sind die besseren Begleiter.

Beilagen

Kartoffelgratins, gebratene Kartoffeln, Gnocchi, Polenta, Fenchel, Mangold, Hülsenfrüchte und sämtliche Arten von Wurzelgemüse eignen sich gut. Auch Morcheln und schwarze Trüffel passen hervorragend zu einem Brunello.

Käse

Zum Käse sollte man auf den Brunello verzichten. Schon eher kann man einen Rosso di Montalcino zu Hartkäsen (alle Arten von Pecorino), zu Ziegenkäse und zu allen würzigen Weichkäsen reichen.

Andere Gerichte

Ein Rosso di Montalcino kann auch zu einfachem, rustikalem Essen ausgeschenkt werden. Herzhafte Gemüseeintöpfe mit Fleischeinlage, Eintöpfe von Bohnen und Linsen, Gulasch- und Ochsenschwanzsuppen eignen sich genauso gut wie Schinken, Salami und andere geräucherte oder luftgetrocknete Wurst.

Vino Nobile di Montepulciano Auch in den Weinbergen von Montepulciano, eine halbe Autostunde östlich von Montalcino, deuten Spuren auf frühen Weinbau durch die Etrusker und Römer hin. Bedeutender für den Vino Nobile di Montepulciano war jedoch, dass sein Ruhm durch den Namenszusatz «Nobile» schon im 18. Jahrhundert begründet wurde – ein nahezu aristokratisches Privileg, das den Weinen aus der Nachbarschaft von Montalcino und Chianti verwehrt war. So hielt sich dieser Nimbus für fast zwei Jahrhunderte, bevor Montepulciano an Prestige zu verlieren begann.

Erst in jüngster Zeit haben sich Winzer und Weingüter der Region wieder auf den Ruhm früherer Tage besonnen, schaffen sich neue Strukturen und erzeugen erneut großartige Weine. Hauptrebsorte des Vino Nobile ist der Prugnolo gentile, bekannter als Sangiovese grosso. Seine Strenge wird durch den Canaiolo nero gemildert. Traditionsgemäß enthält die Cuvée oft auch einen kleinen Anteil des veilchenartig duftenden Mammolo. Die unsinnige Vorschrift, dass ein Vino Nobile zwingend auch einen Anteil von mindestens 10 % weißen Sorten enthalten muss, ist mittlerweile aus dem Disziplinar gestrichen worden. Der Wein aus Montepulciano darf nicht verwechselt werden mit der roten Rebsorte Montepulciano, von der rebsortenreine Weine namens Montepulciano d'Abruzzo erzeugt werden.

Reizvoll am Vino Nobile ist, dass jeder Wein eine sehr individuelle Persönlichkeit besitzt und von Weingut zu Weingut große geschmackliche Unterschiede aufweist. Oft erscheint ein Vino Nobile feiner, eleganter und zugänglicher als ein Brunello di Montalcino, manchmal jedoch auch säurereich und strukturlos. Ein gut gemachter Vino Nobile, besonders eine Riserva, gefällt mit fruchtigen Beerenaromen und zartem Veilchenduft.

Vino Nobile di Montepulciano zum Essen

Wie bereits erwähnt, sind diese Weine in ihrer Struktur oft sehr unterschiedlich, mal eher seidig-elegant, dann wieder von fleischiger Fülle. Sie passen aber alle zu den gleichen Speisen. Der Unterschied zum Brunello ist zwar augenfällig, dennoch kann man den Vino Nobile zu den gleichen Gerichten empfehlen, zu denen man einen Brunello trinkt.

Die «Supertoskaner» – Vini da Tavola Abgesehen von einigen namhaften Baroli und Brunelli fanden die so genannten «Supertoskaner» in den letzten Jahren international den größten Zuspruch von allen italienischen Rotweinen. Es waren wohl die weltweiten Erfolge der großen Bordelaiser Gewächse, die viele toskanische Winzer nicht ruhen ließen, bis sie vergleichbare Weine anbieten konnten. Traditionen und Richtlinien missachtend, verlegten sich viele Weingüter in den achtziger Jahren auf den Anbau erfolgreicher französischer Rebsorten, allen voran Cabernet Sauvignon und Merlot. Da diese Trauben nicht einheimischen Ursprungs sind, genießen sie auch nicht das Attribut der geschützten Herkunftsbezeichnung DOC oder DOCG. Sie werden als Tafelwein, also als Vino da Tavola, eingestuft.

Anfangs waren es Weingüter in der Nähe von San Guido und Bolgheri unweit der Mittelmeerküste, die mit umwerfenden Weinen auf sich aufmerksam machten. Mittlerweile erzeugen engagierte, kreative Winzer in vielen Teilen der Toskana traumhafte Cuvées nach französischem Vorbild, ohne sich länger hinter diesen verstecken zu müssen. Kultweine wie Sassicaia, Ornellaia, Solaia oder Tignanello, um nur die bekanntesten zu nennen, haben den italienischen Rotweinen ein neues, ruhmvolles Ansehen in der Welt des Weins gebracht und den Begriff der «Supertoskaner» entstehen lassen. Mittlerweile sind Bestrebungen im Gang, diese Weine ins DOC-System einzubinden. Allein die Tatsache, dass das neue Chi-

anti-Disziplinar den Winzern mehr Freiheit lässt, mag den einen oder anderen Weinmacher dazu bewegen, nächstens einen Super-Chianti zu produzieren. Die Weinelite der Toskana ist bereits an der Arbeit...

Die Vini da tavola pauschal zu charakterisieren, ist etwa so unmöglich, wie die großen Gewächse des Médoc, von St-Emilion und Pomerol in einem Satz zu beschreiben. Zu unterschiedlich ist ihre geografische und klimatische Herkunft, zu abweichend sind die Rebsortencuvées. Es bleibt jedenfalls festzuhalten, dass die «Supertoskaner» Weine sind, deren Bouquet, Aromen und Geschmack durchaus an Bordelaiser Kreszenzen erinnern, die aber dennoch als eigenständige, charaktervolle Weine von bedeutender Größe anzusehen sind.

«Supertoskaner» zum Essen

Zweifelsohne gehören diese großen toskanischen Weine zur Krönung eines Menüs, das nicht zwingend aus der italienischen Küche kommen muss. Um den Genuss der Weine nicht zu beeinträchtigen, sollte man darauf achten, vor dem Hauptgang keinen anderen schweren Rotwein zu trinken.

Suppen und Vorspeisen

Ein «Supertoskaner» zu Suppen oder Vorspeisen wäre eine glatte Verschwendung.

Fleisch, Wild und Geflügel

«Supertoskaner» harmonieren ausgezeichnet mit feinen Zubereitungen von Rind- und Ochsenfleisch. Tournedos, Chateaubriand, Entrecôte und Schmorbraten empfehlen sich, dazu sollten reduzierte Fonds, die den Eigengeschmack des Fleisches betonen, gereicht werden. Zarte Filets vom Lamm, ein Braten von der Keule oder der Schulter passen hervorragend, wenn die zu Lamm oft verwendeten Kräuter und Gewürze wie z.B. Rosmarin und Knoblauch nicht zu reichlich eingesetzt werden. Auch zu ausgesuchten Wildgerichten, die nicht zu aufdringlich gewürzt sein dürfen, kann man einen «Supertoskaner» mit großem Genuss trinken, genauso wie zu gebratener Gans, zu Ente und Taube.

Fisch, Schalen- und Krustentiere

Selbst Zubereitungen, die sich sonst mit Rotwein verbinden, können hier nicht mithalten.

Für die «Supertoskaner» gilt ebenso wie für die großen Bordelaiser Weine, dass pikant gewürzte Gerichte mit geschmacksdominierenden Saucen und Beilagen die Harmonie mit dem Wein mindern können. Diese Weine sind Egozentriker, schillernde Stars, denen sich jeder begleitende Geschmack unterordnen sollte.

Zutaten

Aufdringliche Gewürze und Kräuter sind zu vermeiden oder nur sparsam zu verwenden. Gebundene Saucen passen meist ebenso wenig wie Saucen, die mit Sahne oder Crème fraîche zubereitet werden. Die würzige Kraft von Fleischfonds, Pfeffer und Salz reichen meistens aus. Ein Schuss kräftiger Rotwein kann die Saucen verfeinern.

Beilagen

Kartoffeln oder Polenta sind ideale Ergänzungen. Nudeln oder Pastabeilagen eignen sich wegen ihrer Konsistenz eher weniger. Beim Gemüse wählt man am besten Rotkohl, Wirsing, Mangold, Schwarzwurzeln und Möhren. Auch Morcheln und schwarze Trüffel erweisen sich als köstliche Ergänzungen.

Käse

Wenn man zum Hauptgang einen «Supertoskaner» genossen hat, sollte man zum Käse einen Süßwein servieren, der sich über die Kraft des Rotweins hinwegsetzen kann.

Vernaccia di San Gimignano

Neben den großen Rotweinen der Toskana haben es die Weißweine der Region schwer, die gleiche Beachtung zu finden. Dennoch zählt der Vernaccia di San Gimignano, der auf eine über 700 Jahre alte Geschichte zurückblicken kann, zu den besseren Weißweinen Italiens.

Die Vernaccia-Traube wird wirklich erfolgreich nur in San Gimignano, dem verträumten Städtchen mit den mittelalterlichen Geschlechtertürmen, angebaut. Winzern, die der Qualität vor der Quantität den Vorzug geben, gelingt es in guten Jahren, beachtliche Vernaccia-Weine zu erzeugen. Meist von strohgelber Farbe, duftet ein Vernaccia di San Gimignano nach reifen Früchten und Blüten. Sein trockener, fruchtiger und frischer Geschmack macht den nicht sehr körperreichen Wein zu einem angenehm süffigen Essensbegleiter.

Vernaccia di San Gimignano zum Essen

Ein Vernaccia di San Gimignano macht am meisten Spaß zu sommerlich leichten, mediterranen Gerichten. Am besten eignet er sich zu Vorspeisen und kleinen Zwischengerichten.

Suppen und Vorspeisen

Dieser unkomplizierte Wein schmeckt zu allen klaren Suppen von hellem Fleisch, Fisch und Gemüse wie auch zu Salaten und Antipasti der italienischen Küche. Gerne begleitet er Nudelgerichte wie z.B. Tagliatelle mit Meeresfrüchten, Gnocchi alla romana, Ravioli mit Salbei, Makkaroni mit Steinpilzen, Brokkoli oder Blattspinat.

Fleisch und Geflügel

Einfache Gerichte von Kalb- oder Schweinefleisch, Schnitzel (Scaloppine al limone), Geschnetzeltes und ähnliche Speisen, nach Möglichkeit ohne allzu fette Saucen, sowie Frikassees und Ragouts von Huhn passen sehr gut zu einem Vernaccia di San Gimignano.

Fisch

Ein frischer Vernaccia ist ein idealer Begleiter zu Fisch. Am besten harmoniert er mit gebratenen oder gegrillten Mittelmeerfischen (Meerbarben, Sardinen, Calamari) oder panierten Fischfilets mit einer einfachen Salat- oder Gemüsebeilage.

Zutaten

Frische Gartenkräuter, Kapern, Zitronenschale, Lorbeerblatt, Oliven und Knoblauch passen perfekt.

Beilagen

Nudeln, Reis, Kartoffelgratins und alle Arten von Salaten und Gemüse eignen sich gut.

Käse

Zu leichtem Frischkäse aus Kuh- oder Ziegenmilch kann man einen Vernaccia durchaus trinken, unter der Bedingung, dass zu den vorhergehenden Gängen nicht schwerere Weine serviert wurden.

Vin Santo

Als Aperitif oder zum Dessert genießt der «heilige» Wein der Toskana, der ursprünglich als Messwein diente, einen legendären Ruf. Viele Bauern der Region erzeugen für den eigenen Gebrauch einen Vin Santo; er gehört jedoch auch zum Sortiment namhafter Winzer.

Der gold- bis bernsteinfarbene Vin Santo wird von luftgetrockneten, teilrosinierten Trauben, hauptsächlich der Sorten Trebbiano oder Malvasia, gekeltert. Vin Santo kann süß, lieblich oder herb-trocken sein. Nach der Kelterung wird der Wein während drei Jahren in kleinen Holzfässchen (Caratelli) auf dem Dachboden ausgebaut.

Das Bouquet des Vin Santo weist Düfte von gedörrtem Obst, Zitronat und Orangeat auf. Im Gaumen erinnert er an eingelegte Rosinen.

Vin Santo zum Essen

Der Vin Santo eignet sich als Aperitif und zu vielen Desserts, traditionell wird er aber zu Cantucci, einem Mandelgebäck, serviert. Trockener Vin Santo ist eine köstliche Alternative zur Foie gras, wenn man lieber auf ein edelsüßes Gewächs verzichten möchte.

Umbrien Wie in anderen Regionen Mittelitaliens geht der Weinbau in Umbrien auf die Etrusker zurück. Die Römer schätzten umbrische Weine genauso wenig wie toskanische. Erst im späten Mittelalter erlangten die süßen Weißweine Umbriens Anerkennung und genossen besonders im Vatikan einen hervorragenden Ruf. Bis weit ins 20. Jahrhundert hinein wurden umbrische Weißweine süß ausgebaut.

Mittlerweile wird in der ganzen westlichen Hälfte der Region rund um die Hauptstadt Perugia Wein von unterschiedlichen einheimischen und importierten Rebsorten angebaut. Böden und Klima bieten ähnlich gute Voraussetzungen für den Weinbau wie in der Toskana, doch bis heute erlangten lediglich die Weine von Orvieto Bekanntheit über die Grenzen Umbriens hinaus.

Orvieto Das mittelalterliche Orvieto ruht imposant auf einem Tuffsteinfelsen über dem Flüsschen Paglia. Auf den kalkreichen Böden der Umgebung, bis über die Ufer des Tiber hinaus, erstreckt sich die Zone des Orvieto Classico.

Umtriebige Winzer versuchen mit neuen Rebsorten, mehr Anerkennung für einheimische Weine zu erhalten, den traditionellen Orvieto-Weinen aber auch mehr Schliff zu verleihen. So wird der Orvieto heute nicht mehr alleine aus den klassischen Trauben Procanico (Trebbiano), Verdello und Grechetto erzeugt, sondern es sind auch 30 % andere Rebsorten für die Cuvées zugelassen.

Die besten Orvieto-Classico-Weine sind strohgelb, besitzen eine angenehme Fruchtigkeit und eine gewisse Rasse. Im Bouquet erinnern sie an frisch geschälte Äpfel und weisen herbe, subtile Geschmacksaromen grüner Früchte auf.

Orvieto Classico zum Essen

Ein Orvieto eignet sich weniger zum Hauptgang eines Menüs. Man sollte ihn zu sommerlichen Salaten, Salatbüffets, Gemüsesuppen (Minestrone), Aufschnitt- und Wurstplatten (Mortadella, San Daniele, Coppa, Pancetta etc.), kaltem Geflügel und mariniertem Gemüse (Paprika, Auberginen, Zucchini, Pilze) und Gemüseaufläufen reichen. Er ist auch eine gute Empfehlung zu marinierten Meeresfrüchten, Sardinen und Sardellen sowie zum Vitello tonnato.

Sizilien und Sardinien Nirgendwo in Italien ist es schwerer, einen einheitlichen Weinstil zu finden, als auf den beiden großen Mittelmeerinseln. Diese Divergenz ist auch eines der wenigen gemeinsamen Merkmale von Sizilien und Sardinien, die sonst eigentlich nur noch die Tradition für schwere aufgespritete Süßweine gemein haben.

Zwar liegt in Sizilien, der größten Region Italiens, das Schwergewicht der Weinproduktion immer noch auf Verschnittwein und Grundweinen zur Destillation. Trotzdem hat sich in den letzten Jahrzehnten, weitgehend unbemerkt von den Weinfreunden auf der Alpennordseite, eine technologische Revolution vollzogen. Der Weinstil hat sich von den schweren, alkoholreichen Weinen hin zu moderneren, leichteren und fruchtigeren Gewächsen gewandelt. Mittlerweile besinnt man sich allerdings auch wieder auf den verblassten Glanz früherer Zeiten und widmet dem Aushängeschild Siziliens, dem Marsala, vermehrt die Sorgfalt, die er verdient. Marsala, ein gespriteter Wein mit rund 18 %-vol. Alkoholgehalt, kann sowohl trocken als auch süß vinifziert werden.

Daneben werden aus zahlreichen einheimischen und importierten Rebsorten vor allem Cuvées von sehr unterschiedlicher Charakteristik erzeugt. Immer mehr engagierten Winzern gelingt es, individuelle Weine von guter Qualität zu produzieren. Interessante Süßweine kommen von der kleinen, Sizilien vorgelagerten Insel Pantelleria: der Moscato und der Passito di Pantelleria.

Sardinien ist vielleicht die eigenwilligste Weinregion Italiens. Hier werden Sorten gehegt und gepflegt, die man sonst nirgends kennt, und auch der unverwechselbare Weinstil zeugt von der sprichwörtlichen Dickköpfigkeit der Sarden. Obwohl auch hier zunehmend Weine modernen, manchmal auch sehr ausdruckslosen Stils produziert werden, konnten sich diverse Weine ihren Charakter bewahren. Ob süß, lieblich oder trocken ausgebaut, typisch sardische Weine sind stark und kräftig. Bemerkenswerte, duftige und sehr feine Weißweine werden aus den Sorten Vermentino und Torbato gekeltert, bei den Roten verdient vor allem der kraftvolle, finessereiche Cannonau, der auch zu interessanten Süßweinen verarbeitet wird, Aufmerksamkeit. Qualitativ führend und zu einem großen Teil verantwortlich für die Renaissance sardischer Weine ist das Haus Sella & Mosca.

Weine aus Sizilien und Sardinien zum Essen

Die trockenen, jungen Weißweine aus Sizilien und Sardinien kann man zu den gleichen Speisen empfehlen wie einen Gavi, einen Soave oder einen Orvieto Classico. Die trockenen Rotweine, die in ihrer Struktur, in Würze, Kraft und Eleganz sehr unterschiedlich ausfallen, sollte man am besten zu solchen Gerichten trinken, die nach einem einfacheren Rotwein verlangen, also nicht unbedingt zu einem anspruchsvollen Hauptgang.

Spanien

Als griechische Seefahrer um 600 v. Chr. in Südfrankreich die ersten Reben pflanzten und daraus Wein erzeugten, konnte der Weinbau auf der Iberischen Halbinsel bereits auf eine 500 Jahre alte Geschichte zurückblicken. Phönizier und Griechen, die sich hier nach Entdeckungsreisen und Raubzügen niedergelassen hatten, gründeten Handelsposten und Siedlungen, in denen erstmals Weinbau betrieben wurde. Er breitete sich rasch aus und zog einen blühenden Weinhandel entlang der Küste nach sich. Nach der Eroberung durch die Römer drang der Weinbau tief ins Landesinnere bis zur Atlantikküste vor und wurde später auch von den Westgoten und Sueben gepflegt. Während der fast 700 Jahre dauernden Herrschaft der (moslemischen) Mauren wurden die Weinberge gerodet oder lagen brach, sodass erst Ende des 15. Jahrhunderts wieder Weinberge in Iberien angelegt wurden.

Die wechselhafte Geschichte Spaniens machte eine Kontinuität spanischer Weinkultur unmöglich. In den 50er-Jahren des 20. Jahrhunderts wurde der Weinbau erstmals mit staatlichen Mitteln gefördert und begann sich in der Folge von einem altehrwürdigen, traditionsverbundenen Gewerbe langsam hin zu einem moderneren Weinbau zu entwickeln. Heute ist Spanien das Land mit der größten Weinbaufläche der Welt und kann, neben vielen Massenweinen, zunehmend stolz sein auf großartige Qualitätsgewächse.

Wichtigstes Qualitätsmerkmal für spanische Weine ist die Denominación de Origen (DO), die die Herkunft des Weins aus einem bestimmten Anbaugebiet garantiert. Die interessantesten Gebiete sind Katalonien, Rioja, Navarra, Rueda und Ribera del Duero. Nicht zu vergessen Jerez de la Frontera, der Geburtsort der weltberühmten Sherrys.

Katalonien Südlich der Pyrenäen, von ihrem gewaltigen Massiv geschützt, liegen rund um Barcelona und Tarragona die Weinbaugebiete Kataloniens. In Küstennähe beginnend, erstrecken sich die Lagen über die unterschiedlichsten Böden teilweise bis auf eine Höhe von 700 Metern. Die heterogenen Bodenverhältnisse, verschiedenartige Kleinklimate und vielfältigste Rebsorten bringen eine große Bandbreite interessanter Weinstile hervor.

Wenn man von Katalonien spricht, dann muss man auch den Cava erwähnen, den nach der traditionellen Methode vinifizierten Schaumwein aus bestimmten Anbaugebieten. Zwar gibt es auch Cava aus der Rioja oder aus Navarra, der berühmteste Cava stammt aber aus dem Penedès in Katalonien. Hier haben die beiden großen Cava-Häuser Codorniù (der größte Schaumweinhersteller der Welt) und Freixenet ihren Sitz, nebst zahllosen mittleren und kleineren Cava-Produzenten.

Die Dessertweine Tarragonas besitzen die älteste Tradition aller katalanischen Weine. Rotweine und zum Teil auch Weißweine von überragender Qualität, die über die Grenzen Spaniens hinaus bekannt sind, werden in den Regionen Penedès, Costers del Segre und Priorato erzeugt.

Penedès Rund um den Weinbauort Vilafranca del Penedès liegt Kataloniens größtes Weinbaugebiet. Wie auch in den Mittelmeer-Regionen Frankreichs haben die Römer hier schon im 1. Jahrhundert v. Chr. systematisch Wein angebaut. Dem Besucher des sehenswerten Weinbaumuseums in Vilafranca werden riesige Amphoren präsentiert, in denen die Weine ins heimatliche Italien verschifft wurden. Heute exportieren rührige Weinkellereien Millionen von Flaschen Cava, aber auch Rot- und Weißweine von sehr guter Qualität in alle Teile der Welt. Wegweisend für den unaufhaltsamen Erfolg des Penedès ist das Weinbaugenie Miguel Torres, der in Qualität und Menge führende Erzeuger der Region, der neue Massstäbe für ganz Katalonien gesetzt hat.

Rotweine aus dem Penedès Das milde Küstenklima begünstigt den Anbau hochwertiger roter Rebsorten wie Garnacha, Cariñena (Mazuelo), Monastrel und Tempranillo (Ull de Llevre) sowie der französischen Sorten Cabernet Sauvignon, Cabernet franc, Merlot und Pinot noir. Während aus Garnacha, Cariñena und Tempranillo durchaus beachtenswerte, aber eher einfache Weine gekeltert werden, genießen einige der im Penedès erzeugten Gewächse aus Cabernet Sauvignon oder Cuvées mit dieser Sorte international einen hervorragenden Ruf.

Im Weinbau Kataloniens ist Frankreich sehr präsent. So ähneln denn die Weine in ihrem Stil oft denen aus dem Médoc; in guten Jahren übertreffen große Cabernet-Weine des Penedès sogar so manche ihrer Vettern aus dem Bordelais.

Das dunkle, rubinrote Gewand und das Bouquet der Cabernets und ihrer Cuvées aus dem Penedès erinnern an Kreszenzen von der Gironde. Komplexe Töne von schwarzen Beeren, Cassis und Minze treten deutlich hervor. Obwohl das Tannin besonders in jungen Jahren sehr präsent ist, sind die Weine vollmundig und rund. Im Gaumen zeigen sich feine Röstaromen, aber auch Minze und würzige Noten.

Rotweine aus dem Penedès zum Essen

Die Anmut, gepaart mit opulenter Fülle, macht diese Rotweine zu idealen Begleitern geradliniger Gerichte (vergleichbar den zu einem Médoc passenden Speisen). Man sollte sie zu einem Hauptgang oder einem einzelnen Fleischgericht genießen.

Suppen und Vorspeisen

Auf einen roten Penedès sollte man zu diesen Teilen eines Menüs verzichten.

Fleisch, Wild und Geflügel

Gerichte von Rindfleisch eignen sich am besten zu einem Rotwein aus dem Penedès: Tournedos vom Ochsenfilet, Chateaubriand, gegrilltes oder gebratenes Entrecôte, Rumpsteaks, Schmorbraten aus der Keule oder von der Côte de Bœuf, rosa gebratene Hochrippe aus dem Ofen, geschmorte Ochsenbäckchen. Die passenden Saucen, am besten reduzierte Fleischfonds, sollten nur dezent gewürzt sein, können aber mit einem kräftigen Rotwein abgeschmeckt werden.

Ein Genuss zu Cabernet Sauvignon ist das Fleisch junger Lämmer, wobei man Knoblauch nur sehr behutsam verwenden sollte.

Bei Wild dagegen ist Vorsicht geboten, da sich der Eigengeschmack des Fleisches und die verwendeten Gewürze oft nicht optimal mit einem Cabernet vertragen. Wer trotzdem nicht auf Wild verzichten möchte, sollte Fleisch vom jungen Reh oder Hirschkalb wählen, dieses aber nicht marinieren.

Zu gebratener Gans, Ente und Taube bereitet ein roter Penedès viel Gaumenfreude. Ebenso gut schmeckt er auch zu herzhafter Hausmannskost wie Gulasch und vergleichbaren Gerichten, Rouladen, einfachen Steaks aus der Pfanne und Fleisch vom Holzkohlengrill.

Fisch, Schalen- und Krustentiere

Zu Fisch, Schalen- und Krustentieren ist ein roter Penedès nicht geeignet.

Zutaten

Um den Wein perfekt genießen zu können, sollte man auf stark aromatisierende Gewürze verzichten und nur Pfeffer und Salz, eventuell wenig süßen Paprika, Lorbeer und Tomatenmark verwenden. Sahne, Crème fraîche und Mehlschwitzen sind zu meiden. Saucen können mit einem Rotwein verfeinert werden.

Beilagen

Kartoffeln, besonders Pürees und Gratins, eignen sich gut als Beilagen. Gemüse kann in kleinen Portionen zu einem Hauptgang gereicht werden, sollte jedoch von weniger dominantem Geschmack sein (kein Fenchel, Spargel etc.). Morcheln und schwarze Trüffel passen sehr gut.

Käse

Allenfalls kann man einen Hartkäse zum Rotwein aus dem Penedès servieren, z.B. Manchego, aber auch Gruyère oder Beaufort.

Andere Gerichte

Zu geräuchertem oder luftgetrocknetem Schinken, zu Aufschnitt von Roastbeef, zu Bündnerfleisch und ähnlichen Spezialitäten passt ein Rotwein aus dem Penedès gut.

Weissweine aus dem Penedès Neben den für die Cavaproduktion wichtigen Trauben Macabeo (Viura), Xarel-lo und Parellada wird seit den siebziger Jahren von engagierten Winzern für weiße Stillweine außer einigen weniger bedeutenden Sorten auch Chardonnay angebaut. Federführend bei der Einführung des Chardonnay im Penedès war einmal mehr Miguel Torres, dessen Erfolg mit diesem Wein viele Winzer zum Nacheifern anregte. Chardonnay-Weine aus dem Penedès sind von der Sonne verwöhnt, was ihnen einen anderen Charakter als den weißen Vorbildern aus dem Burgund verleiht.

In der Regel wird der Chardonnay im Barrique ausgebaut, was seinem Bouquet feine Röstnoten sowie Vanille- und Honigdüfte verleiht. Im Gaumen präsentiert er sich blumig und fruchtig, oft mit einer feinen, dezenten Säure, die dem Wein in der Jugend eine angenehme Frische verleiht. Neben Chardonnay werden in den höheren Lagen des Penedès auch bemerkenswerte Weißweine aus den Sorten Riesling und Sauvignon blanc produziert.

Chardonnay aus dem Penedès zum Essen

Chardonnay lässt sich zum Essen sehr vielseitig genießen. Wenn man einen Chardonnay aus dem Penedès wählt, sollte man jedoch berücksichtigen, dass die meisten Winzer ihre Weine im Barrique ausbauen. Solche Weine passen nicht zu allen Gerichten, harmonieren aber hervorragend mit einer Paella.

Suppen und Vorspeisen

Ein Chardonnay aus dem Penedès passt eher zu hellen gebundenen Suppen von Fleisch und Geflügel als zu klaren Suppen. Auch zu Fischsuppen ist er nicht sonderlich empfehlenswert. Dafür harmoniert er mit einer Vielzahl kalter Vorspeisen: mit feinen Salaten von Kalbfleisch und Geflügel, Carpaccio von Kalbfleisch oder Ente, Terrinen und Pasteten von Kalbfleisch und Geflügel. Bei den warmen Vorspeisen empfehlen sich besonders Zubereitungen von Kalbfleisch (Bries, Zunge und Kalbskopf) und Geflügel sowie von Schalen-und Krustentieren, aber auch kleine Pastagerichte, Risotto und verschiedene Eierspeisen. Alle warmen Vorspeisen, die mit Blätterteig kombiniert werden, ergänzen dank ihrer buttrigen Aromen den Chardonnay perfekt.

Fleisch und Geflügel

Chardonnay passt zu Kalbfleisch in fast allen Variationen wie auch zu pochiertem Ochsenfleisch (Filet, Tafelspitz, Zunge). Lamm ist weniger empfehlenswert, da der manchmal strenge Eigengeschmack des Fleisches und die üblichen

Zutaten (z.B. Knoblauch) den eleganten Chardonnay-Geschmack übertönen. Stubenküken, Poularden, Perlhuhn und Ente eignen sich dagegen ebenso gut wie Kaninchen. Dazu serviert man helle Saucen und Fonds, die auch mit Sahne, Butter, Weißwein und Gartenkräutern verfeinert sein können.

Fisch, Schalen- und Krustentiere

Süßwasserfische, z.B. Zander, Hecht, Forelle, passen besser zum Chardonnay als Fische aus dem Meer. Feine Weißweinreduktionen, milde Fischfonds, Kräutersaucen und alle aus Butter gefertigten Saucen wie Beurre blanc, Sauce hollandaise etc. eignen sich gut. Ein Chardonnay aus dem Penedès begleitet herrlich Jakobsmuscheln, Scampi, Garnelen oder Flusskrebse, vor allem aber Hummer und Languste. Für die begleitenden Saucen gelten die gleichen oder ähnliche Rezepte wie beim Fisch.

Zutaten

Petersilie, Kerbel, Schnittlauch, Dill, Estragon, Liebstöckel, weißer Pfeffer, Koriander- und Fenchelsamen, Lorbeerblatt und Safran sind empfehlenswert. Chili, Cayennepfeffer, Nelke, Zimt, Muskat und andere stark parfümierende oder scharfe Gewürze sollte man vermeiden bzw. nur sehr sparsam einsetzen.

Beilagen

Alle Zubereitungsarten von Kartoffeln sowie weißes und grünes Gemüse passen gut zu Chardonnay aus dem Penedès. Sehr zu empfehlen sind auch Pilze, besonders Steinpilze, andere edle Röhrlinge und Morcheln, gedünstet oder in Butter gebraten.

Käse

Ein Chardonnay, welcher Provenienz auch immer, eignet sich nicht sonderlich zu Käse, besonders dann nicht, wenn er im Barrique ausgebaut wurde.

Andere Gerichte:

Einen Chardonnay kann man auch mit Genuss zu einem einfacheren Gericht, zu kalten Platten, Eierspeisen, Omeletts und Aufläufen trinken.

Costers del Segre Etwa einhundertzwanzig Kilometer nordwestlich von Barcelona, in der Provinz Lérida, liegt dieses kleine, aufstrebende Weinbaugebiet. Das Kontinentalklima mit sehr trockenen und heißen Sommern sowie kalkhaltige, steinige Böden prägen die eigenwilligen Weine dieser Region. Dem Einfluss und der Klasse des bedeutenden Weingutes Raimat ist es zu verdanken, dass die Weine aus Costers del Segre weit über die Grenzen Spaniens hinaus bekannt wurden.

Rotweine aus Costers del Segre Neben den einheimischen Rebsorten Garnacha und Tempranillo sind es hauptsächlich die französischen Rebsorten Cabernet Sauvignon und Merlot, denen die Rotweine von Costers del Segre heute ihre überdurchschnittliche Qualität verdanken.

Rotweine aus Costers del Segre zum Essen

Der hohe Anteil an Cabernet Sauvignon in vielen Rotweinen der Region macht sie vom Stil her vergleichbar mit den Weinen des Penedès, auch wenn sie manchmal etwas leichter und eleganter erscheinen. So lassen sie sich zu den gleichen Gerichten genießen wie die Rotweine aus dem Penedès.

Priorato Dieses Anbaugebiet, das längst über den Status eines Geheimtipps für Rotweinliebhaber hinausgewachsen ist, liegt mitten im Hochland der Mittelmeerprovinz Tarragona. Hier wachsen die Weine auf steilen, zerklüfteten Schieferhängen und müssen sich Sommer für Sommer gegen ein heißes und trockenes Klima behaupten. Neben den großen Gewächsen der Ribera del Duero gehören einige Rotweine des Priorato weltweit zu den gefragtesten spanischen Weinen. Teilweise werden astronomische Summen für diese vinösen Kostbarkeiten verlangt – und bezahlt.

Rotweine aus dem Priorato Im wesentlichen beherrschen Garnacha und Cariñena, aber auch Cabernet Sauvignon und Syrah den Rebsortenspiegel des Priorato. Ein tiefdunkles Granatrot, oft fast schwarz, verheißt gehaltvolle, kräftige Rotweine. Intensive Aromen von Beerenfrüchten und ein atemberaubender, fülliger Geschmack machen die meisten Priorato-Weine zu einem außergewöhnlichen Erlebnis. Der oft recht hohe Alkoholgehalt ist durch die ausgesprochene Fruchtigkeit der Weine kaum wahrnehmbar.

Rotweine aus dem Priorato zum Essen

Manchmal kennt Wein kein Pardon, wenn es um die Zuordnung zum Essen geht. Ein Priorato ordnet sich nicht unter. Dieser Wein erwartet Gerichte, die ihn adeln und seiner Wucht und Fülle standhalten können, deswegen sollte man ihn auch nur zum Haupt-(Fleisch-)Gang eines Menüs oder einem einzelnen Fleischgericht genießen. Lediglich ganz große Rotweine des Bordelais oder von der Rhône haben neben oder nach einem Priorato die Chance, wahrgenommen zu werden.

Suppen und Vorspeisen

Ein Priorato passt nicht zu Suppen und Vorspeisen.

Fleisch, Wild und Geflügel

Harmonische Kombinationen ergeben sich hauptsächlich mit geschmorten oder gebratenen Gerichten mit dunklen, würzigen Saucen. Empfehlenswert sind alle Zubereitungsarten von Rind, Lamm und Wild. Während man zu großen Gewächsen aus Bordeaux eher dezent gewürzte Speisen serviert, kann man mit den Zutaten hier etwas verschwenderischer umgehen. Besonders mariniertes Wild mit seinen traditionellen Gewürzen verträgt sich ausgezeichnet mit einem Priorato. Auch ein klassischer gefüllter Gänsebraten ist nicht zu verachten.

Zutaten

Thymian, Majoran, Estragon, Rosmarin, Salbei, Lorbeer, Wacholder, Zimt, Piment und schwarzer Pfeffer sind zu bevorzugen. Auf Sahne für die Sauce sollte man verzichten; reine Fleischfonds, allenfalls mit Rotwein verfeinert, eignen sich besser.

Beilagen

Alle Arten von Kohl- und Wurzelgemüse sind empfehlenswert, ebenso frittierte oder gebratene Kartoffeln.

Käse

Es gibt keinen Käse, der mit der Opulenz eines Priorato harmoniert.

Rioja und Navarra Im Norden des Landes, rund eine Autostunde südlich der Biscaya-Küste, windet sich Spaniens größter Fluss, der Ebro, durch die bekannteste Weinregion des Landes. Am westlichen Ufer des Ebro liegt das berühmte Gebiet der Rioja, deren Name von einem kleinen Nebenfluss, dem Rio Oja, abstammt. Die Rioja unterteilt sich in drei Gebiete: Rioja Alta, Rioja Alavesa und Rioja Baja.

In unmittelbarer östlicher Nachbarschaft schließt sich die Region Navarra an, deren nördlicher Rand bis zu den Ausläufern der Pyrenäen reicht.

Rioja Im Laufe der Jahrhunderte war der Weinbau der Rioja großen Veränderungen unterworfen. Erst Anfang des 19. Jahrhunderts begann man Vorbildern aus dem Bordelais nachzueifern und systematisch Reben zu kultivieren und Wein zu erzeugen.

Trotz seiner anderen Rebsorten galt der Rioja lange Zeit als der Bordeaux Spaniens und stand besonders im Ausland als Synonym für hochwertigen spanischen Rotwein. Neben roten Gewächsen werden in der Rioja auch Roséweine und einige beachtenswerte Weißweine erzeugt.

Rotwein aus der Rioja Die Rotweine (Vinos tintos) der Rioja werden hauptsächlich aus der Tempranillo-Traube vinifiziert. Den Cuvées werden außerdem die Sorten Graciano, Garnacha und geringe Mengen Mazuelo (Cariñena) beigefügt. Eine noch kleine, aber wachsende Zahl von Winzern baut mittlerweile auch erfolgreich Cabernet Sauvignon an.

Rioja-Weine werden in vier Qualitätsstufen angeboten: «Vinos sin Crianza», auch «Joven» (jung) genannt, sind Weine, die ohne Fassreife auf die Flasche gefüllt werden und danach sofort in den Handel kommen. Eine «Crianza» dagegen muss eine Reifezeit von zwei Jahren aufweisen, davon mindestens eines im Eichenfass. Eine «Reserva» altert im Minimum drei Jahre, mindestens ein Jahr davon im Eichenfass. Eine «Gran Reserva» schließlich ist ein auserlesener Jahrgangswein mit einer zweijährigen Eichenfass- und einer dreijährigen Flaschenreife.

Viele Bodegas lassen ihre Cuvées über die gesetzlich festgeschriebene Zeit hinaus reifen, um noch anspruchsvollere Weine anbieten zu können. Sowohl Reserva- als auch Gran-Reserva-Weine können ein hohes Alter erreichen, sind aber durch ihre verhältnismäßig lange Reifezeit oft schon genussreif, wenn sie in den Handel kommen.

Die Weine aus der Rioja bestechen durch ein elegantes, dunkles Rubinrot. Ein subtiles, sehr feines Bouquet, das selten einer bestimmten Frucht zuzuordnen ist, aber oft von dezenten Röstnoten begleitet wird, zeichnet die Weine aus. So findet man in den Geschmacksnuancen auch leichte Vanille- und würzige Fruchtnoten. Meist spürt man bei jüngeren Jahrgängen noch eine filigrane Säure und ausgeprägte Tannine, was auf eine gute Struktur der Weine hindeutet.

Rotweine aus der Rioja zum Essen

Rotweine aus der Rioja sind sehr harmonische Essensbegleiter. Man kann sie zu einem einfachen Mittagsgericht genauso genießen wie zu einem festlichen Essen. Eine Crianza harmoniert mit vielen Speisen der alltäglichen kalten und warmen Küche, während man eine Reserva oder Gran Reserva erst zum Hauptgang eines Menüs servieren sollte.

Suppen und Vorspeisen

Ein Rioja passt ausgezeichnet zu Aufschnitt von kaltem Braten, Schinken und Roastbeef, auch zu Salaten auf der Basis von Rind, Wild oder Ente. Die Fruchtigkeit eines Rioja verträgt sich dagegen weniger mit Suppen, abgesehen von klaren Ochsenschwanzsuppen oder Wildessenzen.

Fleisch, Wild und Geflügel

Besonders schmackhaft sind Rotweine aus der Rioja zu gebratenem und geschmortem Fleisch von Schwein, Rind, Kalb oder Lamm. Sehr gut passen sie zu Schmorgerichten mit leicht säuerlichen Saucen wie marinierten Ragouts oder Sauerbraten. Zu einem gebratenen Hähnchen macht ein Rioja ebenso viel Spaß wie zu Barbarie-Ente, Wildente, Taube, Wachtel oder Fasan.

Fisch

Einen Rioja kann man auch zu gebratenem Fisch mit würzigen Saucen trinken. Am besten eignen sich aromatische Meeresfische wie Sardine, Knurrhahn, Makrele, Goldbrasse und Bonito.

Zutaten

Rioja verträgt sich mit würzigen, aber nicht zu stark parfümierenden Zutaten. Schwarzer, weißer und grüner Pfeffer, süßer Paprika, Tomatenmark, Kümmel, Fenchel- und Koriandersamen, Liebstöckel, Petersilie, Schnittlauch, Kerbel und Minze sind gut geeignet.

Beilagen

Als Beilagen empfehlen sich alle Arten von Kartoffelzubereitungen, Reis und Gemüse, abgesehen von Spargel.

Käse

Aromatisch geräucherte Käse passen gut zu einem Rioja, besonders die spanische Variante Queso ahumado, aber auch gewürzte Käse wie der Gaperon.

Navarra Lange Zeit stand Navarra im Schatten seiner Nachbarregion Rioja und konnte sich nur durch seine Roséweine profilieren. Die beharrliche Entwicklungsarbeit einzelner Weingüter und der regionalen Forschungsanstalt für Weinbau führte dazu, dass heute in Navarra eine Vielzahl von Weinen erzeugt wird, die mit den besten Gewächsen der Rioja konkurrieren können.

Rotweine aus Navarra Zu etwa 80 % wird in der Region Garnacha angepflanzt. Der in der Rioja dominierende Tempranillo spielt hier noch eine untergeordnete Rolle, wird jedoch von Jahr zu Jahr populärer, genauso wie Cabernet Sauvignon und Merlot. Die besten Rotweine, die heute aus Navarra kommen, werden vorwiegend aus Tempranillo, Cabernet Sauvignon und Merlot gekeltert.

Rotweine aus Navarra zum Essen

Die Cuvées der Rotweine aus Navarra sind sehr unterschiedlich. Die Weine lassen sich aber grundsätzlich zu den gleichen Speisen servieren wie die Rotweine aus der Rioja.

Ribera del Duero Tief im Landesinneren, etwa 160 km nördlich von Madrid, liegt am Mittellauf des Duero Spaniens prestigeträchtigstes Anbaugebiet. Seine Ursprünge gehen auf das frühe Mittelalter zurück. Damals legten Zisterzienser und Benediktiner die ersten Weinberge an, die ersten Bodegas entstanden dann im 13. Jahrhundert.

Hier, in der Ribera del Duero, entstand das legendäre Weingut Vega Sicilia, dessen Ruhm und Erfolg weitere Neugründungen von Bodegas nach sich zog.

Das für spanische Verhältnisse gemäßigte Klima mit heißen Sommern, aber auch recht kalten Wintern und einer relativ hohen Niederschlagsmenge, sorgt für günstige Anbaubedingungen in den bis zu 800 m hoch gelegenen Weinbergen. Auch die eisenhaltigen Kalksteinböden bieten beste Voraussetzungen für das Wachstum hochwertiger Weine.

Rotweine aus der Ribera del Duero In der Region Ribera del Duero werden neben Rotwein auch kleine Mengen von unbedeutenden Roséweinen produziert. Hauptrebsorte ist der Tempranillo, hier Tinto del País oder Tinto fino genannt. Weine aus dieser Sorte sind hier meist dunkler, kraftvoller und von festerer Struktur als in der Rioja. Namhafter Produzent des klassischen Tinto del País ist Alejandro Fernández mit seinen großartigen Pesquera-Weinen.

Ausgerechnet das Flaggschiff der Region, Vega Sicilia, weicht von der Tradition ab und verarbeitet für seine Cuvées auch die französischen Rebsorten Merlot, Cabernet Sauvignon und Malbec.

Man kann also zwei Weinstile unterscheiden: Die tiefrubinroten Weine der Cuvées aus französischen Traubensorten sind oft von fruchtiger Eleganz und großer Sinnlichkeit. Eine Vielzahl süßer roter und schwarzer Früchte dominieren ein überwältigendes Bouquet, ergänzt von feinen Röstaromen. Weine aus der Tinto-fino-Traube sind körperreich, von maskuliner Kraft und doch von erhabener Eleganz. Gewürze, schwarze Beeren und bittere Schokolade prägen das wundervoll ausgewogene Bouquet, dessen feinherbe Aromen sich im Gaumen bestätigen.

Rotweine aus der Ribera del Duero zum Essen

Die beiden unterschiedlichen Rotweinstile, die in der Ribera del Duero vorherrschen, lassen eine streng einheitliche Zuordnung zum Essen nicht zu. Nur wer sich näher mit den Weinen beschäftigt, wird wissen, aus welchen Rebsorten die einzelnen Cuvées gekeltert wurden und zu welchen Speisen sie den größten Genuss versprechen. Wenn man die Zusammensetzung der Weine nicht kennt, sollte man sie zu Gerichten servieren, die auch zu einem Rioja oder zu einem Rotwein aus dem Penedès passen.

Rías Baixas Hoch oben im Nordwesten Spaniens, nördlich der Grenze zu Portugal, liegt die Region Rías Baixas. Die tiefen, bis ins Landesinnere reichenden, fjordähnlichen Einschnitte, die Rías, gaben diesem Landstrich Galiciens seinen Namen. Man unterscheidet die nördlichen Rías Altas und die südlichen Rías Bajas.

Beinahe ein Synonym für Rías Baixas ist die hier fast ausschließlich angebaute weiße Rebsorte Albariño, in Portugal unter dem Namen Alvarinho bekannt. Albariño-Weine aus den Rías Baixas gehören nach Meinung vieler Weinkenner zu den besten und feinsten Weißweinen Spaniens. Albariño wurde schon im 12. Jahrhundert von Zisterzienser-Mönchen kultiviert. Im 17. Jahrhundert sollen Albariño-Weine über den Seeweg bis nach England, Holland und Deutschland gelangt sein.

Weissweine aus den Rías Baixas Im Gegensatz zu den meisten anderen spanischen Weißweinen wird der Albariño rebsortenrein ausgebaut. Ein Albariño gefällt mit floralem, würzig-fruchtigem Bouquet, feinen Aromen von Pfirsichen und Aprikosen, manchmal auch von Grapefruit und Ananas. Die charaktervollen Weine haben eine erfrischende, aber milde Säure und mit rund 12 %-vol. einen relativ hohen Alkoholgehalt.

Weissweine aus den Rías Baixas zum Essen

Die würzigen und frischen Albariño-Weine eignen sich zu vielen Vorspeisen und Fischgerichten.

Suppen und Vorspeisen

Ein Albariño passt sehr gut zu Bouillons und Consommés von Fleisch, Geflügel, Fisch oder Schalen- und Krustentieren. Die feinfruchtigen Aromen des Weins harmonieren ausgezeichnet mit einer Vielzahl kalter Vorspeisen, feinen Salaten von Geflügel, Fisch, Schalen- und Krustentieren, marinierten Spezialitäten und Carpaccio von Kalbfleisch, Ente und Fisch, Tatar von Edelfischen, Terrinen und Pasteten von Fisch und Hummer. Bei den warmen Vorspeisen eignen sich besonders ausgesuchte Zubereitungen von Geflügel sowie Fisch, Schalen-und Krustentieren.

Fisch

Pochierte, gedünstete oder auch gebratene Fische aus Fluss und Meer vermählen sich mit Vorliebe mit einem Albariño: Hecht, Zander, Felchen, Äsche und Waller, Sardinen, Makrele, Rotbarbe, Dorade, Wolfsbarsch, Seeteufel, Tintenfisch. Dazu serviert man helle Saucen, Beurre blanc, Kräutersaucen oder Fisch- und Weißweinreduktionen.

Schalen- und Krustentiere

Der feinfruchtige Albariño ist ein perfekter Begleiter zum leicht süßlichen Fleisch von Hummer, Languste, Garnelen, Krebsen und Jakobsmuscheln.

Zutaten

Weißer Pfeffer, Koriander- und Fenchelsamen, Kerbel, Basilikum, Thymian, Majoran, Estragon, Salbei und Lorbeer sind passende Zutaten.

Beilagen

Fenchel, Lauch, Spinat, Auberginen, Zucchini, Möhren, Mairübchen oder eine Ratatouille.

Käse

Ein Albariño passt sowohl zu Käse aus der Cheddar-Familie wie z. B. Laguiole, Cantal, Double Gloucester oder zu einem mit Salbei gewürzten Sage Derby sowie zu Ziegenkäse wie Pouligny-Saint-Pierre oder Chabichou und ganz besonders zu Sauermilchkäse wie z. B. Harzer, Handkäse, Graukäse oder Olmützer.

Sherry Sherry ist der anglisierte Name des unnachahmlichen Weins aus der Region von Jerez. Seit über zweitausend Jahren werden am Golf von Cádiz rund um die Orte Jerez de la Frontera und Sanlúcar de Barrameda Reben gehegt und gepflegt. Auch während der maurischen Herrschaft war es den Einheimischen erlaubt, ihren Wein anzubauen. Wann allerdings der Sherry zu seinem heutigen Stil fand, bleibt ein Geheimnis.

Die Vinifikation der Grundweine für den Sherry ist ganz normal und traditionell. Die Besonderheit des Sherry entsteht durch das Aufspriten des gereiften Weins und durch ein besonderes Lagerverfahren, das so genannte Solera-System. In einem komplizierten Verschnitt-Prozess werden ältere Fässer mit Weinen ähnlichen Charakters aus jüngeren Fässern aufgefüllt. Ihre besondere Persönlichkeit verdanken die Sherrys einer speziellen, «flor» genannten Hefe, die sich auf der Oberfläche des Weins (im Fass) bildet.

Es gibt verschiedene Kategorien von Sherry: Der Fino ist ein heller, trockener, aromatischer und komplett durchgegorener Sherry, der nach dem Aufspriten einen Alkoholgehalt von 15 bis 16 %-vol. aufweist. Für Kenner ist der Fino der beste Sherry.

Die zweite Kategorie ist der Amontillado, weicher und dunkler als ein Fino, kräftig im Geschmack und sehr voll. Die besten Amontillados sind alte Finos, d. h. Finos, die überdurchschnittlich lange im Fass lagerten.

Der bernsteinfarbene Oloroso ist in seiner Jugend schwerer und fülliger als ein Fino. Er wird auf rund 18 %-vol. aufgespritet und besticht durch Noten von Karamel, Nüssen und Holznuancen. Der Oloroso ist von Natur aus trocken, wird aber oft gesüßt und dient als Grundwein für die besten süßen Sherrys, die «Milk» oder «Cream» genannt werden. Ein «Pale Cream» dagegen ist ein hellerer, gesüßter Fino.

Eine Spezialität ist der finoähnliche Manzanilla mit seinem typischen, leicht salzigen Geschmack, der nur in Sanlúcar de Barrameda erzeugt wird.

Neben allen vorgenannten Sherrys, die aus der Palomino-Traube gekeltert werden, gibt es noch einen seltenen Sherry-Typ, der aus der Rebsorte Pedro Ximénes erzeugt und auch nach ihr benannt wird. Er erhält seine sehr dunkle Farbe und seine würzig-süße Art von dem Lesegut, das für zwei Tage auf Strohmatten getrocknet wird.

Für den Export werden Sherrys nach den verschiedenen Süßegraden (dry, medium) unterschieden. In Mitteleuropa ist Sherry leider weitgehend zum Aperitif verkommen. Seine äußerst individuellen Eigenschaften prädestinieren ihn aber zum Begleiter eines Menüs.

Sherry zum Essen

Während man einen trockenen Fino, Oloroso, Manzanilla oder Amontillado zu vielen Fleischgerichten oder auch zu aromatischem geräuchertem Fisch geniessen kann, sollte man einen halbtrockenen Sherry am ehesten zu fetten Pasteten oder zu Wildgerichten trinken. Ein süßer Sherry passt zu Käse und Dessert.

Suppen und Vorspeisen
Zu klaren Suppen ist ein Sherry nicht zu empfehlen, mit Ausnahme einer klaren Oxtail. Zu aromatischen gebundenen Suppen passt ein Fino oder Manzanilla. Pasteten und Terrinen von Leber, Fleisch und Wild harmonieren mit allen trockenen und halbtrockenen Sherrys, ebenso geräucherter und würzig marinierter Fisch.

Fleisch und Wild
Fleischgerichte, die ein Sherry begleitet, sollten opulent, würzig und von einer kräftigen dunklen Sauce begleitet sein. Es kommen gebratene und geschmorte Zubereitungen von Rind, Lamm, Wild sowie gebratene Gans in Frage. Diese Gerichte verbinden sich sehr gut mit einem Amontillado oder Oloroso.

Fisch, Schalen- und Krustentiere
Zu Fisch, Schalen- und Krustentieren ist Sherry nicht zu empfehlen.

Zutaten
Zu Sherry passen würzige Zutaten wie Thymian, Majoran, Estragon, Rosmarin, Salbei, Lorbeer, Wacholder, Piment, schwarzer und grüner Pfeffer ausgezeichnet. Wenn auch die Gerichte üppig sein können, sollte man bei den Saucen auf Sahne verzichten. Kräftige Fleischfonds, die mit einem Sherry abgeschmeckt werden, harmonieren am besten.

Beilagen
Kartoffelgratins und -pürees, Reis, Fenchel, Paprika, Tomaten und alle Arten von Wurzelgemüse eignen sich gut.

Käse
Sherry passt hervorragend zu würzig-kräftigen Käsesorten. Hartkäse wie Gruyère, Parmigiano und Pecorino eignen sich genau so gut wie cheddarartige Käse, z.B. Laguiole, Cantal oder Cheshire. Auch verschiedene Blauschimmelkäse sind empfehlenswert.

Portugal

Portugal, am Rand Europas gelegen, konnte sich bis heute einen ganz eigentümlichen, ursprünglichen Charme bewahren – und das gilt auch für seine noch viel zu wenig bekannten Weine.

Portugals berühmtester und größter Wein ist unbestritten der Portwein. Weltweit bekannt und beliebt wurde er durch englische Handelshäuser, die ihn seit dem 17. Jahrhundert im großen Stil exportierten.

Fast ebenso bekannt ist der Vinho verde, der so genannte «grüne» Wein. Daneben gibt es eine Vielzahl interessanter, oft urchiger Weine und Weinregionen zu entdecken – Portugal verfügt über einen fast unglaublichen Reichtum an Rebsorten. Das wirtschaftlich gebeutelte Land, das sich erst 1974 von der Militärdiktatur befreien konnte und seit 1986 Mitglied der EU ist, erlebt im Moment einen gewaltigen Modernisierungsschub, der sich auch im Weinbau bemerkbar macht.

Interessante Weine kommen aus den Regionen Bairrada, Dão, Minho, Douro und Alentejo. Und natürlich von der Insel Madeira. Portugal kennt wie Frankreich ein Appellationssystem, wobei an der Spitze der klassifizierten Weine die 12 DOC-Gebiete (Denominação de Origem Controlada) stehen, gefolgt von den IPR (Indicação de Proveniência Regulamentada). Qualitätsweine werden als Reserva, Spitzenweine als Garrafeira vermarktet.

Vinho verde Hoch im Nordwesten Portugals, zwischen dem Rio Minho, dem Grenzfluss zu Spanien, und dem Rio Douro, liegt das Anbaugebiet Minho. Bekannter als der Name dieser Region ist der hier erzeugte Wein, der Vinho verde. Die Bezeichnung «verde» (grün) bezieht sich nicht auf die Farbe des Weins – der größere Teil der Produktion entfällt auf Rotwein –, sondern auf seinen Charakter, auf seine frische, lebendige, an unreife Früchte erinnernde Art.

Vinho verde kann aus verschiedenen Traubensorten gekeltert werden. Er ist meistens arm an Alkohol, besitzt dafür eine prickelnde Säure, die ihn zu einem süffigen Wein macht. Der beste und markanteste Vinho verde wird in der Region von Monção rebsortenrein aus der edlen Alvarinho-Traube produziert. Ein Vinho verde aus Alvarinho unterscheidet sich kaum von seinem jenseits des Rio Minho in Spanien angebauten Vetter, dem Albariño.

Ein Vinho verde, der rebsortenrein aus Alvarinho gekeltert wurde, ist säurereich, würzig und erfrischend. Bouquet und Gaumen weisen Noten von Zitrusfrüchten, grünen Äpfeln und Melonen auf.

Vinho verde zum Essen

Dank ihren ähnlichen Charakteristiken und ihrer geografischen Nachbarschaft können qualitativ hoch stehende Vinhos verdes aus der Alvarinho-Traube zu den gleichen Gerichten genossen werden wie spanische Albariño-Weine aus den Rías Baixas. Die einfacheren weißen und roten Vinhos verdes passen gut zu kalten Plättchen mit Wurstwaren oder zu rustikalen Vorspeisen.

Portwein Porto, die alte Hafenstadt an der Mündung des Douro, wo der Portwein zwar nicht angebaut, aber gelagert und in alle Welt verschifft wird, gab diesem legendären Wein, der unbestritten zu den edelsten der Welt gehört, seinen Namen.

An den wildromantischen, halsbrecherisch steilen Ufern des Douro wird seit über zweitausend Jahren Wein auf Schiefer- und Granitböden angebaut. Diese Weine fanden schon früh ihren Weg in das englische Königreich, wurden dort jedoch aufgrund ihrer Qualität nicht sonderlich geschätzt. Im 17. Jahrhundert fanden englische Kaufleute heraus, dass diese Rotweine im Verschnitt mit Branntwein wesentlich besser haltbar wurden und an Geschmack gewannen. So wurde der Portwein geboren, der immer noch zu Englands beliebtesten Rotweinen gehört.

Noch heute werden in vielen traditionsbewussten Betrieben am Douro die Trauben in großen Steinbottichen, den so genannten «lagares», mit den bloßen Füßen schonend gestampft. Immer öfter wird dieser Vorgang allerdings mit aufwendiger Technik betrieben. Der Most wird nur kurz vergoren, bevor die Gärung mittels Zugabe von Branntwein gestoppt wird. Das Resultat ist ein kräftiger, aromatischer Wein mit natürlicher Süße und hohem Alkoholgehalt.

Portweine können aus über vierzig verschiedenen Rebsorten erzeugt werden, wobei sich die erfolgreichen Erzeuger meist auf einige wenige, qualitativ hochwertige Sorten beschränken. Aufgrund der Art ihrer Lagerung unterteilt man die Portweine in verschiedene Qualitätsstufen:

Ruby-Port, der jüngste und billigste Portwein, wird aus weniger hochwertigen Grundweinen verschiedener Jahrgänge erzeugt und nach einer zwei- bis dreijährigen Holzfasslagerung auf Flaschen gefüllt. Er ist meist dunkel, kräftig und süß.

Tawny-Port produziert man aus kräftigeren Grundweinen meist verschiedener Jahrgänge, die erst nach jahrelanger Reife im Holzfass auf Flaschen gezogen werden. Spitzen-Tawnys sind bis zu 20 Jahre alt («20-years-old»), von bräunlicher Farbe, sehr rund, geschmeidig und leicht.

Vintage-Port, Jahrgangs-Port, wird nur in einzelnen hervorragenden Jahren erzeugt und steht qualitativ an der Spitze der Portweine. Nach einer zweijährigen Holzfasslagerung wird er auf Flaschen gefüllt, in denen er sehr langsam, bis 20 Jahre und mehr, seiner Vollendung entgegenreift. Ein Vintage-Port, der dekantiert werden muss, ist von unvergleichlicher Fülle und Duftigkeit – einer der großen Weine dieser Welt.

Late-Bottled-Vintage ist einem Vintage-Port ähnlich, wird aber erst nach mehrjähriger Lagerung im Holzfass abgefüllt. Er ist leichter als ein Vintage-Port.

Gute Portweine sind in aller Regel von einer zarten bis überschwänglichen, aber nicht aufdringlichen Fruchtsüße und einer samtigen Fülle. Ihr Aromenspektrum umfasst den ganzen für Rotweine gebräuchlichen Duftstrauss, wobei Düfte von Schokolade, Karamel, Nüssen, Tabak und reifen Pflaumen überwiegen.

Portwein zum Essen

Zwischen den einzelnen Qualitätsstufen der Portweine gibt es erhebliche Geschmacksunterschiede, die letztlich entscheiden, zu welchem Essen man welchen Portwein trinken sollte. Bei einem alten Jahrgangs-Port stellt sich sogar die Frage, ob er es nicht verdient, für sich alleine und um seiner selbst willen genossen zu werden – wenn möglich in netter Gesellschaft, vor einem Kaminfeuer…

Portwein vor dem Hauptgang trifft nicht unbedingt jedermanns Geschmack. Man kann einen Tawny-Port jedoch sehr gut zu Stopfleber und zu Wildpasteten und -terrinen (mit Sauce Cumberland, süßen Chutneys) reichen, sollte jedoch darauf achten, dass der zum Hauptgang folgende Wein entsprechend üppig ist.

Zu einem opulenten Hauptgericht, am besten einem Braten vom Rind oder Wild mit kräftiger dunkler Sauce und eventuell einer süßen Beilage (eingelegte Früchte), passt ein Late-Bottled-Vintage sehr gut.

Zum Käse, vornehmlich zu Blauschimmelkäse, Stilton, Cheddar, Laguiole und Cantal, passen alle Ports. Hier sollte der individuelle Geschmack entscheiden.

Außergewöhnlich gut schmeckt ein Vintage Port oder ein Late-Bottled-Vintage zu einem Dessert von dunklem Gebäck mit Schokolade, Nüssen oder Mandeln. Die klassische Mousse au chocolat und andere Cremes von dunkler Schokolade vermählen sich aufs Allerschönste mit den überschwänglichen Aromen eines Portweins.

Übersee

Weine aus Übersee haben in den letzten Jahren und Jahrzehnten immer mehr Aufsehen erregt, und anfängliches Misstrauen der Konsumenten schlug schnell in Begeisterung um. So erfreuen sich denn Kreszenzen aus Kalifornien, Chile oder Australien zunehmender Beliebtheit, ja, man kann sogar von einem richtigen Boom sprechen. Grund für diesen Aufschwung sind einerseits sicher die überzeugende Qualität vieler dort erzeugten Weine sowie das oft günstige Preis-Qualitäts-Verhältnis. Auch die Lust auf Neues und der Reiz des Exotischen dürften eine Rolle spielen. Mittlerweile haben einige Weine aus Übersee wahren Kultstatus erlangt, vergleichbar mit den Spitzengewächsen europäischer Weinkultur. Als Beispiele seien genannt: Opus One, Dominus oder Grange – Weine, die das Kennerherz höher schlagen lassen, auch das europäische…

Im Folgenden wollen wir uns mit den wichtigsten Weinbauländern in Übersee beschäftigen:

Vereinigte Staaten von Amerika · Chile · Argentinien
Australien · Neuseeland · Südafrika

Im Unterschied zu den Abschnitten, die den europäischen Weinregionen gewidmet sind, werden wir die Vorschläge für harmonische Kombinationen von Wein und Essen am Ende des Kapitels Übersee zusammenfassend präsentieren.

Die meisten Weine aus Übersee werden rebsortenrein erzeugt. Selbstverständlich unterscheidet sich ein kalifornischer von einem südafrikanischen Chardonnay, doch kann man solche Unterschiede auch bei Weinen desselben Anbaugebiets feststellen, je nach Winzer oder Lage. Trotzdem passen die gleichen Speisen zu einem Chardonnay, ob er nun aus Kalifornien oder Südafrika stammt.

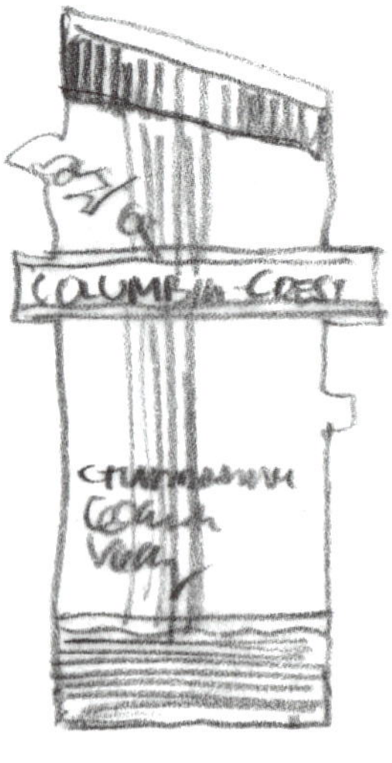

Vereinigte Staaten von Amerika Wer USA sagt, denkt Kalifornien. Das ist verständlich, aber nicht ganz korrekt. Denn engagierte Winzer produzieren sowohl im Osten, z.B. in den Bundesstaaten New York, Pennsylvania oder Virginia, wie auch im heißen Süden, in Texas und Arkansas, oder im Nordwesten, in Washington und Idaho, erfolgreich Wein. Von Bedeutung für den Export nach Europa sind jedoch hauptsächlich Weine aus Kalifornien und, in geringerem Umfang, aus Oregon.

Die Geschichte des Weinbaus der Vereinigten Staaten ist genauso spannend wie die Eroberung des Wilden Westens. Schon während der Besiedlung der Ostküste entdeckten europäische Einwanderer in den Wäldern wilde Reben mit süßen Trauben. Die daraus erzeugten Weine waren allerdings ausnahmslos enttäuschend und von einem merkwürdigen, «fuchsartigen» Ton geprägt. Der Grund: Die einheimischen Reben gehörten nicht zur Gattung der *Vitis vinifera* wie alle europäischen Sorten. Deshalb beschlossen die Kolonisten, Reben aus der alten Heimat einzuführen. Wetter, Böden und vor allem die Reblaus, die ganz Ostamerika verseucht hatte, verhinderten jedoch ein Gedeihen der Gewächse aus Europa. Erst im zwanzigsten Jahrhundert gelang es dem Amerikaner Philipp Wagner, im Bundesstaat Maryland franko-amerikanische Hybriden anzubauen und vereinzelt auch europäische Rebsorten heimisch zu machen.

Die Missionare im amerikanischen Westen waren da erfolgreicher gewesen. Spanische Mönche hatten schon im 16. Jahrhundert in Mexiko Reben aus der europäischen Heimat angebaut. Zusammen mit den Missionen drangen die Reben via Baja California in die Gegend des heutigen Kalifornien vor. Hier wurde 1769 die Mission San Diego gegründet, wo der Franziskaner-Pater Junipero Serra die ersten Reben anbaute.

Die beiden unterschiedlichen Weinbau-Industrien Amerikas retteten sich über die Zeit der Prohibition, indem sie Messweine und Traubensaft produzierten. Heute stehen alle anderen Weinbaugebiete der USA im Schatten Kaliforniens, das fast 90 % aller Weine produziert – und dies unter klimatisch hervorragenden Bedingungen.

Kalifornien Das Weinbaugebiet Kalifornien dehnte sich im Lauf der Zeit entlang der Hänge der Sierra Nevada bis weit in den Norden des Bundesstaates aus und reicht heute bis ins Tehama County, etwa 200 Kilometer nördlich von San Francisco. Die Rebfläche Kaliforniens beträgt rund 270 000 ha, wovon etwa die Hälfte der Weinproduktion dient, 40 % der Trauben werden zu Rosinen verarbeitet, und 10 % kommen als Tafeltrauben auf den Markt. Zu unterscheiden sind folgende Weinbauzonen, die ihrerseits wieder in zahlreiche AVA (Approved Viticultural Areas) unterteilt sind: die Nordküste (nördlich von San Francisco) mit Napa Valley, Sonoma County, Carneros sowie Mendocino und die Südküste (südlich von San Francisco) bis Santa Barbara mit dem Sacramento Valley und dem San Joacquin Valley.

Am bekanntesten sind die Anbaugebiete nördlich der San Francisco Bay, allen voran das Napa Valley. Einer seiner Pioniere ist Robert Mondavi, Winzer, Weinenthusiast und Qualitätsfanatiker in einem. Ihm ist es gelungen, kalifornische Weine aus dem Schatten ihrer europäischen Vorbilder herauszuführen. In den letzten dreißig Jahren fand eine richtige Revolution im Weinbauland Kalifornien statt. Wein begann zu boomen, qualitativ hoch stehende Betriebe schossen aus dem Boden, die Weinpreise schnellten in die Höhe.

Im Zug dieser Entwicklung gewannen auch die Anbaugebiete südlich von San Francisco an Bedeutung. Heute kommen aus den Regionen um Monterey, San Luis Obispo und Santa Barbara großartige Weine, die sich nicht hinter denen des kalifornischen Nordens verstecken müssen.

Qualitativ hochwertige Weißweine werden vor allem aus den Sorten Chardonnay und Sauvignon blanc gekeltert. Vereinzelt findet man auch schöne Weine der Sorten Riesling, Chenin blanc und anderer weißer Klassiker.

Bei den Rotweinen dominieren spätreifende Sorten wie Cabernet Sauvignon, Zinfandel und Syrah. In den kühleren Regionen gedeihen auch Merlot (der langsam, aber sicher zum Modewein wird) und Pinot noir. Barbera verliert an Bedeutung, Nebbiolo und Sangiovese dagegen legen immer mehr zu. Neben den überwiegend rebsortenrein gekelterten Rotweinen erzeugen manche Winzer auch hervorragende Cuvées, meist nach den großen Vorbildern aus dem Bordelais und von der Rhône.

Oregon Das kleine Weinbaugebiet Oregon, das seit den 60er-Jahren wieder aufblüht, verläuft, von einer Gebirgskette geschützt, parallel zur Pazifikküste. Der größte Teil der Reben wächst südlich von Portland im Willamette Valley. Im Gegensatz zu Kalifornien herrscht hier ein nördlich kontinentales, eher europäisch anmutendes Klima. Deshalb gedeihen hier neben Chardonnay besonders Riesling, Grauburgunder (Pinot gris) und Gewürztraminer von beachtenswerter Qualität. Unangefochtener Star unter den Weinen Oregons ist jedoch der Pinot noir, der in diesen Breiten hervorragende Qualitäten hervorbringt, die bisweilen sogar mit den königlichen Weinen des Burgund konkurrieren können.

Chile Auf dem schmalen Band zwischen den Anden und der Pazifikküste findet man fast alle Klimazonen der Erde vereint. Während in der Atacama-Wüste im Norden Chiles zwei oder drei Mal pro Jahrzehnt Niederschlag fällt, scheint es im Süden des Landes fast ununterbrochen zu regnen.

Ein für den Weinbau besonders günstiges Klima bietet eine Zone, die sich von der Hauptstadt Santiago de Chile rund 200 Kilometer weiter in den Süden erstreckt. Die wichtigsten Weinbauregionen sind Aconcagua, Cauquenes, Casablanca, Mapo, Rapel und Maule. Das Klima ist im Allgemeinen mediterran, mit trockenen Sommern und milden Wintern. Weinbau ist nur dank Bewässerung möglich.

Spanische Eroberer und die ihnen folgenden Missionare machten sich die Gunst der Natur zunutze und bauten bereits im 16. Jahrhundert die ersten Reben in Chile an. Später betrieben spanische und französische Winzer, von Großgrundbesitzern ins Land geholt, mit aus Europa mitgebrachten Reben erfolgreich Weinbau. Bis etwa 1985 war chilenischer Wein im wesentlichen nur für den inneramerikanischen Markt von Bedeutung. Namhaften spanischen und französischen Weinmachern wie Miguel Torres oder der Familie Rothschild ist es zu verdanken, dass die chilenischen Weine einen enormen Qualitätssprung machten. Heute haben sie sich einen bedeutenden Platz auf dem europäischen Markt gesichert, zeichnen sie sich doch bei guter bis sehr guter Qualität durch verhältnismäßig günstige Preise aus.

Die chilenischen Weine werden fast ausnahmslos rebsortenrein erzeugt, und zwar von den Sorten Chardonnay, Sauvignon blanc, Cabernet Sauvignon und Merlot.

Argentinien Argentinien gehört zu den großen Weinländern der Erde. Die Weinbauregionen liegen alle im Westen des Landes, am Fuß der Anden, auf einer Höhe von 450 bis 950 m und zwischen dem 22. und dem 42. südlichen Breitengrad. Weinbau ist nur möglich dank eines ausgeklügelten Bewässerungssystems, das schon vor Jahrhunderten von Indianern angelegt wurde.

Der Wettbewerb, besonders mit Chile, um die Gunst nordamerikanischer und europäischer Käufer spornt immer mehr argentinische Kellereien dazu an, ihre Weine auf einem hohen Qualitätsniveau zu erzeugen. Heute sind etwa fünfzig Weinbaubetriebe in der Lage, qualitativ ansprechende, exportfähige Weine zu erzeugen. Immer mehr europäische Weinfirmen investieren in Argentinien und Chile.

Das mit Abstand wichtigste Weinbaugebiet ist Mendoza, wo fast 70 % der argentinischen Reben wachsen. Weitere Weinbauregionen sind Salta, La Rioja, San Juan und Rio Negro. Die Weißweine aus den Sorten Torrontes (eine lokale Rebsorte), Chardonnay und Sauvignon blanc vermögen meistens noch nicht ganz zu überzeugen. Aufmerksamkeit verdienen dagegen die Rotweine, allen voran der Malbec. Der Malbec, eine Rebsorte aus Südwestfrankreich, hat in Argentinien seine Wahlheimat und seine Bestimmung gefunden. Nirgendwo sonst ergibt er derart langlebige, charaktervolle Weine mit einem Bouquet von roten Früchten, einem fülligen Körper und samtig-weichen Tanninen. Zunehmend werden auch Cabernet Sauvignon und Syrah angebaut, die teilweise beachtenswerte Weine hervorbringen.

Australien Für viele Kontinentaleuropäer war es vor noch nicht allzu langer Zeit unvorstellbar, dass «Down Under» eines Tages Weine nach Europa exportieren könnte – und erst noch sehr beachtenswerte, die den europäischen Weinen Konkurrenz machen. Australien ist allerdings keinesweg ein blutjunges Weinland, sondern blickt auf eine über 200 Jahre alte Weinbautradition zurück, deren Anfänge entscheidend von Siedlern aus dem deutschsprachigen Raum mitbestimmt wurden.

Wein hat in Australien eine besondere Bedeutung. Der Pro-Kopf-Verbrauch ist etwa dreimal so hoch wie in den USA und höher als in vielen europäischen Ländern. Erstaunlich ist aber nicht die Menge des konsumierten bzw. produzierten Weins, sondern der sehr hohe Qualitätsstandard. Australien gehört heute zu den innovativsten, dynamischsten und modernsten Weinbauländern der Erde und konnte sein Exportvolumen in wenigen Jahren verzehnfachen.

Die Weinbauregionen liegen vor allem im Südosten Australiens: South Australia (mit dem berühmten Barossa Valley), New South Wales (mit dem Lower und Upper Hunter Valley) und Victoria. Im äußersten Südwesten liegt die Region Western Australia (Margaret River, Swan Valley).

Die bedeutendsten Rebsorten sind Shiraz (Syrah), Cabernet Sauvignon, Pinot noir bei den roten und Chardonnay, Sauvignon blanc, Riesling und Sémillon bei den weißen Weinen. Bei den Rotweinen steht die Vielzahl ausgezeichneter Cabernet-Sauvignon-Weine in ständigem Konkurrenzkampf zu den oft mächtigen Shiraz-Weinen, bei den Weißweinen nimmt der australische Chardonnay sowohl mengenmäßig als auch qualitativ die führende Position ein.

Ein Erfolgsphänomen australischer Weine ist die Tatsache, dass sie oft schon sehr jung trinkreif sind. Allerdings täte man den australischen Weinen unrecht, wenn man von ihnen nur «Süffiges» und «Gefälliges» erwarten würde. Einige australische Kreszenzen gehören zu den großen charaktervollen Weinen der Welt, die sich mit der Reife prachtvoll entwickeln und erst nach einigen Jahren vollendeten Genuss bieten.

Neuseeland In den letzten 15 Jahren ist Neuseeland aus dem Schatten seines großen Nachbarn Australien getreten und hat mit exzellenten Weißweinen, zunehmend auch mit vorzüglichen Roten, für Furore gesorgt.

Das Klima Neuseelands ist deutlich kühler als das australische, was den Qualitätsanbau gerade weißer Sorten begünstigt. Der bisher führende Müller-Thurgau wurde mittlerweile vom Chardonnay verdrängt. Sauvignon-blanc- und Riesling-Weine von unvergleichlicher Frucht, intensiver Aromatik und rassiger Säure lassen die Herzen der Weinliebhaber höher schlagen.

Seit einigen Jahren werden auch bemerkenswerte Rotweine der Sorten Cabernet Sauvignon und Pinot noir gekeltert.

Die Weinbauregionen liegen sowohl auf der Nordinsel als auch auf der Südinsel. Die namhaftesten Anbaugebiete sind (von Norden nach Süden) Auckland, Gisborne, Hawkes Bay und Marlborough.

Südafrika Es ist heute kaum mehr vorstellbar, dass Ende des 18. und Anfang des 19. Jahrhunderts einer der begehrtesten und an den europäischen Adelshöfen beliebtesten Weine der Welt aus Südafrika kam. Constantia hieß damals das Zauberwort, das mindestens so viel magischen Beiklang hatte wie Yquem oder Tokaji.

Als der süße Constantia, gekeltert aus Muskateller-Trauben, an Bedeutung verlor, versiegte Europas Interesse an den Weinen vom Kap. Erst in den 1980er-Jahren begannen sich die europäischen Märkte wieder stärker für Produkte aus Südafrika zu interessieren, und der Weinbau Südafrikas machte technisch und qualitativ große Fortschritte. Heute ist Deutschland nach England zweitwichtigstes Abnehmerland für südafrikanische Weine.

Die wichtigsten Anbaugebiete sind Constantia, südlich von Kapstadt, das romantische Stellenbosch mit seinen charakteristischen Kellereien im kapholländischen Stil, Paarl, die größte Weinbauregion, Worcester, Robertson, Olifantsriver, Oranje River und Walker Bay. Die einzelnen Regionen haben recht unterschiedliche klimatische Bedingungen, sodass sowohl weiße als auch rote Sorten ideale Verhältnisse vorfinden.

Die Weißweine dominieren die Produktion. Die am häufigsten angebaute Rebsorte Südafrikas ist der von der Loire stammende Chenin blanc, der in Südafrika Steen genannt wird. Meist erzeugt man aus ihm ordentliche Tischweine, aber nur selten beachtenswerte Gewächse. Seit Mitte der 80er-Jahre erleben Chardonnay und Sauvignon blanc einen gewaltigen Aufschwung; man findet vorzügliche Weine aus diesen Sorten.

Eine rote Rebsortenspezialität ist der Pinotage, eine südafrikanische Züchtung aus Pinot noir und Cinsaut, von dem ausgezeichnete Weine erzeugt werden. Dominierende rote Rebsorte ist der Cabernet Sauvignon, aber auch Merlot, Syrah und Pinot noir werden immer beliebter.

Chardonnay aus Übersee

Chardonnay aus Übersee Chardonnay wird in allen Überseegebieten mit großem Erfolg angebaut. Vorbild der meisten Winzer ist der weiße Burgunder der Côte de Beaune. Was Klima und Böden in den einzelnen Ländern teilweise nicht bieten können, versucht man mittels Kellertechnik auszugleichen. Oft geraten die Chardonnay-Weine aus Übersee wuchtiger (Australien), manchmal dünner (Südafrika) oder stärker geprägt von Barriquenoten (Kalifornien), als dies bei europäischen Vertretern dieser Sorte der Fall ist. Sehr ausgeglichene Weine findet man in Chile und Neuseeland.

Chardonnay aus Übersee zum Essen

Unabhängig von den verschiedenen Stilen bieten gerade Chardonnay-Weine aus Übersee ein breites Spektrum von Kombinationsmöglichkeiten zum Essen. Sowohl zu einfachen Gerichten als auch zu raffinierten Vorspeisen oder einem festlichen Hauptgang bietet ein Chardonnay stets großen Genuss.

Suppen und Vorspeisen

Ein Chardonnay eignet sich zu jeder Bouillon, Consommé oder gebundenen Suppe von Fleisch, Geflügel oder Fisch. Man kann ihn auch zu fast allen kalten Vorspeisen servieren, zu feinen Salaten, Terrinen und Pasteten von Kalbfleisch, Geflügel, Fisch, Schalen- und Krustentieren, zu marinierten Spezialitäten und Carpaccio von Kalbfleisch, Ente und Fisch sowie zu Tatar von Edelfischen.

Hervorragend schmeckt ein Chardonnay auch zu warmen Vorspeisen, zu ausgesuchten Zubereitungen von Kalbfleisch (Bries, Zunge und Kalbskopf), Geflügel oder Fisch sowie Schalen- und Krustentieren.

Alle Vorspeisen, die mit Blätterteig verfeinert werden, harmonieren perfekt mit einem Chardonnay und seinen buttrigen Aromen. Dies gilt ebenso für Pasta- und Reisgerichte mit hellen Saucen.

Fleisch und Geflügel

Chardonnay kann man zu Kalb- und Rindfleisch in vielerlei Variationen reichen, besonders zu pochierten Zubereitungen (Filet, Tafelspitz, Zunge) wie auch zu sanft geschmorten Gerichten (Ossobuco). Die fülligen australischen Chardonnay-Weine passen sehr gut zu gebratener Leber.

Vom Geflügel eignen sich Stubenküken, Poularden, Perlhuhn und Ente sehr gut, ebenso Kaninchen. Selbst zu einem opulenten Gänsebraten oder zu Wildschwein kann man einen (australischen) Chardonnay kredenzen.

Empfehlenswert zu diesen Gerichten sind helle, aber geschmacksintensive Saucen und Fonds, bei denen man nicht an Butter zu sparen braucht und die auch mit Sahne, Weißwein und Gartenkräutern verfeinert werden können.

Fisch, Schalen- und Krustentiere

Je nach Zubereitungsart eignen sich alle Süßwasser- und Meeresfische zu einem Chardonnay. Als Saucen empfehlen sich feine Weißweinreduktionen, Fischfonds, Kräutersaucen und alle aus Butter gefertigten Saucen wie Beurre blanc, Sauce hollandaise etc.

Will man einen Chardonnay zu Jakobsmuscheln, Scampi, Garnelen oder Flusskrebsen trinken, sollte man zu einem chilenischen oder neuseeländischen Wein greifen. Zu Hummer oder Languste dagegen wählt man einen australischen oder kalifornischen.

Zutaten

Petersilie, Kerbel, Schnittlauch, Dill, Estragon, Liebstöckel, weißer Pfeffer, Koriander- und Fenchelsamen, Lorbeerblatt und Safran eignen sich gut. Chili, Cayennepfeffer, Nelke, Zimt, Muskat und andere stark parfümierende oder scharfe Gewürze sollte man vermeiden bzw. nur sehr sparsam einsetzen.

Beilagen

Als Beilagen eignen sich alle Zubereitungen von Kartoffeln sowie weißes und grünes Gemüse. Sehr zu empfehlen sind auch Pilze, besonders Steinpilze, andere edle Röhrlinge und Morcheln, gedünstet oder in Butter gebraten.

Käse

Wenn man während des Menüs schon einen Chardonnay bzw. einen weißen Burgunder getrunken hat, sollte man zum Käse nach einer kräftigeren Alternative, möglichst einem süßen Weißwein, suchen, der sich über die konzentrierte Fülle des Chardonnay hinwegzusetzen vermag.

Andere Gerichte

Einen Chardonnay kann man jederzeit zu einem einfacheren Gericht, zu kalten Platten, Eierspeisen, Omeletts und Aufläufen reichen. In diesem Fall sollte er jedoch nicht von allzu großer Fülle sein, weswegen sich besonders ein südafrikanischer oder auch neuseeländischer Wein gut eignet.

Chenin blanc (Steen) aus Übersee Qualitativ hoch stehenden Chenin blanc aus Übersee findet man fast nur in Südafrika, obwohl er hier oft zu einfachen Tafelweinen verarbeitet oder auch zur Schaumwein- oder Spirituosenerzeugung verwendet wird. Bei sorgfältiger Pflege im Weinberg und fachmännischer Vinifizierung kann er aber wohlschmeckende, trockene wie auch feine halbtrockene Weine ergeben. Der Chenin blanc gehört zu den säurereichen Weinen, denen es – zumindest gilt dies für die südafrikanischen Erzeugnisse – oft etwas an Extrakt mangelt.

Chenin blanc (Steen) aus Übersee zum Essen

Einen Chenin blanc sollte man nicht zu einem großen Menü trinken. Am ehesten eignet er sich zu alltäglichen Gerichten, zu Salaten und einfacher Hausmannskost.

Suppen und Vorspeisen

Chenin blanc passt gut zu Bouillons und einfachen Gemüsesuppen, zu leichten Salaten, Sülzen, mariniertem Fleisch, Geflügel und Fisch sowie zu mariniertem Gemüse und Gemüseterrinen.

Fleisch

Ein Chenin blanc begleitet mit Vorliebe herzhaftes Schweinefleisch, Gerichte von gepökeltem Fleisch oder Kasseler Koteletts und Kasseler Rippenspeer, wozu Sauerkraut als Beilage serviert wird.

Fisch

Zu einfachen Fischgerichten wie z.B. zu panierten Filets von Kabeljau, Goldbarsch oder Seehecht lässt sich ein Chenin blanc mit großem Vergnügen trinken.

Zutaten

Wie bei allen trocken-fruchtigen Weinen mit filigraner Säure sollte man auf stark parfümierende Gewürze (Nelken, Zimt, Piment etc.) verzichten. Weißer Pfeffer, Kapern, Gartenkräuter wie Petersilie, Kerbel, Dill, Sauerampfer, Melisse, Liebstöckel, Schnittlauch und Schalotten dagegen sind gut geeignet.

Beilagen

Kartoffelsalat, Blatt- und Gemüsesalate, Kartoffelgratins und -pürees sowie weißes und grünes Gemüse sind ideale Beilagen.

Käse

Ein Chenin blanc verträgt sich sehr gut mit frischem Ziegenkäse.

Sauvignon blanc aus Übersee Nach Chardonnay ist Sauvignon blanc die verbreitetste weiße Rebsorte in den überseeischen Anbaugebieten. Sie erreicht zwar in keinem Land (vielleicht mit Ausnahme Neuseelands) die Größe der Spitzengewächse aus Sancerre, Pouilly oder den Graves, ist aber aufgrund der recht gleichmäßigen Qualität ihrer Weine überaus beliebt. Man erkennt einen Sauvignon blanc aus Übersee wie seine europäischen Verwandten an seinen bestechenden, frisch-fruchtigen Aromen. Noten von Pfirsich, Aprikose, Grapefruit und Buchsbaum sind charakteristische Merkmale.

Ausgesprochen feine Sauvignon-blanc-Weine werden in Neuseeland erzeugt; sie bieten manchmal eine fast überwältigende Fülle von Aromen. Manche Winzer in Kalifornien und Australien bezeichnen die Weine aus der Sauvignon-blanc-Traube als Fumé blanc, eine Namensgebung, die sich von Pouilly Fumé ableitet.

Sauvignon blanc aus Übersee zum Essen

Sauvignon blanc lässt sich zu vielen Teilen eines Menüs genießen, kann aber auch zu einfachen, besonders auch sommerlichen Gerichten serviert werden. Man sollte jedoch darauf achten, dass die Speisen nicht zu fett sind.

Suppen und Vorspeisen

Zur Consommé, besonders zu klaren Gemüsesuppen und Fleischbrühen, aber auch zu einem Gazpacho passt ein Sauvignon blanc (vorausgesetzt, er ist nicht im Barrique ausgebaut) hervorragend. Zu einer Fischsuppe, z. B. zu einer Bouillabaisse, sollte man sich einen Sauvignon blanc keinesfalls entgehen lassen.
Mit kalten und warmen Vorspeisen von weißem Geflügel, Kaninchen und Kalbfleisch harmoniert dieser Wein ebenso gut wie mit Fisch, Schalen- und Krustentieren.

Fleisch und Geflügel

Ein Sauvignon blanc passt sehr gut zu pochierten oder geschmorten Zubereitungsarten von Kalbfleisch, z. B. zu Kalbshaxe, Beinscheiben (Ossobuco) und Kalbsbrust, oder zu pochiertem Rinderfilet. Auch zart gebratene Poularden, Stubenküken und Kaninchen mit hellen Fonds oder feinen Wein- und Kräutersaucen ergeben äußerst schmackhafte Kombinationen.

Fisch, Schalen- und Krustentiere

Sauvignon blanc ist einer der feinsten Weine zu edlem Fisch. Er passt zu Lachs vom Grill mit Zitronenbutter oder zu Hecht mit Sauerampfer, zu Flusskrebsen, Hummer, Langusten mit Sauce Nantua und Muscheln. Auch Klößchen und Soufflés von Edelfischen und Krustentieren lassen sich gerne von einem Sauvignon blanc begleiten.

Zutaten

Die Zutaten sollten mit der Fruchtigkeit des Weins harmonieren. Man kann alle gängigen Küchenkräuter und Gewürze nutzen, auch Senf, Zitronenschale und Kapern.

Beilagen

Bei Gemüsebeilagen sollte man auf alle Arten von Kohl und Pilzen verzichten, da sich diese nicht mit der feinen Frucht des Sauvignon vertragen. Fenchel, Spargel, Paprika und Tomaten hingegen sind geschätzte Beilagen. Auch zurückhaltend und mit wenig Essig angemachte Salate passen gut.

Käse

Ein Sauvignon blanc harmoniert hervorragend mit Frischkäsen, besonders mit solchen aus Ziegenmilch.

Cabernet Sauvignon aus Übersee Die heimliche Königin unter den Rotweinsorten und die Seele der großen Médoc-Weine wird in allen Anbaugebieten in Übersee leidenschaftlich kultiviert. Man findet mittlerweile in allen Ländern bemerkenswerte bis großartige Qualitäten von Cabernet Sauvignon. Manchmal fehlt den Weinen zwar der bei den Bordeaux-Gewächsen so markante Terroir-Charakter, sie entwickeln jedoch oft üppige und sortentypische Aromen von schwarzen Johannisbeeren und dunkler Schokolade.

Besonders Cabernet-Suavignon-Weine aus Chile und Australien sind schon recht jung trinkreif und dank dem zuverlässigen Wetter in diesen Breitengraden auch keinen großen Jahrgangsschwankungen unterworfen. Kalifornische Cabernets sind etwas stärker von Gerbstoffen geprägt. Manche amerikanischen Winzer übertreiben auch den Einsatz von Barriques, um dem französischen Original so nahe wie möglich zu kommen. Trotzdem findet man heute außerhalb von Bordeaux in Kalifornien die opulentesten Cabernets, für die jedoch auch bordeauxähnliche Preise verlangt werden.

Cabernet Sauvignon aus Übersee zum Essen

Die Bandbreite von Cabernet Sauvignon aus Übersee ist so groß, dass man ihn zu allen Teilen eines Menüs, zu einem kalten Büffet, aber auch zu alltäglichen Gerichten empfehlen kann. Zu welchem Essen er serviert wird, sollte aufgrund der Klasse des Weins entschieden werden.

Suppen und Vorspeisen

Bei Suppen und anderen Vorspeisen ist Vorsicht angebracht, da man oft Mühe hat, nach einem Cabernet Sauvignon einen geeigneten Wein für den folgenden Gang zu finden.
Ein leichterer Cabernet aus Chile, Neuseeland oder Südafrika kann aber durchaus Vorspeisen von gebratenem Rindfleisch oder Lamm begleiten.

Fleisch, Wild und Geflügel

Zubereitungen von gebratenem Rind- oder Lammfleisch harmonieren am besten mit einem Cabernet Sauvignon. Tournedos vom Ochsenfilet, Chateaubriand, gegrilltes oder gebratenes Entrecôte, Rumpsteaks, Schmorbraten aus der Keule oder von der Côte de Bœuf, rosa gebratene Hochrippe aus dem Ofen, geschmorte Ochsenbäckchen, Lammkeule, Lammrücken und Lammfilets sind ideal. Die passenden Saucen, am besten reduzierte Fleischfonds, sollten nur dezent gewürzt sein, können aber mit einem Cabernet Sauvignon abgeschmeckt werden. Wild eignet sich weniger gut, allenfalls kann man eine Kombination mit Fleisch von jungem Reh oder Hirschkalb probieren. Vom Geflügel passt am besten eine gebratene Gans.
Einfachere Cabernets harmonieren gut mit geräuchertem oder luftgetrocknetem Schinken, mit Aufschnitt von Roastbeef, mit Bündnerfleisch und ähnlichen Spezialitäten. Auch zu Gulasch und vergleichbaren Gerichten, zu Rouladen, einfachen Steaks aus der Pfanne und Fleisch vom Holzkohlengrill sind Cabernet-Sauvignon-Weine empfehlenswert.

Fisch, Schalen- und Krustentiere

Zu Fisch, Schalen- und Krustentieren passt ein Cabernet nicht.

Zutaten

Um die Gerichte und die dazu ausgewählten Weine perfekt genießen zu können, sollte man auf stark aromatisierende Gewürze, Sahne, Crème fraîche und Mehlschwitzen verzichten. Saucen können mit einem einfachen Cabernet verfeinert werden.

Beilagen
Kartoffeln eignen sich in vielerlei Form als Beilage, besonders Pürees und Gratins. Gemüse ist oft problematisch, man kann aber Wirsing, Rosenkohl, Mangold, Schwarzwurzeln und Möhren in kleinen Portionen servieren. Bei Pilzen sollte man am ehesten Morcheln und schwarze Trüffel wählen.

Käse
Zum Käse sollte man keinen Cabernet Sauvignon trinken.

Malbec aus Übersee

Der Malbec gehörte einst zu den populären Rebsorten des Bordelais, wo er heute aber nur noch eine untergeordnete Rolle spielt. In manchen Médoc-Cuvées macht Malbec noch einen Anteil von 2 bis 5 % aus. Unweit von Bordeaux, in Cahors, ist Malbec dagegen immer noch die dominierende Traubensorte.

Eine bedeutende Rolle spielt Malbec heute im argentinischen Weinbau, wo er seine Wahlheimat und beste Bedingungen gefunden hat. Zwar ist er die meistangebaute Sorte Argentiniens, doch wird er von Cabernet Sauvignon und Chardonnay bedrängt. Die argentinischen Malbecs sind häufig sehr fleischig, üppig und charaktervoll und erinnern an Bordeaux-Weine.

Malbec aus Übersee zum Essen

Ein Malbec passt sich mit seinen Geschmacksnoten hervorragend dem Eigengeschmack von geschmortem, gebratenem und gegrilltem Rind, Lamm und Wild an. Kraft und Fülle eines Malbec können sehr dominant sein, sodass man diesen Wein nur zum Hauptgang eines Menüs servieren sollte.

Suppen und Vorspeisen
Zu Suppen und Vorspeisen ist ein Malbec ungeeignet.

Fleisch, Wild und Geflügel
Ein Malbec passt gut zu kräftiger und rustikaler Hausmannskost sowie zu geschmorten oder gebratenen Gerichten von rotem Fleisch. In Kombination mit den würzig-kräftigen Noten des Weins sollte man vom Rind gegrilltes oder gebratenes Entrecôte, Rumpsteaks, Schmorbraten aus der Keule oder von der Côte de Bœuf und Ochsenschwanz wählen.
Ähnliche Zubereitungen sind bei Lamm und Wild zu bevorzugen. Auch andere deftige Gerichte wie z.B. Rinderrouladen, Gulasch und ähnliche Fleischragouts vom Rind, Lamm oder Wild passen ausgezeichnet. Dazu reicht man dunkle, würzige Saucen. Wegen seiner herben Würzigkeit harmoniert ein Malbec bei Geflügel am besten zu einem Gänsebraten.

Zutaten
Geeignet sind alle aromatischen, würzigen Zutaten wie Thymian, Majoran, Lorbeer, Wacholder, Piment, schwarzer und grüner Pfeffer, süßer Paprika und Tomatenmark. Gewürze mit eher mediterranem Charakter (Basilikum, Rosmarin, Bohnenkraut) sind weniger geeignet. Da die Gerichte rustikaler und somit fetter als üblich sein können, sollte man bei den Saucen auf Sahne verzichten. Kräftige Fleischfonds, allenfalls mit einem Malbec verfeinert, harmonieren besser.

Beilagen
Bratkartoffeln, Pommes frites, Kartoffelgratins, Rotkohl, Rosenkohl, Wirsing, Mangold und alle Arten von Wurzelgemüse eignen sich gut.

Käse
Man kann sich darüber streiten, ob ein Malbec zum Käse passt. Am ehesten harmoniert er mit würzigen Sorten wie Cantal, Laguiole, Tomme de Savoie, Gaperon, Banon und Murol.

Andere Gerichte
Eintöpfe von Bohnen und Linsen, Gulasch- und Ochsenschwanzsuppen lassen sich gern von einem Malbec begleiten, ebenso Wurstplatten mit geräucherter Wurst und Schinken.

Merlot aus Übersee
Der legendäre Château Pétrus ist das feinste, wertvollste, aber auch teuerste Beispiel für einen großartigen Wein aus dieser Traubensorte, die nirgendwo besser gedeiht als in Pomerol und St-Emilion. Als qualitativ sehr zuverlässig erweisen sich viele Merlot-Weine aus Übersee, besonders aus Chile, Kalifornien und, wenn auch selten, Australien. Aromen und Geschmacksnoten der Übersee-Merlots sind äußerst vielfältig. Die Weine präsentieren sich meist sehr fruchtig, geschmeidig und überaus süffig.

Merlot aus Übersee zum Essen
Die Übersee-Merlots lassen sich im Gegensatz zu ihren großen Vorbildern aus Bordeaux auch zur einfachen Küche genießen. Natürlich verdienen es besondere Merlots (von denen es in Übersee aber noch sehr wenige gibt), zu den besten Teilen eines Menüs getrunken zu werden. Wie auch im Fall der Cabernet-Weine können pikant gewürzte Gerichte mit geschmacksdominierenden Saucen und Beilagen die Harmonie mit dem Wein mindern.

Suppen und Vorspeisen
Zur Suppe ist ein Merlot weniger empfehlenswert. Er passt jedoch zu vielen Vorspeisen, die mit gebratenem Fleisch von Rind, Lamm oder Wild zubereitet werden.

Fleisch, Wild und Geflügel
Ein Merlot von besserer Qualität ist immer eine gute Empfehlung zu feinen Gerichten von Rind- und Ochsenfleisch. Gebratene Zubereitungen vom Rinderfilet, Chateaubriand, Entrecôte, Schmorbraten, Ochsenschwanz und Ochsenbäckchen ergeben schmackhafte Kombinationen. Feine reduzierte Fonds, die den Eigengeschmack des Fleisches betonen, sollten diese Gerichte begleiten. Mit Lamm, zarten Filets oder einem Braten aus Keule oder Schulter harmoniert der Wein wunderbar, wenn die oft zur Zubereitung von Lammfleisch verwendeten Kräuter und Gewürze wie z.B. Rosmarin und Knoblauch zurückhaltend eingesetzt werden. Vom Wild sollte man Reh, Hirsch oder Wildschwein von jungen Tieren bevorzugen. Gebratene Gans, Ente und Taube vertragen sich bestens mit einem Merlot, der auch sehr gut zu Rindfleisch-Ragouts, Gulasch, Rindersteaks und -rouladen passt.

Fisch, Schalen- und Krustentiere
Zu Fisch, Schalen- und Krustentieren sollte man nur einen Merlot wählen, wenn die Zubereitungsart und vor allem die begleitenden Saucen es zulassen. Zu Meeresfischen vom Grill mit rustikalen Beilagen kann man einen Merlot durchaus empfehlen.

Zutaten
Dominante Gewürze und Kräuter sind zu vermeiden oder nur sparsam zu verwenden. Gebundene Saucen passen meist ebenso wenig wie Saucen, die mit Sahne oder Crème fraîche zubereitet werden. Die würzige Kraft von Fleischfonds, Pfeffer und Salz reichen meistens aus. Ein Schuss Merlot kann die Saucen verfeinern.

Beilagen
Kartoffeln sind eine ideale Ergänzung. Auch Rotkohl, Wirsing, Mangold, Schwarzwurzeln und Möhren eignen sich gut, ebenso wie Morcheln und schwarze Trüffel.

Käse
Ein leichter Merlot harmoniert mit Camembert oder Brie.

Pinot noir und Pinotage aus Übersee Auch wenn es sich bei Pinot noir und Pinotage (eine Kreuzung zwischen Pinot noir und Cinsaut) um unterschiedliche Rebsorten handelt, passen beide zu den gleichen Gerichten. Klassische Pinots noirs von der Côte d'Or im Burgund betören mit ihren Aromen von Waldbeeren und roten Früchten. Ein Pinot noir aus den kühleren Gegenden Kaliforniens oder aus Oregon ist zwar von anderem Charakter, aber durchaus von ansprechender bis hervorragender Qualität. Erst vereinzelt kommen gute Pinots noirs aus Australien und vor allem aus Neuseeland, wo z. B. der Schweizer Weinmacher Georg Fromm in den letzten Jahren mit seinem Pinot noir «La Strada» Furore gemacht hat. Die beachtenswerten Pinot-noir-Weine aus Übersee zeichnen sich durch ihren fruchtigen Charakter und ihre Eleganz aus.

Der südafrikanische Pinotage ähnelt einem fülligeren Pinot noir. Der verhältnismäßig säurereiche, fruchtige Wein kann bei ausreichender Fasslagerung gute Qualitäten erreichen.

Pinot noir und Pinotage aus Übersee zum Essen

Pinot noir und Pinotage sind stets angenehme Begleiter zum Essen. Man kann sie zu einem einfachen Mittagsgericht genauso genießen wie zu einem festlichen Menü. Sie harmonieren mit vielen leichteren Speisen der alltäglichen kalten und warmen Küche.

Suppen und Vorspeisen
Die frische Fruchtigkeit dieser Weine verträgt sich weniger gut mit Suppen, abgesehen von klaren Ochsenschwanz- oder Wildsuppen. Pinot noir und Pinotage passen perfekt zu Wurst- und Schinkenplatten, Aufschnitt von kaltem Braten und Roastbeef, bäuerlichen Terrinen und Pasteten, Steak Tatare, Fleisch- und Wurstsalaten.

Fleisch, Wild und Geflügel
Ein Pinot noir bzw. Pinotage harmoniert sehr gut mit gebratenem Hähnchen, Schnitzel oder Kotelett vom Schwein, mit geschmortem Kaninchen, Gulasch, Rindfleisch- und Wildragouts. Besonders schmackhaft sind die Weine zu gebratenen Filets vom Rind, Schwein, Kalb und Lamm, ganz besonders zum traditionellen Chateaubriand sowie zu Wildschweingerichten.

Bei Geflügel sollte man Perlhuhn, Barbarie-Ente, Wildente, Taube, Wachtel oder Fasan wählen. Bei der Zubereitung der Saucen muss man darauf achten, dass diese nicht zu schwer werden, damit sie mit der Fruchtigkeit der Weine harmonieren.

Fisch
Es lohnt sich, einen Pinot noir zu gebratenem Fisch zu probieren. Ideal passt er zu einem auf der Haut gebratenen Filet eines Edelfisches.

Zutaten
Um Gerichte mit einem Pinot noir oder Pinotage vollendet genießen zu können, sollte man auf dominierende und scharfe Gewürze wie auch auf säuerliche Zutaten verzichten. Saucen ohne Sahne sind vorzuziehen.

Beilagen

Als Beilagen empfehlen sich Kartoffelgratins, Pommes soufflées, Pommes mousseline und Schupfnudeln, feine Gemüse wie Schwarzwurzeln, Kohlrabi, Möhren oder Mairübchen.

Käse

Pinot noir und Pinotage passen zu zahlreichen, nicht allzu fetten Rohmilch-Weichkäsen.

Syrah/Shiraz aus Übersee Die großen rebsortenreinen Syrah-Weine der Rhône, allen voran der Hermitage, gelten als Vorbild für die Shiraz-Weine aus Übersee. Speziell in Australien gibt es monumentale Beispiele (Grange, Balmoral) solcher Gewächse, aber auch hervorragende Tischweine. Sie sind von einer unvergleichlichen Fülle und Opulenz, gefallen mit überwältigender Frucht und mit Aromen, die an schwarze Konfitüre erinnern. Zunehmend beachtenswerte Syrahs kommen in den letzten Jahren aus Kalifornien und teilweise auch aus Argentinien.

Syrah/Shiraz aus Übersee zum Essen

Der opulente Shiraz eignet sich am besten zu einem üppigen Haupt- bzw. Fleischgang. Seine mächtige, überaus würzige Fülle harmoniert hervorragend mit pikanten, ausdrucksstarken Fleischgerichten (z.B. Lamm, Wild, Rindfleisch mit Hautgoût).

Suppen und Vorspeisen

Zu diesen Teilen des Menüs sollte man auf einen Shiraz verzichten.

Fleisch, Wild und Geflügel

Der dominant-würzige Geschmack eines Shiraz passt sehr gut zu Rindfleisch, das «blutig» oder auch «blau» zubereitet werden kann. Dafür eignen sich Tournedos vom Ochsenfilet, Chateaubriand, gegrilltes oder gebratenes Entrecôte und Rumpsteaks. Auch Schmorbraten aus der Keule oder von der Côte de Bœuf sowie rosa gebratene Hochrippe und geschmorter Ochsenschwanz harmonieren gut. Lamm- und Wildgerichte, besonders auch mariniertes Wild, ergeben perfekte Kombinationen mit einem Shiraz. Gans, Wildente und Bluttaube verbinden sich besonders schön mit den süßlichen Noten dieses Weins. Zu all diesen Fleisch- und Geflügelgerichten serviert man dunkle, würzige Saucen.

Zutaten

Zu einem Shiraz passen alle aromatischen und pfeffrigen Zutaten wie Thymian, Majoran, Estragon, Rosmarin, Salbei, Lorbeer, Wacholder, Piment, schwarzer und grüner Pfeffer. Kräftige, dunkle Fleischfonds, allenfalls mit einem Shiraz verfeinert, sind ideal.

Man sollte bedenken, dass andere Weine sich nur schwer gegen einen Shiraz behaupten können, und deshalb den Shiraz immer als letzten Wein in einer Menüfolge servieren. Nach ihm kann man dann zum Käse oder Dessert einen Süßwein ausschenken.

Beilagen

Kartoffelgratins, Kartoffelklöße, Schupfnudeln, Fenchel, Staudensellerie, Rotkohl, Rosenkohl, Wirsing, Mangold und alle Arten von Wurzelgemüse sind empfehlenswert. Morcheln und schwarze Trüffel sind eine perfekte Ergänzung.

Käse

Shiraz passt eventuell zu einem würzigen, leicht süßlichen Hartkäse. Besonderen Genuss sollte man sich allerdings nicht davon versprechen.

Andere Gerichte

Einen Shiraz kann man auch zu einem einzelnen, alltäglichen Gericht trinken, das aber mit der opulenten Fülle des Weins harmonieren muss. Küchenklassiker wie z.B. Rinderrouladen, Sauerbraten, Wildragouts und Hasenpfeffer passen ausgezeichnet.

Zinfandel aus Übersee Diese in Kalifornien sehr beliebte Rebsorte hat ihren Ursprung in Süditalien, wo sie heute unter dem Namen Primitivo eine kleine Renaissance erlebt. Zinfandel, einst die meistangebaute Sorte Kaliforniens und zu Zeiten des Goldrauschs Mitte des 19. Jahrhunderts beliebtester Wein im Wilden Westen, wurde durch die Popularität des Cabernet Sauvignon zurückgedrängt.

Der Zinfandel ist ein fruchtiger, aber robuster und kräftiger Rotwein, der zwar trocken vinifiziert wird, jedoch oft dezent süßliche Geschmacksnuancen aufweist. Zinfandel von alten Rebstöcken kann großartige, mächtige und langlebige Weine ergeben.

Zinfandel aus Übersee zum Essen

Zinfandel scheint wie gemacht zu sein für eine Vielzahl von Gerichten der rustikalen Küche. Nicht allein die Tatsache, dass er aus dem Land der Barbecues kommt, macht ihn zum idealen Begleiter von Grillgerichten. Seine füllige, fruchtige Art passt sehr gut zu pikant gewürzten Grilladen und auch zu scharfer asiatischer Küche.

Suppen und Vorspeisen

Zu Suppen harmoniert ein Zinfandel nicht gut, höchstens zu einem deftigen Rind- oder Lammfleischeintopf. Er eignet sich jedoch ausgezeichnet als Begleiter zu einer Vielzahl von pikanten kalten und warmen Vorspeisen bei Barbecues und Grillpartys.

Fleisch, Wild und Geflügel

Man sollte Zinfandel zu Fleisch vom Grill genießen. Ganz vorzüglich schmeckt er auch zu deftigen Ragouts von Rind-, Lamm- oder Wildfleisch. Seine kräftige Fülle mit der ihm eigenen feinen Süße lässt ihn auch viele Fleischgerichte der asiatischen Küche begleiten, besonders solche, die mit Tamarinde gewürzt sind.

Fisch, Schalen- und Krustentiere

Zinfandel passt nicht zu Fischgerichten.

Zutaten

Gewürze und Kräuter jeder Herkunft harmonieren mit der aromatischen Art des Zinfandel. Auf Saucen mit Sahne und Ei sollte man jedoch verzichten.

Beilagen

Als Beilagen empfehlen sich alle Kartoffelzubereitungen und herzhaftes Gemüse (z.B. eingelegte Paprika, Peperoni, Auberginen, Oliven).

Käse

Zinfandel passt sehr gut zu Hartkäsen und zu Käsen der Cheddar-Familie.

Dritter Teil

Die wichtigsten Menüteile und die passenden Weine

Kalte Vorspeisen

Salate Blattsalate wie Kopfsalat, Feldsalat, Frisée, Eichblattsalat oder Radicchio, angemacht mit einer Vinaigrette, haben lange Zeit unser Vorstellungsbild vom Salat geprägt. Ergänzt wurde es durch italienischen Salat, Salade niçoise oder griechischen Bauernsalat mit ihren rustikalen Zutaten. In der heutigen, kreativen Küche sind die Blattsalate eher schmückendes Beiwerk denn lukullischer Hauptbestandteil. Alles, was Feld und Garten an wohlschmeckenden Gemüsen, Früchten und Kräutern bieten, dazu phantasievolle Zubereitungsarten von Fleisch und Fisch, wird heute als Salat serviert. Salat von Zuckerschoten mit Jakobsmuscheln, Flusskrebse auf Salat von Wiesenkräutern oder Linsensalat mit Wachtelbrüstchen entsprechen sicher nicht mehr Großmutters krautiger Vitaminbombe.

Die Vielfalt von Rezepten moderner Salatkreationen eröffnet natürlich auch eine Menge von Möglichkeiten bei der Weinwahl. Der Wein sollte sich stets an den dominierenden Zutaten des Gerichtes orientieren. Nicht die Salatherzen, Bohnen oder Spinatblätter, sondern das geräucherte Entenfilet oder die marinierten Crevetten sollten entscheiden, welche Flasche aufgemacht wird. Häufig diktieren auch aromatische Saucen, Vinaigretten und Dressings die Wahl des Weins. In der gepflegten Küche wird man bei Salatsaucen immer auf vorsichtigen Umgang mit Essig achten, da dieser – zu reichlich verwendet – den Weingenuss doch stark beeinträchtigen kann.

Salate mit Fleisch und Geflügel

Zutaten Feine Scheiben und Filets von gebratenem und pochiertem Fleisch oder Geflügel, auch von geräuchertem Fleisch oder Geflügel.

Beilagen Blattsalate, Chicorée, Spinatblätter, Sellerie, Tomaten, Paprika, Zucchini, Artischocken, Auberginen, Zuckerschoten, Gurken, Bohnen, Erbsen, Linsen, Melonen, Feld- und Gartenkräuter.

Weinempfehlung

Leichte bis mittelschwere, trockene bis halbtrockene Weiß- oder Roséweine. Weine, die im Barrique ausgebaut wurden, eignen sich weniger.

Weisswein

Deutschland Trockener oder halbtrockener Riesling (QbA oder Kabinett) aus allen Anbaugebieten, trockener Grauburgunder aus Baden oder aus der Pfalz, trockener Sylvaner aus Franken.

Schweiz Fendant aus dem Wallis, Chasselas aus der Waadt.

Österreich Grüner Veltliner (Steinfeder oder Federspiel) aus der Wachau, Sauvignon blanc aus der Steiermark.

Frankreich Riesling oder Tokay Pinot gris aus dem Elsass, Sancerre, Pouilly Fumé, Côte de Beaune-Villages.
Italien Soave Classico, Chardonnay oder Pinot grigio aus dem Friaul, Orvieto Classico, Vernaccia di San Gimignano.
Übersee Sauvignon blanc aus Chile oder Neuseeland, Chenin blanc aus Süafrika.

Roséwein

Deutschland Trockener oder halbtrockener Spätburgunder Weißherbst aus Baden oder dem Rheingau.
Schweiz Œil-de-Perdrix oder ein Ostschweizer Rosé.
Frankreich Sancerre rosé, Roséweine aus Anjou und Saumur.
Spanien Rosé aus dem Penedès oder aus Navarra.

Rotwein

Deutschland Trockener Spätburgunder aus dem Rheingau oder aus Baden.
Österreich Zweigelt aus dem Burgenland.
Schweiz Walliser Dôle, Gamay aus der Westschweiz, Ostschweizer Blauburgunder.
Frankreich Pinot noir aus dem Elsass, Côte de Beaune-Villages, Beaujolais-Villages, Chinon.
Italien Bardolino, Valpolicella Classico.

Salate mit Fisch oder Schalen- und Krustentieren

Zutaten Rohe, pochierte, marinierte oder geräucherte Scheiben und Filets von Süß- oder Meerwasserfischen, Muscheln, Hummer, Langusten, Crevetten, Scampi, Krebsen und Tintenfischen.
Beilagen Blattsalate, Chicorée, Spinatblätter, Sellerie, Tomaten, Paprika, Zucchini, Artischocken, Zuckerschoten, Gurken, Fenchel, Melonen, Feld- und Gartenkräuter.

Weinempfehlung

Leichte bis mittelschwere, trockene bis halbtrockene Weißweine (trockene Weine eher zu Fisch, halbtrockene eher zu Schalen- und Krustentieren). Im Barrique ausgebaute Weine eignen sich weniger gut.

Weisswein

Deutschland Trockener oder halbtrockener Riesling aus allen Anbaugebieten, Weißburgunder aus Baden, trockener Sylvaner aus Franken (Kabinett).
Österreich Riesling (Federspiel bzw. Kabinett) aus der Wachau oder dem Kamptal.
Schweiz Johannisberg aus dem Wallis.
Frankreich Riesling oder Pinot blanc aus dem Elsass, trockener Weißwein aus Anjou und Saumur (Savennières), Muscadet de Sèvre-et-Maine, Chablis, Aligoté aus Bouzeron (Côte Chalonnaise), Entre-Deux-Mers, weißer Graves.
Italien Gavi di Gavi, Soave Classico, Pinot bianco aus dem Friaul, Sauvignon blanc aus der Toskana oder dem Friaul.
Spanien Albariño aus den Rías Baixas.
Portugal Vinho verde (Alvarinho).
Übersee Sauvignon blanc aus Chile oder Neuseeland.

Carpaccio und Tatar Der Einfallsreichtum phantasievoller Köche kennt auch bei diesen Vorspeisen keine Grenzen. Von allen Arten von Fleisch, Fisch und Meeresfrüchten, die sich mahlen, pürieren und in dünne Scheiben schneiden lassen, gibt es köstliche Kreationen und Rezepte. Carpaccio von der Lachsforelle auf Ketakaviar-Creme oder Kalbstatar auf lauwarmem grünem Spargel sind verführerische Beispiele.

Kombinationen und Dekorationen sind ähnlich wie bei den Salaten. Da ein Carpaccio oft mit einer leicht säuerlichen Marinade angemacht wird, sollte man bei der Weinwahl die übliche Vorsicht walten lassen.

Carpaccio und Tatar von Fleisch und Geflügel

Zutaten Fleisch oder Geflügel, auch geräuchertes Fleisch oder Geflügel.

Beilagen Blattsalate, Chicorée, Spinatblätter, Sellerie, Tomaten, Paprika, Zucchini, Artischocken, Auberginen, Zuckerschoten, Gurken, Bohnen, Erbsen, Linsen, Melonen, Feld- und Gartenkräuter.

Weinempfehlung

Zu Carpaccio und Tatar passen die gleichen Weine, die zu Salaten mit Fleisch oder Geflügel empfohlen werden.

Carpaccio und Tatar von Fisch oder Schalen- und Krustentieren

Zutaten Rohe, marinierte oder geräucherte Süß- oder Meerwasserfische, Jakobsmuscheln, Hummer, Langusten.

Beilagen Blattsalate, Chicorée, Spinatblätter, Sellerie, Tomaten, Paprika, Zucchini, Artischocken, Zuckerschoten, Gurken, Fenchel, Melonen, Feld- und Gartenkräuter.

Weinempfehlung

Zu diesen Gerichten passen die gleichen Weine, die zu Salaten mit Fisch oder Schalen- und Krustentieren empfohlen werden.

Terrinen, Pasteten und Galantinen Ob in der traditionellen oder modernen Küche – Terrinen, Pasteten und Galantinen sind immer attraktiver Bestandteil eines Menüs oder Blickfang kalter Büffets. Es gibt unzählige Kreationen dieser Vorspeisen, doch lassen sie sich in drei Gruppen einteilen: solche auf der Basis von Fleisch, auf der Basis von Fisch und Krustentieren sowie auf der Basis von Gemüse.

Die Wahl des passenden Weins sollte sich jedoch auch an den dominierenden Zutaten des Gerichtes orientieren. Speziell Zubereitungen von Fleisch werden gerne mit Speck, Schmalz oder auch Sahne angereichert, mit Pfeffer, Muskat, Piment, Lorbeer und Thymian gewürzt und mit Wein, Portwein, Madeira oder Cognac verfeinert. Häufig werden aromatische Saucen und Dressings sowie kleine, oft mit einer Vinaigrette gewürzte Salatbouquets dazu gereicht. Diese Zutaten können den Genuss des Weins wesentlich beeinflussen.

Terrinen, Pasteten und Galantinen von Fleisch

Zubereitungen von Schwein, Kalb, Kaninchen oder Geflügel

Weinempfehlung

Leichte bis mittelschwere, nicht zu herbe, feinfruchtige Weißweine. Weine, die im Barrique ausgebaut wurden, eignen sich weniger.

Weisswein

Deutschland: Grauburgunder (Spätlese) aus Baden.
Österreich: Grüner Veltliner (Smaragd) aus der Wachau.
Schweiz: Fendant oder trockener Malvoisie aus dem Wallis, Chasselas aus der Westschweiz.
Frankreich: Tokay Pinot gris aus dem Elsass, Puligny-Montrachet oder Chassagne-Montrachet, Meursault, Pouilly-Fuissé, weißer St-Joseph, weißer Crozes-Hermitage.
Italien: Chardonnay und Pinot grigio aus dem Friaul, Trentino oder aus Südtirol.
Spanien: Chardonnay aus dem Penedès.
Übersee: Chardonnay aus Chile, Kalifornien oder Australien.

Zubereitungen von Rind und Wild

Weinempfehlung

Man hat die Wahl zwischen einem etwas kräftigeren, aromatischen Weißwein oder einem nicht zu üppigen Rotwein.

Weisswein

Deutschland: Grauburgunder (Spätlese) aus Baden.
Schweiz: Malvoisie aus dem Wallis.

Frankreich	Tokay Pinot gris (auch Vendange tardive) aus dem Elsass, Puligny-Montrachet oder Chassagne-Montrachet, Meursault, weißer St-Joseph, weißer Crozes-Hermitage.
Spanien	Chardonnay aus dem Penedès.
Übersee	Chardonnay aus Kalifornien oder Australien.

Rotwein

Deutschland	Spätburgunder aus dem Rheingau oder aus Baden.
Österreich	Blaufränkisch aus dem Burgenland.
Schweiz	Walliser Dôle, Gamay oder Pinot noir aus der Westschweiz, Ostschweizer Blauburgunder.
Frankreich	Pinot noir aus dem Elsass, Côte de Beaune-Villages, Beaujolais-Villages, Chinon, Côtes du Rhône-Villages.
Italien	Barbera, Lagrein, Teroldego.
Übersee	Pinot noir aus Kalifornien oder Oregon.

Zubereitungen von Leber

Weinempfehlung

Mit Pasteten und Terrinen von Leber harmonieren mittelschwere, nicht zu herbe, wenig säurebetonte Weiß- und Rotweine.

Weisswein

Deutschland	Trockener oder halbtrockener Grauburgunder (Spätlese) und trockener Muskateller (Spätlese) aus der Pfalz oder Baden.
Österreich	Grüner Veltliner (Smaragd) aus der Wachau.
Schweiz	Walliser Malvoisie oder eine Riesling × Sylvaner Spätlese aus der Ostschweiz.
Frankreich	Tokay Pinot gris oder Gewürztraminer (auch Vendange tardive) aus dem Elsass, weißer Crozes-Hermitage.
Italien	Gewürztraminer aus dem Südtirol.
Spanien	Chardonnay aus dem Penedès.
Übersee	Chardonnay aus Chile, Kalifornien oder Australien.

Rotwein

Deutschland	Spätburgunder (Spätlese) aus dem Rheingau oder aus Baden.
Österreich	Spätburgunder oder Blaufränkisch aus dem Burgenland oder aus der Thermenregion.
Schweiz	Walliser Dôle, Gamay aus dem Wallis oder aus Genf, Tessiner Merlot oder ein Blauburgunder aus der Ostschweiz.
Frankreich	Côte de Beaune-Villages, Côte de Nuits-Villages, Gevrey-Chambertin, Nuits-St-Georges, Aloxe-Corton, Savigny-lès-Beaune, Beaujolais-Villages, Fleurie, Brouilly.
Italien	Merlot oder Teroldego aus dem Trentino.
Übersee	Pinot noir aus Kalifornien oder Oregon, Merlot aus Chile, Pinotage aus Südafrika.

Zubereitungen von Stopfleber

Weinempfehlung

Die mit Zubereitungen von fetter Gänse- oder Entenstopfleber (Foie gras) wundervoll harmonierenden edelsüßen Gewächse sollten von aromatischer Fülle, aber nicht übermäßig säurebetont sein. Wenn trockene Weine gewählt werden, sind schwerere, gehaltvollere, sehr reife Weißweine zu bevorzugen.

Trockener Weisswein

Frankreich Gewürztraminer aus dem Elsass (auch Vendange tardive), Vin jaune aus dem Jura, fülliger weißer Burgunder von der Côte de Beaune (gereifte Weine aus einer der Montrachet-Lagen oder Meursault), reifer weißer Hermitage.

Süsser Weisswein

Deutschland Ruländer Auslese oder Beerenauslese aus der Pfalz und aus Baden.

Österreich Ausbruch, Auslese oder Beerenauslese vom Neusiedlersee.

Schweiz Malvoisie flétrie, Johannisberg mit Restsüße oder eine süß ausgebaute Petite Arvine aus dem Wallis.

Frankreich Vendange tardive oder Sélection des Grains Nobles von Tokay Pinot gris oder Gewürztraminer aus dem Elsass, edelsüße Weine aus Barsac, Sauternes, Monbazillac oder dem Jurançon.

Italien Vin Santo, Picolit oder Verduzzo aus dem Friaul.

Ungarn Tokaji mit 4 bis 6 Puttonyos.

Terrinen von Fisch oder Schalen- und Krustentieren

Weinempfehlung

Zu einer Fischterrine sollte ein trockener Weißwein gewählt werden.
Zu Terrinen von Lachs oder Schalen- und Krustentieren harmoniert ein halbtrockener Weißer besser.

Weisswein

Deutschland Trockener oder halbtrockener Riesling (Kabinett oder Spätlese) aus allen Anbaugebieten, Weißburgunder (Kabinett oder Spätlese) aus Baden.

Österreich Riesling aus der Wachau oder dem Kamptal (Federspiel oder Smaragd bzw. Kabinett oder Spätlese), Sauvignon blanc aus der Steiermark.

Frankreich Sancerre, Pouilly Fumé, trockener Vouvray, Weißwein aus Anjou-Saumur (Savennières), Muscadet de Sèvre-et-Maine sur lie, Chablis, weißer Bordeaux aus den Graves, Weißwein aus der Côtes de Provence, weißer Cassis.

Italien Sauvignon blanc aus dem Friaul, Vernaccia di San Gimignano.

Spanien Albariño aus den Rías Baixas.

Terrinen von Gemüse

Weinempfehlung

Wein zu einer Gemüseterrine sollte von leichtem Charakter und feiner Frucht sein. Je nach Zubereitung eignen sich trockene und halbtrockene Weißweine oder Roséweine aus Pinot-noir- bzw. Spätburgunder-Trauben.

Weisswein

Deutschland	Halbtrockener Riesling (Kabinett) aus allen Anbaugebieten, Sylvaner und Müller-Thurgau aus Franken, Weißburgunder aus Baden.
Österreich	Sauvignon blanc aus der Steiermark.
Schweiz	Riesling × Sylvaner aus der Ostschweiz.
Frankreich	Pinot blanc aus dem Elsass, Sancerre, Chablis, Mâcon-Villages, Condrieu, Weißwein aus der Provence.
Italien	Gavi di Gavi, Arneis aus dem Piemont, Sauvignon blanc und Pinot bianco aus dem Friaul, Vernaccia di San Gimignano.
Spanien	Weißwein aus der Rioja und aus den Rías Baixas (Albariño).
Portugal	Vinho verde (Alvarinho).
Übersee	Sauvignon blanc aus Chile oder Neuseeland.

Roséwein

Deutschland	Trockener, fruchtiger Weißherbst vom Spätburgunder aus dem Rheingau oder aus Baden.
Schweiz	Œil-de-Perdrix.
Frankreich	Rosé von der Loire.

Sülzen und Gelees In der Vielfalt kreativer und köstlicher Zubereitungsmöglichkeiten stehen Sülzen und Gelees den Pasteten und Terrinen in nichts nach. Bei entsprechender Zubereitung schmecken Sülzen nicht nur in den Frühjahrs- und Sommermonaten, wenn kalte und erfrischende Speisen normalerweise Konjunktur haben, sondern passen auch wunderbar auf die winterliche Speisekarte. Und dies ganz besonders, wenn der passende Wein dazu serviert wird.

Sülzen und Gelees werden sehr oft mit Wein zubereitet; die verwendeten Weine bieten sich in der Regel auch als Begleiter zum Trinken an, sofern es sich nicht gerade um allzu einfache Schankweine handelt. Manchmal wird die entfettete Brühe, aus der das Gelee gewonnen wird, mit Essig angereichert, was zwangsläufig den Weingenuss beeinträchtigt. Also: Vorsicht mit Essig, lieber einen Schuss guten Weins an das Gelee geben!

Die Zutaten und Gewürze hängen vom jeweiligen Rezept ab. Für die Sülze werden oft ein Bouquet garni (Würzsträußchen), Suppengemüse, Gartenkräuter, Pfeffer- und Senfkörner, Weiß- oder Rotwein, Portwein und Cognac verwendet. Neben den Fleischeinlagen wählt man je nachdem Gemüse, Pilze, Mandeln, Pistazien und ähnliche Garnituren.

Sülzen und Gelees von Fleisch

Zubereitungen von Schwein, Kalb, Kaninchen oder Geflügel

Weinempfehlung

Leichte bis mittelschwere, nicht zu herbe, je nach Zubereitung der Sülze trockene oder halbtrockene, feinfruchtige Weißweine. Weine, die im Barrique ausgebaut wurden, sind weniger empfehlenswert.

Weisswein

Deutschland	Trockener oder halbtrockener Riesling aus allen Anbaugebieten, trockener Sylvaner aus Franken, Weißburgunder aus Baden (Kabinett).
Österreich	Weißburgunder aus der Steiermark.
Schweiz	Riesling × Sylvaner aus der Ostschweiz, Walliser Johannisberg.
Frankreich	Pinot blanc, Sylvaner oder Riesling aus dem Elsass, Sancerre, Chablis, Mâcon-Villages, Entre-Deux-Mers, weißer Graves, Condrieu.
Italien	Gavi di Gavi, Soave Classico, Chardonnay oder Sauvignon blanc aus dem Friaul, Orvieto Classico.
Übersee	Sauvignon blanc aus Chile oder Neuseeland, Chenin blanc (Steen) aus Südafrika.

Zubereitungen von Rind und Wild

Weinempfehlung

Hier sollte man entweder einen etwas kräftigeren, aromatischen Weißwein bzw. Rosé oder einen nicht zu üppigen Rotwein wählen.

Weisswein

Deutschland Grauburgunder (Spätlese) aus Baden.
Schweiz Malvoisie aus dem Wallis.
Frankreich Tokay Pinot gris aus dem Elsass, weißer Burgunder von der Côte de Beaune, weißer St-Joseph, weißer Crozes-Hermitage, weißer Châteauneuf-du-Pape.
Spanien Chardonnay aus dem Penedès.
Übersee Chardonnay aus Kalifornien oder Australien.

Roséwein

Frankreich Tavel, Rosé aus der Provence.
Spanien Rosé aus dem Penedès.
Übersee Rosé aus Chile.

Rotwein

Deutschland Spätburgunder aus Baden oder dem Rheingau, Dornfelder aus der Pfalz.
Österreich Blaufränkisch oder St. Laurent aus dem Burgenland.
Schweiz Dôle, Gamay oder Pinot noir aus dem Wallis, Gamay oder Blauburgunder aus der ganzen Schweiz.
Frankreich Pinot noir aus dem Elsass, Côte de Beaune-Villages, Beaujolais-Villages, Fleurie, Brouilly, Chinon.
Italien Barbera, Dolcetto, Valpolicella Classico.
Spanien Rotweine aus dem Penedès (ausgenommen Cabernet Sauvignon), Rioja Crianza, Navarra.
Übersee Pinot noir aus Oregon, Pinotage aus Südafrika.

Sülzen und Gelees von Fisch oder Schalen- und Krustentieren

Weinempfehlung

Leichte bis mittelschwere, trockene, feinfruchtige Weißweine. Barrique-Weine sind eher ungeeignet.

Weisswein

Deutschland Trockener Riesling aus allen Anbaugebieten, trockener Sylvaner aus Franken, Weißburgunder aus Baden (Kabinett).
Österreich Riesling aus der Wachau oder dem Kamptal (Federspiel bzw. Kabinett), Sauvignon blanc aus der Steiermark.
Schweiz Genfer Aligoté.
Frankreich Riesling, Pinot blanc oder Sylvaner aus dem Elsass, trockener Weißwein aus Anjou und Saumur (Savennières), Muscadet de Sèvre-et-Maine, Chablis, Aligoté aus Bouzeron (Côte Chalonnaise), Entre-Deux-Mers, weißer Graves.
Italien Sauvignon blanc aus dem Friaul, Vernaccia di San Gimignano, Orvieto Classico.
Übersee Sauvignon blanc aus Chile oder Neuseeland, Chenin blanc (Steen) aus Südafrika.

Suppen

Wird ein Menü nicht mit einer kalten Vorspeise eröffnet, so serviert man zum Auftakt eine klare oder gebundene Suppe.

Klare Suppen, Bouillons, Consommés Die Entscheidung, welcher Wein am Anfang des Menüs getrunken wird, ist natürlich von der Abfolge der einzelnen Gänge und den nachfolgenden Weinen abhängig. Wir unterscheiden: Suppen von Rindfleisch, Geflügel, Wild, Fisch, Schalen- und Krustentieren sowie von Gemüse (auch Kräutern).

Die Zutaten und Gewürze der jeweiligen Suppe beeinflussen natürlich auch die Wahl des Weins.

Klare Rindfleischsuppen

Zubereitungen von Rindfleisch

Zutaten Rinderknochen, Bouquet garni.

Einlagen Rindfleischstreifen, Gemüsejulienne, Gemüsebrunoise, Eierstich, Flädle, Nudeln, Fleisch-, Grieß- oder Mehlklößchen.

Weinempfehlung

Leichte bis mittelschwere, nicht zu herbe, feinfruchtige Weißweine. Barriquegereifte Weine sind nicht geeignet.

Weisswein

Deutschland Trockener oder halbtrockener Riesling aus allen Anbaugebieten, Weißburgunder aus Baden (QbA oder Kabinett).

Österreich Riesling (Steinfeder oder Federspiel) aus der Wachau, Weißburgunder aus der Steiermark.

Schweiz Walliser Fendant, Westschweizer Chasselas, Ostschweizer Riesling × Sylvaner.

Frankreich Riesling oder Pinot blanc aus dem Elsass, Côte de Beaune-Villages, Mâcon-Villages, Condrieu.

Italien Chardonnay aus dem Friaul, Vernaccia di San Gimignano, Orvieto Classico.

Spanien Weißer Rioja.

Zubereitungen vom Ochsenschwanz

Zutaten Wurzelgemüse.

Einlagen Ochsenschwanzstreifen, Möhrenjulienne, Croûtons.

Weinempfehlung

Würzig-trockene bis halbtrockene Roséweine und leichte Rotweine harmonieren am besten mit einer klaren «Oxtail».

Roséwein

Deutschland	Spätburgunder Weißherbst aus Baden oder dem Rheingau.
Frankreich	Rosé von der Loire oder aus der Provence.
Spanien	Rosé aus dem Penedès oder aus Navarra.
USA	Zinfandel rosé aus Kalifornien, Rosé aus Chile.

Rotwein

Deutschland	Spätburgunder Rotwein aus Baden oder dem Rheingau.
Österreich	Zweigelt und Blaufränkisch aus dem Burgenland.
Schweiz	Pinot noir aus der Westschweiz, Merlot aus dem Tessin, Ostschweizer Blauburgunder.
Frankreich	Pinot noir aus dem Elsass, Côte de Beaune-Villages, Beaujolais-Villages, Chinon.
Italien	Barbera, Dolcetto, Merlot aus dem Friaul, dem Trentino oder dem Südtirol, Chianti Classico.
Spanien	Rioja Reserva, Navarra.
Übersee	Pinot noir aus Oregon, Pinotage aus Südafrika.

Klare Geflügelsuppen

Zubereitungen von Huhn, Ente oder Gans

Zutaten	Bouquet garni.
Einlagen	Streifen vom entsprechenden Geflügelfleisch, Gemüsejulienne, Gemüsebrunoise, Eierstich, Flädle, Nudeln.

Weinempfehlung

Leichte bis mittelschwere, nicht zu herbe, feinfruchtige Weißweine. Weine, die im Barrique ausgebaut wurden, eignen sich nicht.

Weisswein

Deutschland	Trockener oder halbtrockener Riesling (QbA oder Kabinett) aus allen Anbaugebieten, Weißburgunder aus Baden.
Österreich	Grüner Veltliner oder Riesling (Federspiel bzw. Kabinett) aus der Wachau oder dem Kamptal.
Schweiz	Fendant aus dem Wallis, Riesling × Sylvaner aus der Ostschweiz.
Frankreich	Riesling oder Pinot blanc aus dem Elsass, Côte de Beaune-Villages, Mâcon-Villages, Condrieu.
Italien	Soave Classico, Chardonnay aus dem Friaul, Vernaccia di San Gimignano.
Übersee	Sauvignon blanc aus Chile oder Neuseeland.

Klare Wildsuppen

Zubereitungen von Wildfleisch

Zutaten	Wildknochen, Bouquet garni, Wacholder und Pilze.
Einlagen	Wildfleischstreifen, Gemüsejulienne, Gemüsebrunoise, Pilze, Ravioli.

Weinempfehlung

Leichte bis mittelschwere, nicht zu herbe, feinfruchtige Rosé- und Rotweine.

Roséwein

Deutschland	Spätburgunder Weißherbst aus Baden oder dem Rheingau.
Schweiz	Œil-de-Perdrix.
Frankreich	Tavel, Rosé aus der Provence.
Spanien	Rosé aus dem Penedès oder aus Navarra.
USA	Zinfandel rosé aus Kalifornien, Rosé aus Chile.

Rotwein

Deutschland	Spätburgunder aus Baden oder dem Rheingau, Dornfelder aus der Pfalz.
Österreich	Zweigelt oder Blaufränkisch aus dem Burgenland.
Schweiz	Dôle, Gamay oder Pinot noir, Merlot aus dem Tessin.
Frankreich	Pinot noir aus dem Elsass, Côte de Beaune-Villages, Beaujolais-Villages, Fleurie, Brouilly, Chinon, Côtes du Rhône-Villages, Corbières.
Italien	Merlot aus dem Friaul, dem Trentino oder dem Südtirol, Barbera, Lagrein, Teroldego.
Spanien	Rioja Crianza, Navarra, Costers del Segre.
Übersee	Pinot noir aus Kalifornien oder Oregon, Pinotage aus Südafrika, Merlot aus Chile.

Klare Fischsuppen

Zubereitungen von Fisch und Fischkarkassen

Zutaten	Fischgräten und -abgänge, Lauch, Petersilienstiele, Fenchel, Sellerie, Lorbeer, Safran und Weißwein.
Einlagen	Gemüsejulienne, Gemüsebrunoise, Fischklößchen, frische Kräuter.

Weinempfehlung

Leichte bis mittelschwere, trockene, feinfruchtige Weißweine, die nicht im Barrique ausgebaut wurden.

Weisswein

Deutschland	Trockener Riesling (QbA oder Kabinett) aus allen Anbaugebieten, trockener Sylvaner (Kabinett) aus Franken, Weißburgunder (Kabinett) aus Baden.
Österreich	Riesling (Federspiel bzw. Kabinett) aus der Wachau oder dem Kamptal.

Schweiz Walliser Johannisberg, Genfer Aligoté, Ostschweizer Federweißer.
Frankreich Riesling, Pinot blanc oder Sylvaner aus dem Elsass, trockener Weißwein aus Vouvray, Anjou und Saumur (Savennières), Muscadet de Sèvre-et-Maine sur lie, Aligoté aus Bouzeron (Côte Chalonnaise), Entre-Deux-Mers.
Italien Gavi di Gavi, Soave Classico, Sauvignon blanc aus dem Friaul, Orvieto Classico, Vernaccia di San Gimignano.

Klare Suppen von Schalen- und Krustentieren

Zubereitungen von Muscheln, Hummer, Langusten, Garnelen, Krabben und Krebsen

Zutaten Lauch, Petersilienstiele, Fenchel, Sellerie, Lorbeer und Weißwein.
Einlagen Meeresfrüchte und Teile davon, Gemüsejulienne, Gemüsebrunoise, Hummer- oder Krebsfleischklößchen, frische Kräuter.

Weinempfehlung

Leichte bis mittelschwere, trockene bis halbtrockene, fruchtige Weißweine.

Weisswein

Deutschland Trockener oder halbtrockener Riesling (Kabinett oder Spätlese) aus allen Anbaugebieten.
Österreich Riesling (Federspiel oder Smaragd bzw. Kabinett oder Spätlese) aus der Wachau oder dem Kamptal.
Schweiz Muscat aus dem Wallis.
Frankreich Riesling aus dem Elsass, Sancerre, Pouilly Fumé, trockener Weißwein aus Anjou-Saumur (Savennières) oder Muscadet de Sèvre-et-Maine, weißer Graves, Weißwein aus den Côtes de Provence.
Italien Sauvignon blanc aus dem Friaul oder der Toskana, Orvieto Classico.
Übersee Sauvignon blanc aus Chile, Kalifornien, Neuseeland oder Australien.

Klare Gemüsesuppen

Zubereitungen von Möhren, Sellerie, Lauch, Tomaten, Paprika, Zucchini, Zwiebeln, Zuckerschoten

Einlagen Rindfleisch- oder Geflügelfleischstreifen, Gemüsejulienne, Gemüsebrunoise.

Weinempfehlung

Leichte bis mittelschwere, nicht zu herbe, feinfruchtige Weißweine sowie trockene oder halbtrockene Roséweine.

Weisswein

Deutschland	Trockener oder halbtrockener Riesling (QbA oder Kabinett) aus allen Anbaugebieten, trockener Sylvaner oder Müller-Thurgau (Kabinett) aus Franken, Weißburgunder (Kabinett) aus Baden.
Österreich	Grüner Veltliner (Federspiel bzw. Kabinett) aus der Wachau oder dem Kamptal, Weißburgunder aus der Steiermark.
Schweiz	Chasselas oder Riesling × Sylvaner.
Frankreich	Pinot blanc oder Sylvaner aus dem Elsass, Sancerre, Condrieu.
Italien	Gavi di Gavi, Arneis aus dem Piemont, Chardonnay oder Sauvignon blanc aus dem Friaul.
Übersee	Sauvignon blanc aus Chile oder Neuseeland.

Roséwein

Deutschland	Trockener oder halbtrockener Spätburgunder Weißherbst aus Baden oder dem Rheingau.
Schweiz	Œil-de-Perdrix, Federweißer aus der Ostschweiz.
Frankreich	Sancerre rosé, Roséwein aus Anjou und Saumur.
Spanien	Rosé aus dem Penedès oder aus Navarra.

Gebundene Suppen, Potages, Veloutés Gebundene Suppen, auch wenn sie mit den gleichen Grundzutaten wie die klaren Suppen zubereitet werden, unterscheiden sich von letzteren recht deutlich durch ihre cremige Konsistenz. Béchamel, Sahne und Eier – die wichtigsten Bestandteile gebundener Suppen – beeinflussen neben den Gewürzen und weiteren Ingredienzien die Wahl des Weins.

Gebundene Geflügelsuppen, Geflügelcremesuppen

Zubereitungen vom Huhn

Zutaten	Sahne oder Ei.
Einlagen	Geflügelfleischstreifen, Gemüsejulienne, Champignons.

Weinempfehlung

Leichte bis mittelschwere, nicht zu herbe, feinfruchtige Weißweine.

Weisswein

Deutschland	Trockener oder halbtrockener Grau- oder Weißburgunder (Kabinett) aus Baden.
Österreich	Grüner Veltliner (Federspiel bzw. Kabinett) aus der Wachau oder dem Kamptal.
Schweiz	Fendant oder Malvoisie aus dem Wallis, Chasselas aus der übrigen Westschweiz.
Frankreich	Tokay Pinot gris aus dem Elsass, weißer Côte de Beaune, Puligny-Montrachet, Chassagne-Montrachet, weißer St-Joseph, weißer Crozes Hermitage.
Italien	Chardonnay oder Pinot grigio aus dem Friaul.
Chile	Chardonnay aus Chile.

Gebundene Wildsuppen

Zubereitungen von Wildfleisch

Zutaten Wildknochen, Lorbeer, Wacholder, Nelke, Piment, Suppengemüse und Pilze, je nach Rezept Sahne, Crème fraîche.

Einlagen Wildfleischstreifen, Gemüsejulienne, Pilze.

Weinempfehlung

Gehaltvolle, würzige Weißweine und leichte bis mittelschwere, nicht zu herbe, feinfruchtige Rosé- und Rotweine.

Weisswein

Deutschland Gewürztraminer aus der Pfalz oder aus Baden, Grauburgunder (Spätlese) aus Baden.

Frankreich Tokay Pinot gris, Gewürztraminer aus dem Elsass, weißer Crozes-Hermitage, weißer Châteauneuf-du-Pape.

Italien Gewürztraminer aus dem Südtirol.

Roséwein

Frankreich Tavel, Rosé aus der Provence.

Spanien Rosé aus dem Penedès.

USA Zinfandel rosé aus Kalifornien.

Rotwein

Deutschland Spätburgunder aus Baden oder dem Rheingau, Dornfelder aus der Pfalz.

Österreich Blauburgunder aus dem Burgenland oder der Thermenregion, Zweigelt, Blaufränkisch aus dem Burgenland.

Schweiz Dôle, Pinot noir oder Gamay, Merlot aus dem Tessin.

Frankreich Pinot noir aus dem Elsass, Côte de Beaune-Villages, Gevrey-Chambertin, Nuits-St-Georges, Beaujolais-Villages, Fleurie, Moulin-à-Vent, Chinon, Côtes du Rhône-Villages, Gigondas.

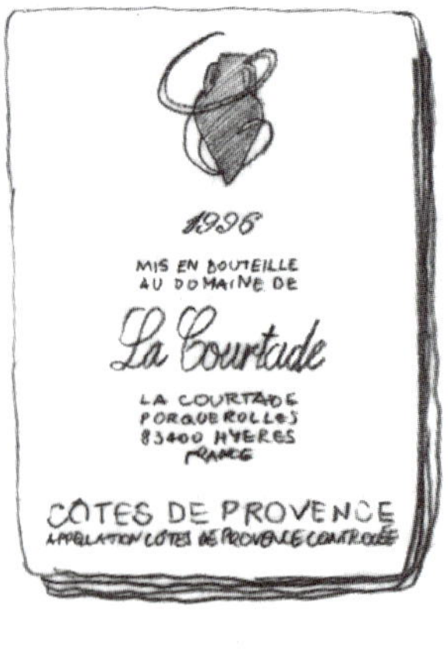

Italien	Merlot aus dem Südtirol oder dem Friaul, Lagrein, Teroldego, Chianti Classico, Rosso di Montalcino, Vino Nobile di Montepulciano.
Spanien	Rotwein aus dem Penedès (kein Cabernet Sauvignon!), Costers del Segre, Rioja Reserva, Navarra.
Übersee	Pinot noir aus Oregon oder Kalifornien, Malbec aus Argentinien, Pinotage aus Südafrika, Merlot aus Chile.

Fischrahmsuppen, gebundene Fischsuppen

Zubereitungen von Fisch und Fischkarkassen

Zutaten Fischgräten und -abgänge, Lauch, Petersilienstiele, Fenchel, Sellerie, Lorbeer, Safran und Weißwein, je nach Rezept Sahne oder Ei.

Einlagen Fischragout, Gemüsejulienne, Gemüsebrunoise, Fischklößchen, frische Kräuter.

Weinempfehlung

Leichte bis mittelschwere, trockene oder halbtrockene, feinfruchtige Weißweine.

Weisswein

Deutschland	Trockener oder halbtrockener Riesling (Kabinett oder Spätlese) aus allen Anbaugebieten, Weißburgunder aus Baden.
Österreich	Riesling (Federspiel oder Smaragd bzw. Kabinett oder Spätlese) aus der Wachau oder dem Kamptal, Weißburgunder aus der Steiermark.
Frankreich	Riesling aus dem Elsass, Sancerre, trockener Vouvray, trockener Weißwein aus Anjou und Saumur (Savennières), weißer Graves, Weißwein aus der Provence.
Italien	Soave Classico, Pinot bianco und Sauvignon blanc aus dem Friaul, Vernaccia di San Gimignano.
Spanien	Weißer Rioja, Albariño aus den Rías Baixas.
Übersee	Sauvignon blanc aus Chile, Kalifornien, Neuseeland oder Australien.

Gebundene Suppen von Schalen- und Krustentieren

Zubereitungen von Muscheln, Hummer, Langusten, Garnelen, Krabben und Krebsen

Zutaten Lauch, Petersilienstiele, Fenchel, Sellerie, Lorbeer und Weißwein, je nach Rezept Sahne oder Ei.

Einlagen Meeresfrüchte und Teile davon, Gemüsejulienne, Hummer- oder Krebsfleischklößchen, frische Kräuter.

Weinempfehlung

Leichte bis mittelschwere, trockene bis halbtrockene, fruchtige Weißweine.

Weisswein

Deutschland	Trockener oder halbtrockener Riesling (Kabinett oder Spätlese) aus allen Anbaugebieten, Weißburgunder aus Baden (Kabinett oder Spätlese).
Österreich	Grüner Veltliner (Smaragd) aus der Wachau.
Frankreich	Riesling oder Tokay Pinot gris aus dem Elsass, Sancerre, Pouilly Fumé, trockener Weißwein aus Anjou-Saumur (Savennières), weißer Graves, Weißwein aus den Côtes de Provence.
Italien	Sauvignon blanc aus dem Friaul.
Übersee	Sauvignon blanc aus Chile, Australien oder Neuseeland.

Gebundene Gemüsesuppen

Zubereitungen von Möhren, Sellerie, Lauch, Spargel, Blumenkohl, Brokkoli, Hülsenfrüchten, Gartenkräutern

Einlagen Rindfleisch- oder Geflügelfleischstreifen, Gemüsejulienne, Gemüsebrunoise.

Weinempfehlung

Leichte bis mittelschwere, nicht zu herbe, feinfruchtige Weißweine (zu Blumenkohl- und Brokkoli-Suppen: Gewürztraminer) sowie trockene oder halbtrockene Roséweine.

Weisswein

Deutschland	Trockener oder halbtrockener Riesling aus allen Anbaugebieten, trockener Sylvaner aus Franken (Kabinett).
Österreich	Grüner Veltliner (Federspiel) aus der Wachau.
Schweiz	Fendant oder Johannisberg aus dem Wallis, Chasselas aus der übrigen Westschweiz, Riesling × Sylvaner aus der Ostschweiz.
Frankreich	Riesling, Gewürztraminer oder Pinot blanc aus dem Elsass, Sancerre, Condrieu.
Italien	Arneis, Chardonnay oder Pinot grigio aus dem Friaul oder dem Südtirol, Gewürztraminer aus Südtirol.
Übersee	Sauvignon blanc aus Chile, Kalifornien, Neuseeland oder Australien.

Roséwein

Deutschland	Trockener oder halbtrockener Spätburgunder Weißherbst aus Baden oder dem Rheingau.
Schweiz	Œil-de-Perdrix.
Frankreich	Sancerre rosé, Côtes de Provence rosé.
Spanien	Rosé aus dem Penedès.

Warme Vorspeisen

Warme Vorspeisen sind – von einigen typischen Ausnahmen abgesehen – im Grunde kleinere, wenn auch vielleicht noch dekorativer zubereitete Hauptgerichte. Für solche Speisen gelten dann auch die gleichen Weinempfehlungen wie für die entsprechenden Hauptgerichte. Ein Beispiel: Medaillon von geräuchertem Kalbsfilet auf grünen Bohnen. Den passenden Wein findet man bei den Empfehlungen zu den Hauptgerichten unter der Rubrik «Spezialitäten von geräuchertem Fleisch».

Man sollte lediglich auf die Weinfolge achten, da der zur warmen Vorspeise gewählte Wein nicht schwerer oder vollmundiger sein sollte als der nachfolgende Wein zum Hauptgericht.

Den charakteristischen warmen Vorspeisen, die nicht als «kleine Hauptgerichte» bezeichnet werden können, sowie den «Klassikern» sind die folgenden Abschnitte gewidmet.

Pasta- und Nudelgerichte Nicht nur die italienische und asiatische Küche widmen der Nudel größte Aufmerksamkeit. In den Küchen aller Länder findet man unter den warmen Vorspeisen mehr oder weniger häufig Kreationen aus den beliebten Teigwaren:

Ravioli mit Foie gras auf Trüffeljus · Lasagne von Kalbsbries und Morcheln
Tortellini mit Krebsfleisch auf Kressesauce
Cannelloni mit Hechtmousse auf Sauce Nantua

Es ist unendlich reizvoll, die Schöpfungen der Pastaküche mit einem passenden Wein zu vermählen. Entscheidend für die Wahl des Weins sind einmal mehr die Art der Zubereitung, die Basiszutaten, die Gewürze und die besonders wichtigen Saucen.

Zubereitungen mit Fleisch vom Schwein, Kalb, Kaninchen oder Geflügel

Weinempfehlung

Leichte bis mittelschwere Weißweine mit feinem Schmelz, die weder allzu herb und trocken noch allzu säurebetont sind.

Weisswein

Deutschland	Trockener oder halbtrockener Grauburgunder (Kabinett oder Spätlese) aus der Pfalz oder aus Baden.
Österreich	Grüner Veltliner (Federspiel oder Smaragd) aus der Wachau.
Schweiz	Fendant oder Johannisberg aus dem Wallis, Chasselas aus der übrigen Westschweiz.

Frankreich	Tokay Pinot gris aus dem Elsass, weißer Burgunder aus den Montrachet-Lagen oder aus Meursault, Pouilly-Fuissé.
Italien	Pinot grigio aus dem Friaul oder dem Südtirol.
Spanien	Chardonnay aus dem Penedès.
Übersee	Chardonnay aus Kalifornien, Chile oder Australien.

Zubereitungen mit Fleisch vom Rind oder Wild

Weinempfehlung

Mittelschwere Weißweine, vollmundige Roséweine oder ausgewogene Rotweine mit mittlerem Körper. Die Auswahl sollte letztlich von der begleitenden Sauce bestimmt werden.

Weisswein

Deutschland	Trockener oder halbtrockener Grauburgunder (Kabinett oder Spätlese) aus der Pfalz oder aus Baden.
Österreich	Grüner Veltliner (Federspiel oder Smaragd) aus der Wachau.
Schweiz	Malvoisie oder Johannisberg aus dem Wallis.
Frankreich	Tokay Pinot gris aus dem Elsass, weißer Burgunder aus den Montrachet-Lagen oder aus Meursault, Pouilly-Fuissé, weißer Crozes-Hermitage, weißer Châteauneuf-du-Pape.
Italien	Pinot grigio oder Chardonnay aus dem Friaul oder dem Südtirol, Vernaccia di San Gimignano.
Spanien	Chardonnay aus dem Penedès.
Übersee	Chardonnay aus Kalifornien, Chile oder Australien.

Roséwein

Frankreich	Tavel oder Rosé aus der Provence.
Übersee	Rosé aus Chile.

Rotwein

Deutschland	Dornfelder aus der Pfalz.
Schweiz	Walliser Dôle, Pinot noir oder Gamay aus der Westschweiz, Blauburgunder aus der Ostschweiz.
Frankreich	Côte de Beaune-Villages oder Dorflage (Pommard, Volnay, Savigny-lès-Beaune), Beaujolais-Villages oder eine Dorflage (Fleurie, Brouilly), Rotwein aus der Touraine (Chinon oder Bourgueil).
Italien	Dolcetto, Valpolicella Classico, Barbera, Chianti Classico, Rosso di Montalcino.
Spanien	Rioja Crianza oder Reserva, Navarra, Costers del Segre, Garnacha aus dem Penedès.
Übersee	Merlot aus Chile, Pinotage aus Südafrika.

Zubereitungen mit Fisch, Schalen- oder Krustentieren

Weinempfehlung

Wie bei den meisten Vorspeisen mit Fisch und Meeresfrüchten bieten sich auch hier leichte bis mittelschwere, trockene oder halbtrockene, feinfruchtige Weißweine an. Im Barrique ausgebaute Weine sind weniger geeignet.

Weisswein

Deutschland Trockener oder halbtrockener Riesling (aus allen Anbaugebieten), trockener Sylvaner aus Franken, Weißburgunder aus Baden (Kabinett oder Spätlese).

Österreich Riesling (Federspiel oder Smaragd bzw. Kabinett oder Spätlese) aus der Wachau oder dem Kamptal, Weißburgunder aus der Steiermark.

Schweiz Johannisberg, Ermitage und Petite Arvine aus dem Wallis.

Frankreich Riesling aus dem Elsass, Sancerre, Pouilly Fumé, trockener Weißwein aus Anjou und Saumur (Savennières), weißer Burgunder aus einer Montrachet-Lage, Meursault, Pouilly-Fuissé, Weißwein aus der Provence.

Italien Soave Classico, Sauvignon blanc oder Pinot bianco aus dem Friaul, Orvieto Classico.

Übersee Sauvignon blanc aus Chile, Kalifornien, Neuseeland oder Australien.

TARTES, BLINI, BRIOCHES UND BLÄTTERTEIG-SPEZIALITÄTEN Diese Gebäckspezialitäten sind als traditionelle Vorspeisen sehr beliebt. Entsprechend ihrer vielseitigen Verwendbarkeit mit Fleisch, Innereien, Fisch, Schalen- und Krustentieren, Gemüsen und Pilzen gibt es auch unzählige Kreationen in diesem Bereich, so zum Beispiel:

BALIKLACHS MIT BRUNNENKRESSE AUF MÜRBETEIGTÖRTCHEN
WARME AUSTERN UND BELUGA AUF BLINI · FOIE GRAS IN DER BRIOCHE
BLÄTTERTEIGTASCHEN, GEFÜLLT MIT LANGUSTINENMARK,
AUF SPARGEL- UND TOMATENRAGOUT

Diese Beispiele zeigen, dass die Kreationen mit Gebäck genauso vielseitig wie diejenigen mit Nudeln und Pasta sein können. So haben auch beide eines gemeinsam: die Vorliebe für denselben Wein.

WEINEMPFEHLUNG

Zu Tartes & Co. passen die gleichen Weine wie zu den Nudel- und Pastagerichten, wobei auch hier die begleitenden Saucen den Ton angeben.

RISOTTO Obwohl der Risotto ein typisch italienisches Gericht ist, das ursprünglich aus der Lombardei stammt, hat er mittlerweile in den Küchen und auf den Tischen vieler Länder seinen Platz als Vorspeise (oder auch als Beilage zu Fleisch) erobert.

Ob Kräuterrisotto, Safranrisotto, Risotto mit Pilzen, Risotto mit Meeresfrüchten – der Phantasie am Herd sind keine Grenzen gesetzt. Das erfordert aber auch etwas Fingerspitzengefühl bei der Weinwahl. Die samtige, klebrige Konsistenz eines Risotto-Gerichtes muss neben dem Eigengeschmack der Zutaten mit berücksichtigt werden.

WEINEMPFEHLUNG

Weine, die nicht allzu viel Säure aufweisen und weder zu herb noch zu trocken sind.

	WEISSWEIN
DEUTSCHLAND	Trockener oder halbtrockener Grauburgunder (Kabinett oder Spätlese) aus der Pfalz oder aus Baden.
ÖSTERREICH	Grüner Veltliner (Federspiel oder Smaragd) aus der Wachau.
SCHWEIZ	Fendant oder Malvoisie aus dem Wallis.
FRANKREICH	Tokay Pinot gris aus dem Elsass, weißer Burgunder aus den Montrachet-Lagen oder aus Meursault, Pouilly-Fuissé.
ITALIEN	Pinot grigio oder Chardonnay aus dem Friaul oder dem Südtirol.
SPANIEN	Chardonnay aus dem Penedès.
ÜBERSEE	Chardonnay aus Kalifornien, Chile oder Australien.

Anneé
Romane
Les Qu
LE GRAND VEFOUR

Schnecken Schnecken in zahlreichen Varianten – in ihren Häusern und mit der klassischen Kräuterbutter serviert, im Brotteig oder in Champignonköpfen, mit Rotwein oder in Knoblauchrahm – sind als traditionelle Vorspeise nicht mehr wegzudenken. Ihr Eigengeschmack ist eher dezent, sodass die unterschiedlichen Saucen bestimmen, welcher Wein als Begleiter in Frage kommt.

Weinempfehlung

Da Schnecken auf vielfältigste Art und mit unterschiedlichsten Saucen zubereitet werden, ist eine generelle Weinempfehlung unmöglich. Um dennoch eine zuverlässige Wahl treffen zu können, sollte man sich unter der Rubrik Saucen (siehe Seite 263) den passenden Wein aussuchen.

Froschschenkel Für Froschschenkel gelten die gleichen Vorgaben wie für Schnecken. Der feine Eigengeschmack wird meistens von pikanten Saucen überlagert, sodass diese die Wahl des Weins beeinflussen. Froschschenkel in Knoblauchsauce etwa harmonieren mit einem anderen Wein als Froschschenkel auf Kapernbutter.

Weinempfehlung

Da die Sauce die Wahl des Weins bestimmt, findet man die nützlichen Weinempfehlungen unter der Rubrik Saucen (siehe Seite 263).

Eierspeisen Spiegeleier mit Speck sind zwar äußerst beliebt, schnell und einfach zubereitet, aber zugegebenermaßen kein kulinarischer Höhenflug. Die feine Küche weiß mit Eiern wesentlich mehr und Interessanteres anzufangen, als sie nur am Pfannenrand aufzuschlagen und dann im Fett brutzeln zu lassen.

Die Kombination von Eierspeisen und Wein ist allerdings nicht unproblematisch. Die cremige Konsistenz der Eier will nicht so recht mit einem guten Schluck harmonieren. So sind es auch hier wieder die begleitenden Saucen und Zutaten, die letztlich die Weinwahl bestimmen. Burgundische Œufs en meurette, Wachtel-Spiegeleier auf Kaviarbutter oder ein kleines Rührei mit Spänen von weißen Trüffeln – unterschiedlicher könnten die Voraussetzungen gar nicht sein.

Weinempfehlung

In aller Regel passen zu Eierspeisen am besten säurearme Weißweine, jedenfalls wenn die begleitende Sauce nicht eine andere Wahl vorgibt. Deswegen sollte der Wein vorwiegend nach der Sauce ausgesucht werden. Entsprechende Empfehlungen finden sich auf Seite 263.

Fisch

Um die genussvollste Kombination von Fisch und Wein zu finden, muss man die Fische nach ihrer Herkunft unterscheiden, denn Meeresfische weisen andere Geschmacksmerkmale auf als Süßwasserfische. Für die richtige Wahl des Weins sollte aber auch die Zubereitungsart der Fische berücksichtigt werden. Eine Forelle «blau» verlangt einen anderen Wein als eine Forelle «nach Müllerinnen-Art».

Ein wesentliches Kriterium ist natürlich auch die begleitende Sauce, denn eine Beurre blanc zum Loup de Mer verlangt nach einem anderen Tropfen als eine Tomatensauce, die zum gleichen Fisch serviert werden kann. Wer sich nur nach der Sauce richten möchte, findet auf Seite 263 entsprechende Weinempfehlungen.

Meeresfische

Pochierte und gedämpfte Meeresfische

Zutaten Für eine Court-Bouillon (Sud zum Garen der Fische) oder einen Fischfond eignen sich Zwiebeln, Lauch, Sellerie, Karotten, Petersilienwurzel, Lorbeerblatt, glatte Petersilie, Thymian und Dill. Je nach Zubereitung können auch Tomaten, Fenchel, Koriander, Liebstöckel, Knoblauch, Senfkörner und andere aromatische Kräuter und Gewürze verwendet werden. Weißwein, Essig und Zitrone sind ebenfalls aromatische Zutaten.

Beilagen Neben vielfältigen Zubereitungsarten von Kartoffeln sowie Reis, Polenta und Nudeln harmonieren folgende Gemüse mit Fischgerichten: Porree, Bleichsellerie, Fenchel, Mairübchen, Karotten, Tomaten, Paprika, Zucchini, Auberginen, Blattspinat. Zwar kombiniert die moderne Küche gern verschiedene Kohlgemüse und Pilze mit Fisch; will man Fisch und Wein perfekt und harmonisch aufeinander abstimmen, dann sollte man allerdings besser auf Kohl und Pilze verzichten.

Saucen Zu pochierten und gedämpften Meeresfischen empfehlen sich – abgestimmt auf Zutaten und Beilagen – folgende Saucen: Beurre blanc, Buttersauce mit Zitrone, Buttersauce mit Kräutern, Sauce hollandaise, Sauce béarnaise, Sauce mousseline, Sauce américaine, Sauce bretonne, Sauce normande, Sauce Nantua, Kapernsauce, Tomatensauce, Senfsauce, Sardellensauce, Weißweinsauce.

Weinempfehlung

Aromatischer, nicht zu schwerer Weißwein mit feiner Säure; je nach Zubereitung, Beilagen und Sauce eventuell ein trockener, fruchtiger Rosé.

Weisswein

Deutschland	Trockener oder halbtrockener Riesling aus allen Anbaugebieten, Weißburgunder aus Baden (Kabinett oder Spätlese).
Österreich	Riesling (Federspiel oder Smaragd bzw. Kabinett oder Spätlese) aus der Wachau, dem Kamptal oder Kremstal, Weißburgunder und Sauvignon blanc aus der Steiermark.
Schweiz	Trockener Ermitage oder trockene Petite Arvine aus dem Wallis.
Frankreich	Riesling oder Tokay Pinot gris aus dem Elsass, Sancerre, Pouilly Fumé, Chablis, weißer Burgunder von der Côte de Beaune (Montrachet, Meursault, Corton-Charlemagne, Beaune), weißer Graves, Weißwein aus der Provence.
Italien	Gavi di Gavi, Sauvignon blanc aus dem Friaul, Soave Classico, Orvieto Classico, Vernaccia di San Gimignano.
Spanien	Weißer Rioja.
Übersee	Sauvignon blanc aus Australien, Neuseeland, Chile oder Kalifornien, Chardonnay aus Chile.

Roséwein

Frankreich	Rosé aus Cassis, aus den Côtes de Provence oder den Coteaux Varois.

Gebratene, geschmorte und gegrillte Meeresfische

Grundsätzlich ist zu unterscheiden, ob die Fische enthäutet, mit Haut oder paniert zubereitet werden. Zu einem auf der Haut gebratenen Fischfilet etwa passt ein leichter Rotwein besser als zu einem panierten Filet.

Zutaten Neben Pfeffer, Salz und Zitrone werden oft frische Gartenkräuter verwendet, besonders wenn die Fische gefüllt werden.

Beilagen Mit Fisch aus der Bratpfanne harmonieren viele Zubereitungsarten von Kartoffeln, Reis und Polenta. Dazu passt folgendes Gemüse hervorragend: Porree, Zwiebeln, Bleichsellerie, Fenchel, Mairübchen, Karotten, Tomaten, Paprika, Oliven, Zucchini, Auberginen, Blattspinat. Auf Kohlgemüse und Pilze sollte man verzichten.

Saucen Zu gebratenen oder geschmorten Fischen passen am besten Saucen auf der Basis von Butter oder feinem Öl, speziell Olivenöl. Die Saucen können jedoch auch aus Fischfond oder mit Sahne zubereitet werden. Folgende Saucen sind empfehlenswert: Beurre blanc, Buttersauce mit Zitrone, Buttersauce mit Kräutern, Sauce hollandaise, Sauce béarnaise, Sauce mousseline, Sauce américaine, Sauce bretonne, Sauce normande, Kapernsauce, Tomatensauce, Senfsauce, Sardellensauce, Weinsauce (je nach Rezept mit Weiß- oder Rotwein hergestellt).

Weinempfehlung

Leicht säurebetonte, feinherbe Weißweine von mittlerer Fülle. Je nach Zubereitung, Beilagen und Sauce passt auch ein trockener, kräftiger Rosé oder ein nicht zu üppiger Rotwein.

Weisswein

Deutschland	Trockener Riesling aus allen Anbaugebieten, Weißburgunder aus Baden (Kabinett oder Spätlese).
Österreich	Trockener Riesling (Federspiel oder Smaragd bzw. Kabinett oder Spätlese) aus der Wachau, dem Kamptal oder Kremstal.
Frankreich	Riesling oder Pinot blanc aus dem Elsass, Chablis (Dorflage oder 1er Cru), Sancerre, Pouilly Fumé, trockener Weißwein aus Anjou-Saumur (Savennières) oder dem Pays Nantais (Muscadet), Entre-Deux-Mers, weißer Graves, Weißwein aus der Provence.
Italien	Sauvignon blanc oder Pinot bianco aus dem Friaul, Soave Classico, Orvieto Classico.
Spanien	Albariño aus den Rías Baixas.
Portugal	Vinho verde (Alvarinho).
Übersee	Sauvignon blanc aus Australien, Neuseeland, Chile oder Kalifornien.

Roséwein

Schweiz	Œil-de-Perdrix.
Frankreich	Rosé aus Cassis, den Côtes de Provence oder den Coteaux Varois.

Rotwein

Deutschland	Spätburgunder aus Baden oder aus dem Rheingau, Lemberger aus Württemberg, Dornfelder aus der Pfalz.
Österreich	Zweigelt oder Blaufränkisch aus dem Burgenland.
Schweiz	Dôle aus dem Wallis, Pinot noir oder Gamay aus der Westschweiz, Blauburgunder aus der Ostschweiz.
Frankreich	Pinot noir aus dem Elsass, Côte de Beaune-Villages, Savigny-lès-Beaune, Beaujolais-Villages, Chinon.
Italien	Pinot nero aus der Toskana, Merlot aus dem Südtirol, Chianti Classico.
Spanien	Rioja Crianza.

Süsswasserfische

Pochierte und gedämpfte Süsswasserfische

Zutaten Für eine Court-Bouillon (Sud zum Garen der Fische) oder einen Fischfond für Süßwasserfische verwendet man Zwiebeln, Lauch, Sellerie, Karotten, Petersilienwurzel, Lorbeerblatt, glatte Petersilie und Dill, je nach Rezept auch Liebstöckel, Senfkörner und andere Gartenkräuter. Weißwein, Essig und Zitrone sind ebenfalls aromatische Zutaten.

Beilagen Neben vielfältigen Zubereitungsarten von Kartoffeln passen folgende Gemüse am besten zu pochierten und gedämpften Süßwasserfischen: Porree, Bleichsellerie, Mairübchen, Karotten, Blattspinat, Zuckerschoten, Erbsen, weißer und grüner Spargel. Auf Kohlgemüse und Pilze sollte man verzichten, denn sie stören die Harmonie mit dem Wein.

Saucen Abgestimmt auf Zutaten und Beilagen empfehlen sich folgende Saucen: Beurre blanc, Buttersauce mit Zitrone, Buttersauce mit Kräutern, Sauce hollandaise, Sauce béarnaise, Sauce mousseline, Kapernsauce, Senfsauce, Weinsauce (je nach Rezept mit Weiß- oder Rotwein zubereitet).

Weinempfehlung

Zu Süßwasserfischen, vor allem, wenn sie pochiert werden, sollte man einen weniger säurebetonten, fruchtigen, nicht zu schweren Weißwein wählen.
Rosé und Rotweine dagegen passen nicht gut.

Weisswein

Deutschland Halbtrockener Riesling aus allen Anbaugebieten, Weiß- oder Grauburgunder aus Baden (Kabinett oder Spätlese).

Österreich Grüner Veltliner aus der Wachau oder dem Kamptal (Federspiel oder Smaragd bzw. Kabinett oder Spätlese), Weißburgunder aus der Steiermark.

Schweiz Fendant aus dem Wallis, Chasselas aus der Waadt, Räuschling vom Zürichsee, Aligoté aus Genf.

Frankreich Riesling oder Tokay Pinot gris aus dem Elsass, Sancerre, Pouilly Fumé, weißer Burgunder (Dorflage oder 1er Cru) von der Côte de Beaune oder aus dem Mâcon, Aligoté aus Bouzeron (Côte Chalonnaise), weißer Graves, Condrieu.

Italien Chardonnay oder Pinot grigio aus dem Friaul, Chardonnay aus dem Südtirol oder dem Trentino.

Spanien Weißer Rioja, Chardonnay aus dem Penedès.

Übersee Sémillon oder Sémillon-Chardonnay aus Australien. Die meisten rebsortenreinen Chardonnay-Weine aus Übersee sind zu üppig und würden den feinen Fischgeschmack überdecken.

Gebratene, geschmorte und gegrillte Süsswasserfische

Gebratene, geschmorte und gegrillte Süsswasserfische Auch bei den Süßwasserfischen beeinflusst die Zubereitungsart – enthäutet, mit Haut oder paniert – die Wahl des Weins.

Zutaten Pfeffer und Salz, meistens auch Zitrone und, je nach Rezept, frische Gartenkräuter.

Beilagen Unterschiedliche Zubereitungsarten von Kartoffeln harmonieren am besten mit Süßwasserfischen. Dazu passt vor allem einheimisches Gemüse wie Porree, Bleichsellerie, Mairübchen, Karotten, Blattspinat, Zuckerschoten, Erbsen, weißer und grüner Spargel. Auf Kohlgemüse und Pilze sollte man verzichten, da sie die Harmonie von Fisch und Wein stören.

Saucen Abgestimmt auf Zutaten und Beilagen empfehlen sich die folgenden Saucen: Beurre blanc, Buttersauce mit Zitrone, Buttersauce mit Kräutern, Sauce hollandaise, Sauce béarnaise, Sauce mousseline, Kapernsauce, Senfsauce, Weinsauce (je nach Rezept mit Weiß- oder Rotwein zubereitet).

Weinempfehlung

Zu Süßwasserfischen aus der Pfanne wählt man vorzugsweise einen weniger säurebetonten, fruchtigen, etwas fülligeren Weißwein. Zu Fischen mit einem dominanteren Eigengeschmack wie z. B. Lachs kann man auch einen Rosé oder einen nicht zu üppigen Rotwein servieren.

Weisswein

Deutschland Trockener oder halbtrockener Riesling aus allen Anbaugebieten, Weiß- oder Grauburgunder aus Baden (Kabinett oder Spätlese).

Österreich Grüner Veltliner aus der Wachau oder dem Kamptal (Federspiel oder Smaragd bzw. Kabinett oder Spätlese), Weißburgunder und Sauvignon blanc aus der Steiermark.

Schweiz Aligoté aus Genf, Malvoisie aus dem Wallis, Räuschling vom Zürichsee.

Frankreich Riesling oder Tokay Pinot gris aus dem Elsass, trockener Weißwein aus Anjou und Saumur (Savennières), weißer Burgunder (Dorflage oder 1er Cru) von der Côte de Beaune oder aus dem Mâcon, Aligoté aus Bouzeron (Côte Chalonnaise), weißer Graves, Condrieu, Weißwein aus der Provence.

Italien Chardonnay oder Pinot grigio aus dem Friaul, Chardonnay aus dem Südtirol oder dem Trentino.

Spanien Weißer Rioja, Chardonnay aus dem Penedès.

Übersee Sémillon oder Sémillon-Chardonnay aus Australien, Chardonnay aus Argentinien oder Chile. Australische und kalifornische Chardonnay-Weine sind meistens zu wuchtig und überdecken den feinen Fischgeschmack.

Schalen- und Krustentiere

Unter Schalentieren versteht man in der Küche Muscheln und Schnecken. Die Königin dieser Gattung ist die Auster. Jakobsmuscheln, Venusmuscheln, Herzmuscheln, Miesmuscheln, Schwertmuscheln, Trogmuscheln, Vongole und Abalone zählen zu den bekanntesten und schmackhaftesten Muscheln.

Die elitärsten Vertreter der Krustentiere sind Hummer und Languste, aber auch Krebse, Garnelen, Scampi und Shrimps gehören zu den traditionellen und beliebten Meeresfrüchten.

Abgesehen von Austern, die meistens roh verzehrt werden, lässt man die Tiere in kochendem Wasser, einer Court-Bouillon oder einem Fond garen. Ausgelöste Stücke von Hummer, Langusten sowie Garnelen, Scampi und Jakobsmuscheln werden auch in der Pfanne zubereitet.

Austern Austern werden in aller Regel in der geöffneten Schale auf Eis serviert. Zitrone kann, sollte aber nicht dazu gereicht werden, da das in den Schalen befindliche Meerwasser eine ausreichende und passende Würze ist.

Weinempfehlung

Leichte bis mittelschwere, trockene, feinfruchtige und säurbetonte Weißweine, die nicht im Barrique ausgebaut wurden.

Weisswein

Deutschland	Trockener Riesling aus allen Anbaugebieten (Spätlese).
Österreich	Riesling aus der Wachau oder dem Kamptal (Smaragd bzw. Spätlese).
Frankreich	Champagner brut, Riesling aus dem Elsass, Sancerre, Pouilly Fumé, trockener Weißwein aus Anjou und Saumur (Savennières), Muscadet de Sèvre-et-Maine, Chablis (1er Cru), weißer Graves, Condrieu, Weißwein aus der Provence (Cassis und Palette).
Italien	Pinot bianco oder Sauvignon blanc aus dem Friaul.

Muscheln Muscheln werden entweder in der Schale in einem Sud serviert oder ausgelöst mit einer Sauce zubereitet.

Zutaten Für einen Muschelsud eignen sich Zwiebeln, Lauch, Sellerie, Karotten, Petersilienwurzel und Lorbeerblatt. Je nach Rezept werden auch Tomaten, Fenchel, Paprika und Knoblauch verwendet. Weißwein (Rotwein nur in Ausnahmefällen), Essig und Zitrone werden ebenfalls häufig in den Sud gegeben.

Beilagen Zu ausgelösten Muscheln passen kleine Reis- und Nudelbeilagen, vor allem aber auch Gemüse hervorragend. Besonders gut harmonieren Schalotten, Porree, Bleichsellerie, Fenchel, Tomaten, Paprika, Zucchini, Auberginen und Blattspinat.

Saucen Abgestimmt auf Zutaten und Beilagen empfehlen sich folgende Saucen: Buttersauce mit Zitrone, Buttersauce mit Kräutern, Sauce hollandaise, Sauce béarnaise, Sauce mousseline, Sauce américaine, Sauce bretonne, Sauce normande, Sauce Nantua, Tomatensauce, Senfsauce, Weinsauce (je nach Rezept mit Weiß- oder Rotwein zubereitet).

Weinempfehlung

Zu Muscheln sollte man einen trockenen bis halbtrockenen, aromatischen, aber nicht zu schweren Weißwein wählen.

Weisswein

Deutschland Trockener oder halbtrockener Riesling aus allen Anbaugebieten, Weißburgunder (Kabinett oder Spätlese).

Österreich Riesling aus der Wachau oder dem Kamptal (Smaragd oder Federspiel bzw. Kabinett oder Spätlese).

Schweiz Chasselas aus der Westschweiz, Johannisberg und trocken ausgebaute Petite Arvine aus dem Wallis.

Frankreich Riesling aus dem Elsass, Sancerre, Pouilly Fumé, trockener Weißwein aus Anjou und Saumur (Savennières), Muscadet de Sèvre-et-Maine, Chablis, weißer Graves, Condrieu, Weißwein aus der Provence (Cassis und Palette).

Italien Pinot bianco oder Sauvignon blanc aus dem Friaul, Orvieto Classico.

Spanien Albariño aus den Rías Baixas.

Portugal Vinho verde (Alvarinho).

Übersee Sauvignon blanc aus Australien, Neuseeland, Chile oder Kalifornien.

Krustentiere Die Zubereitungsart von Krustentieren beeinflusst die Weinauswahl nicht gravierend. Auch die feinen Geschmacksunterschiede von Hummer, Langusten, Scampi, Garnelen und Krebsen sind nicht von entscheidender Bedeutung.

Zutaten Alle Schalentiere können, wie auch Fisch, entweder in kochendem Wasser, einer Court-Bouillon oder einem Fischfond gegart werden.

Beilagen Speziell zu Hummer und Langusten sollten nur geschmacklich dezente Beilagen gewählt werden, damit die Harmonie zwischen dem Krustentier und dem Wein nicht beeinträchtigt wird. Ideal sind feine Kartoffeln, Reis oder Wildreis sowie Porree, Bleichsellerie, Fenchel, Mairübchen und grüner Spargel. Auf Kohl und Pilze sollte man verzichten.

Saucen Beurre blanc, Buttersauce mit Zitrone, Buttersauce mit Kräutern, Sauce hollandaise, Sauce béarnaise, Sauce mousseline, Sauce américaine, Sauce bretonne, Sauce normande, Sauce Nantua, Weißweinsauce.

Weinempfehlung

Zu Krustentieren muss der Wein nicht knochentrocken sein. Fruchtige, auch halbtrockene, aromatische, aber nicht zu schwere Weißweine sind zu bevorzugen.

Weisswein

Deutschland Trockener oder halbtrockener Riesling aus allen Anbaugebieten, Weißburgunder aus Baden (Spätlese).

Österreich Trockener Riesling aus der Wachau, dem Kamptal oder Kremstal (Smaragd bzw. Spätlese).

Schweiz Johannisberg und trockene Petite Arvine aus dem Wallis.

Frankreich Riesling aus dem Elsass, Sancerre, Pouilly Fumé, Chablis Grand Cru, weißer Burgunder von der Côte de Beaune (Meursault, Montrachet, Beaune, Corton-Charlemagne), Pouilly-Fuissé, trockener Weißwein aus Anjou und Saumur (Savennières), weißer Graves, Condrieu, Weißwein aus Hermitage und Châteauneuf-du-Pape.

Italien Pinot bianco oder Sauvignon blanc aus dem Friaul, Vernaccia di San Gimignano.

Spanien Weißer Rioja, Albariño aus den Rías Baixas.

Übersee Sauvignon blanc aus Australien, Neuseeland, Chile oder Kalifornien, Sémillon oder Sémillon-Chardonnay aus Australien.

Geflügel

Grundsätzlich unterscheidet man zwischen Zucht- und Wildgeflügel. Dies ist der entscheidende Geschmacksunterschied, den es bei der Wahl des Weins zu beachten gilt, und zwar unabhängig von der Art der Zubereitung.

Das Hähnchen vom Grill mit seiner knusprigen Haut oder das Backhendl sind unbestritten leckere Evergreens, zu denen ein Grüner Veltliner wunderbar passt. Die feine Küche bietet allerdings noch köstlichere Kreationen vom Federvieh als die Hendlstation um die Ecke. Wachtelkoteletts auf lauwarmen Linsen oder Brüstchen von der Bluttaube auf Traubenrisotto etwa stellen ganz besondere Anforderungen an den begleitenden Wein.

Huhn und Truthahn Aufgrund des zarten und feinen, eher neutralen Fleischgeschmackes von Huhn und Truthahn kann man zu beiden den gleichen Wein wählen. Unabhängig von den verschiedenen Rassen unterscheidet man Hühner nach ihrem Alter, was zwar für die Zubereitung in der Küche, nicht aber für die Weinauswahl von Bedeutung ist:

Stubenküken 3 bis 5 Wochen
Brathähnchen, Poulet 6 bis 8 Wochen
Poularde 10 bis 12 Wochen
Suppenhuhn 12 bis 15 Monate
Beliebt ist auch der Kapaun, der kastrierte junge Masthahn.

Huhn und Truthahn, pochiert und gedämpft

Zutaten Für eine Court-Bouillon (Sud zum Garen des Geflügels) oder einen Geflügelfond eignen sich Zwiebeln, Lauch, Sellerie, Karotten, Petersilienwurzel und glatte Petersilie; je nach Zubereitungsart können auch andere Gartenkräuter, Weißwein (selten auch Rotwein) sowie Zitrone als aromatische Zutaten verwendet werden.

Beilagen Mit pochierten und gedämpften Geflügelgerichten serviert man unterschiedliche Zubereitungen von Kartoffeln und Reis, bei Rezepten aus der italienischen Küche auch Polenta und Nudeln. Dazu passen weiße Bohnen, Erbsen, Brokkoli, Blumenkohl, weißer und grüner Spargel, Porree, Bleichsellerie, Fenchel, Mairübchen, Karotten, Tomaten, Paprika, Zucchini, Auberginen, Blattspinat sowie Pilze, vornehmlich Champignons, Steinpilze und andere edle Röhrlinge.

Saucen Helle Geflügelglace, Rahm- oder Sahnesauce, Weißweinsauce, Sauce hollandaise, Sauce béarnaise, Sauce aurore, Currysauce, Champignonsauce.

Weinempfehlung

Wenn das Geflügel in Wein gegart wird (z. B. Coq au vin, Coq au Riesling), serviert man am besten den gleichen Wein dazu. Sonst wählt man mit Vorteil einen milden, fruchtigen Weißwein von mittlerer Fülle.

Weisswein

Deutschland Trockener oder halbtrockener Riesling, Sylvaner aus Franken, Weiß- oder Grauburgunder aus Baden (Kabinett oder Spätlese).

Österreich Riesling und Grüner Veltliner aus der Wachau oder dem Kamptal (Federspiel oder Spätlese bzw. Kabinett oder Spätlese), Weißburgunder aus der Steiermark.

Schweiz Fendant aus dem Wallis, Riesling × Sylvaner aus der Ostschweiz.

Frankreich Riesling oder Tokay Pinot gris aus dem Elsass, weißer Burgunder (Dorflage oder 1er Cru) von der Côte de Beaune (Montrachet oder Meursault) oder aus dem Mâcon, Condrieu.

Italien Chardonnay oder Pinot grigio aus dem Friaul, Chardonnay oder Pinot grigio aus dem Südtirol oder dem Trentino.

Spanien Weißer Rioja, Chardonnay aus dem Penedès.

Huhn und Truthahn, geschmort und gebraten

Zutaten Für geschmorte und gebratene Zubereitungsarten eignen sich – je nach Rezept – fast alle klassischen Gewürze. Nicht berücksichtigt sind bei den folgenden Weinempfehlungen Gerichte der exotischen Küche (siehe dazu Seite 260).

Beilagen Gebratene und frittierte Kartoffeln sowie Reis passen am besten. Je nach Rezept kann man alle Arten von Gemüse oder Pilzen dazu reichen.

Saucen Dunkle Geflügelglace, Rahm- oder Sahnesauce, Weiß- oder Rotweinsauce, Sauce aurore, Sauce provençale, Currysauce, Paprikasauce, Tomatensauce, Champignonsauce, Zigeuner- und Teufelssauce.

Weinempfehlung

Harmonisch ausgewogene, wenig säurebetonte Weiß-, Rosé- oder Rotweine mit angenehmer Fülle.

Weisswein

Deutschland Weiß- oder Grauburgunder aus Baden (Kabinett oder Spätlese).

Österreich Grüner Veltliner aus der Wachau oder dem Kamptal (Federspiel oder Spätlese bzw. Kabinett oder Spätlese), Weißburgunder aus der Steiermark.

Schweiz Chasselas aus der Westschweiz, Pinot gris bzw. Malvoisie aus dem Wallis.

Frankreich Tokay Pinot gris aus dem Elsass, weißer Burgunder (Dorflage oder 1er Cru) von der Côte de Beaune (Montrachet oder Meursault) oder aus dem Mâconnais, Condrieu.

Italien Chardonnay oder Pinot grigio aus dem Friaul, Chardonnay oder Pinot grigio aus dem Südtirol oder dem Trentino.

Spanien Weißer Rioja, Chardonnay aus dem Penedès.

URST
1997
Früh burgunder „R"

Roséwein

Schweiz Œil-de-Perdrix.
Frankreich Rosé aus Cassis, den Côtes de Provence oder den Coteaux Varois.

Rotwein

Deutschland Spätburgunder aus Baden oder dem Rheingau, Lemberger aus Württemberg, Dornfelder aus der Pfalz.
Österreich Zweigelt aus dem Burgenland.
Schweiz Pinot noir oder Gamay aus der Westschweiz, Blauburgunder aus der Ostschweiz.
Frankreich Pinot noir aus dem Elsass, Côte de Beaune-Villages, Pommard, Volnay, Savigny-lès-Beaune, Aloxe-Corton, Côte de Nuits-Villages, Gevrey-Chambertin, Nuits-St-Georges, Beaujolais-Villages, Fleurie, Brouilly, Chinon.
Italien Valpolicella Classico, Pinot nero aus der Toskana, Merlot aus dem Südtirol, Chianti Classico.
Spanien Rioja Crianza, Navarra.
Übersee Pinot noir aus Oregon, Pinotage aus Südafrika.

Ente, Perlhuhn, Wachtel, Taube Im Gegensatz zu Huhn und Truthahn besitzen Ente, Perlhuhn, Wachtel und Taube einen kräftigeren und aromatischeren Eigengeschmack, der zwar individuell verschieden ist, aber mit denselben Weinen harmoniert. In den meisten Fällen werden Ente & Co. in der Pfanne oder im Ofen zubereitet.

Zutaten Für die Zubereitung von Wildgeflügel, besonders auch, wenn das Fleisch mariniert wird, kommen je nach Rezept fast alle klassischen Gewürze sowie Weiß- und Rotwein in Frage. Rezepte der exotischen Küche werden nicht berücksichtigt (siehe dazu Seite 260).
Beilagen Gebratene und gratinierte Kartoffeln, Schupfnudeln sowie Wildreis, Polenta und Blätterteiggebäck passen sehr gut zu Wildgeflügel, ebenso wie alle Arten von Gemüse und Pilzen.
Saucen Dunkle Geflügelglace, Weiß- oder Rotweinsauce, Orangensauce, Trüffelsauce (Sauce Périgueux), Périgordsauce, Madeirasauce.

Weinempfehlung

Zur Ente à l'orange trinkt man am besten fruchtige, trockene bis halbtrockene Weißweine, aromatische Roséweine oder würzige, nicht zu schwere Rotweine, vorzugsweise Scheurebe, Pouilly Fumé, Sauvignon blanc aus dem Friaul, Tavel, rote Burgunder bzw. Pinot noir. Bei getrüffelten Zubereitungsarten sind weiße Burgunder, Chardonnay-Weine aus Spanien oder Übersee sowie rote Burgunder bzw. Pinot noir zu empfehlen.

Für alle anderen Zubereitungsarten gelten folgende Empfehlungen:

Weisswein

Deutschland	Scheurebe, Grauburgunder aus der Pfalz oder aus Baden (Spätlese).
Österreich	Grüner Veltliner (Smaragd bzw. Spätlese) aus der Wachau oder dem Kamptal.
Schweiz	Malvoisie aus dem Wallis.
Frankreich	Tokay Pinot gris aus dem Elsass, Chablis Grand Cru, weißer Burgunder (1er Cru oder Grand Cru) von einer der Montrachet-Lagen, aus Meursault oder Beaune, weißer Hermitage, weißer Châteauneuf-du-Pape.
Italien	Chardonnay aus dem Friaul, dem Südtirol und dem Trentino.
Spanien	Chardonnay aus dem Penedès.
Übersee	Chardonnay aus Chile, Australien oder Kalifornien.

Roséwein

Frankreich	Tavel.

Rotwein

Deutschland	Spätburgunder aus Baden oder dem Rheingau, Dornfelder aus der Pfalz (Spätlese).
Österreich	Blaufränkisch oder St. Laurent aus dem Burgenland.
Schweiz	Pinot noir/Blauburgunder aus der ganzen Schweiz, Merlot aus dem Tessin.
Frankreich	Bourgueil, roter Burgunder von der Côte de Nuits, Gevrey-Chambertin, Vosne-Romanée, Nuits-St-Georges, Beaujolais aus einer Dorflage (Moulin-à-Vent, Fleurie), St-Emilion Grand Cru oder Cru Classé, Pomerol.
Italien	Barbera, Pinot nero aus der Toskana, Merlot und Cabernet Sauvignon aus dem Südtirol, Chianti Classico.
Spanien	Rioja Reserva, Navarra, Costers del Segre.
Übersee	Pinot noir aus Oregon, Pinotage aus Südafrika, Merlot aus Chile.

Gans Mehr als anderes Geflügel steht die Gans als Festtagsbraten im Mittelpunkt vieler Menüs. Die Gans wird fast ausschließlich im Ofen gegart und bei vielen Rezepten mit einer Füllung zubereitet.

Zutaten Für den klassischen Gänsebraten eignen sich Füllungen aus Äpfeln, Maronen, Thymian, Majoran, Beifuß und Petersilie. Diese Zutaten können auch dann mitgeschmort werden, wenn nur Teile der Gans (Keulen oder Brust) gebraten werden. In weniger bekannten Rezepten werden auch Karotten, Sellerie, Porree und Petersilienwurzel verarbeitet.

Beilagen Hauptsächlich Semmel- oder Kartoffelknödel, dazu traditionell Rotkohl oder auch Rosenkohl und Wirsing.

Saucen Dunkler Gänsefond, seltener Rotweinsauce.

Weinempfehlung

Wenn man einen Weißwein zur Gans trinken möchte, sollte man einen sehr gehaltvollen und körperreichen Wein wählen, der dem meist ziemlich fetten Gänsebraten Paroli bieten kann. In der Regel serviert man einen vollmundigen, würzigen Rotwein.

Weisswein

Frankreich Tokay Pinot gris oder Gewürztraminer aus dem Elsass, Chablis (Grand Cru), reifer weißer Burgunder (1er Cru oder Grand Cru) von einer der Montrachet-Lagen, aus Meursault oder Beaune, weißer Hermitage, weißer Châteauneuf-du-Pape.

Spanien Reifer Chardonnay aus dem Penedès.

Übersee Reifer Chardonnay aus Kalifornien oder Australien.

Rotwein

Deutschland Spätburgunder aus Baden oder dem Rheingau, Dornfelder aus der Pfalz (Spätlese).

Österreich Blaufränkisch oder St. Laurent aus dem Burgenland.

Schweiz Merlot aus dem Tessin, gehaltvoller Blauburgunder aus der Bündner Herrschaft oder ein Pinot noir Grand Cru aus dem Wallis.

Frankreich Chinon, Bourgueil, roter Burgunder von der Côte d'Or, z. B. Vosne-Romanée, Vougeot, Pommard (1er oder Grand Cru), Beaujolais aus einer Dorflage (Moulin-à-Vent, Fleurie), Médoc und Graves (Cru Bourgeois oder Cru Classé), St-Emilion (Grand Cru oder Cru Classé), Pomerol, Hermitage, Châteauneuf-du-Pape, Rotwein aus der Provence oder dem Madiran.

Italien Barolo oder Barbaresco, Lagrein aus dem Südtirol, Chianti Classico Riserva, Brunello di Montalcino, Vino Nobile di Montepulciano, Vino da Tavola aus der Toskana («Supertoskaner»).

Spanien Cabernet Sauvignon aus dem Penedès, Rioja, Navarra, Ribera del Duero, Priorato (jeweils Reserva oder Gran Reserva).

Übersee Pinot noir aus Oregon, Pinotage aus Südafrika, Merlot aus Chile, Australien oder Kalifornien, Cabernet Sauvignon aus Chile oder Australien.

Wildgeflügel In der Küche werden Wildente, Wildtaube, Fasan und Rebhuhn am meisten geschätzt und ausschließlich in der Pfanne oder im Ofen zubereitet. Sie unterscheiden sich zwar geschmacklich voneinander, passen aber zu denselben Weinen.

Zutaten Neben Gartenkräutern werden die klassischen Wildgewürze sowie Weiß- und Rotwein verwendet.

Beilagen Gebratene und gratinierte Kartoffeln, Semmel- und Kartoffelknödel, Schupfnudeln sowie Wildreis passen gut zu Wildgeflügel. Je nach Rezept kann man alle Arten von Gemüse servieren, besonders Kohlgemüse oder Pilze, ebenso verschiedene Früchte, beispielsweise Birnen, Äpfel, Quitten, Preiselbeeren, Kompott und Konfitüre von Hagebutten, Schlehen und Holunder sowie Maronenpüree.

Saucen Dunkle Geflügelglace, Weiß- oder Rotweinsauce, Orangensauce, Trüffelsauce (Sauce Périgueux), Périgordsauce, Madeirasauce, Sauce von Wildbeeeren (Preiselbeeren, Schlehen, Ebereschen, Holunder).

Weinempfehlung

Entweder ein kräftiger aromatischer Weißwein oder ein eleganter, je nach Sauce auch fülliger Rotwein.

Weisswein

Deutschland Grauburgunder oder Scheurebe (Spätlese) aus der Pfalz oder aus Baden.

Österreich Grüner Veltliner (Smaragd bzw. Spätlese) aus der Wachau oder dem Kamptal.

Frankreich Tokay Pinot gris aus dem Elsass, weißer Burgunder (1er Cru oder Grand Cru) von einer der Montrachet-Lagen, aus Meursault oder Beaune, weißer Hermitage, weißer Châteauneuf-du-Pape.

Italien Chardonnay aus dem Friaul, dem Südtirol oder dem Trentino.

Spanien Chardonnay aus dem Penedès.

Übersee Chardonnay aus Chile, Australien oder Kalifornien.

Rotwein

Deutschland Spätburgunder aus Baden oder dem Rheingau (Spätlese).

Österreich Blaufränkisch oder St. Laurent aus dem Burgenland.

Schweiz Pinot noir aus dem Wallis, Blauburgunder aus der Bündner Herrschaft, Merlot aus dem Tessin.

Frankreich Chinon, Bourgueil, roter Burgunder von der Côte d'Or, z. B. Vosne-Romanée, Vougeot, Pommard (1er oder Grand Cru), Beaujolais aus einer Dorflage (Moulin-à-Vent, Fleurie), St-Emilion (Grand Cru oder Grand Cru Classé), Pomerol, Hermitage, Châteauneuf-du-Pape, Rotwein aus der Provence, dem Madiran und Cahors.

Italien Barolo oder Barbaresco, Barbera, Chianti Classico Riserva, Brunello di Montalcino, Vino Nobile di Montepulciano.

Spanien Priorato, Ribera del Duero Reserva oder Gran Reserva.

Übersee Pinot noir aus Oregon, Pinotage aus Südafrika, Merlot aus Südafrika, Chile, Australien oder Kalifornien, Shiraz aus Australien, Malbec aus Argentinien.

Fleisch und Innereien

Trotz des facettenreichen Angebots der modernen Küche steht Fleisch noch immer häufig im Mittelpunkt einer Mahlzeit und bietet unübertroffenen lukullischen Genuss. Fleisch kann in allen möglichen Varianten zubereitet werden. Vom deftigen Ragout aus dem Kupferkessel bis zum Kalbsfilet im Strudelteig – der Kochkunst setzt Fleisch keine Grenzen. Dementsprechend vielfältig ist auch das Angebot der passenden Weine.

Wir unterscheiden Fleisch und Innereien von Schwein, Kalb, Rind, Lamm, Zicklein und Kaninchen sowie die verschiedenen Zubereitungsarten.

Schwein Fast alle Teile des Schweins finden in der Küche Verwendung. Neben dem «normalen» Fleisch werden speziell vom Schwein auch häufig gepökelte und geräucherte Stücke angeboten, was natürlich die Weinwahl beeinflusst.

Pochiertes Schweinefleisch

Pochiertes Schweinefleisch findet man am häufigsten in Gerichten der Hausmannskost, auf Schlachtplatten und in der regionalen deutschen, österreichischen und elsässischen Küche. Fast alle Teile des Schweins können für diese Gerichte verwendet werden.

Zutaten Schweinefleisch wird entweder in gesalzenem Wasser oder einer Court-Bouillon (Sud zum Garen des Fleisches) pochiert. Für den Sud verwendet man Zwiebeln, Lauch, Sellerie, Karotten, Petersilienwurzel, Lorbeerblatt und glatte Petersilie, je nach Zubereitungsart auch Liebstöckel, Knoblauch, Senfkörner und andere aromatische Kräuter und Gewürze sowie Weißwein, Essig und Zitrone.

Beilagen Neben den klassischen Beilagen Kartoffelpüree und Sauerkraut passen auch andere Kartoffelzubereitungen und alle Arten von Gartengemüse.

Saucen Klassische Saucen werden zu diesen Zubereitungen selten gereicht. Oft begnügt man sich mit der Beigabe von Senf, in manchen Regionen auch Meerrettich. Schmackhaft ist eine Senf-, Meerrettich-, Kapern- oder Kräutersauce.

Weinempfehlung

Weißweine eignen sich am besten. Sie sollten leicht säurebetont, fein-herb und von mittlerer Fülle sein. Je nach Art der Zubereitung kann man auch einen trockenen, kräftigen Rosé servieren. Zu dem manchmal etwas strengen Geschmack von Senf und Meerrettich passen am besten ein halbtrockener Riesling oder ein Sauvignon blanc.

Weisswein

Deutschland Trockener oder halbtrockener Riesling aus allen Anbaugebieten, Weißburgunder aus Baden, Sylvaner aus Franken (Kabinett).

Österreich Riesling (Federspiel bzw. Kabinett) aus der Wachau, dem Kamptal oder Kremstal, Weißburgunder aus der Steiermark.

Schweiz: Fendant aus dem Wallis, Chasselas aus der Westschweiz.
Frankreich: Riesling oder Pinot blanc aus dem Elsass, Chablis (Dorflage), weißer St-Joseph, weißer Crozes-Hermitage.
Italien: Gavi di Gavi, Pinot bianco aus dem Friaul, Soave Classico, Orvieto Classico, Vernaccia di San Gimignano.
Spanien: Weißer Rioja.
Übersee: Chenin blanc (Steen) aus Südafrika, Sémillon oder Sémillon-Chardonnay aus Australien.

Roséwein

Deutschland: Spätburgunder Weißherbst aus dem Rheingau oder aus Baden.
Schweiz: Œil-de-Perdrix.
Frankreich: Rosé aus Cassis, den Côtes de Provence oder den Coteaux Varois.

Gebratenes oder geschmortes Schweinefleisch

Unter diese Rubrik fallen viele traditionelle Gerichte aus dem deutschsprachigen Raum, etwa das Wiener Schnitzel, das Jägerschnitzel, das Schweinskotelett, Geschnetzeltes vom Schwein oder auch die Schweinshaxe und der Schweinebraten. Aber auch außergewöhnliche Gerichte der kreativen Küche lassen sich mit Schweinefleisch zubereiten, z. B. eine Milchferkelkeule in der Kräuterkruste oder ein Spanferkelrücken auf Koriandersauce.

Zutaten: Neben Pfeffer und Salz ist besonders beim Schweinebraten der Kümmel ein häufig verwendetes Gewürz. Die Vielfalt von Rezepten macht jedoch fast alle in der Küche gebräuchlichen Gewürze und Kräuter nötig.

Beilagen: Alle Kartoffelzubereitungen, Knödel, Reis und Nudeln kommen – je nach Gericht – in Frage. Dazu passen alle frischen Gartengemüse sowie Pilze.

Saucen: Fleisch- und Bratenfonds sowie deren Variationen mit verschiedenen Gewürzen passen am besten. Die Vielfalt von Schnitzelgerichten erlaubt auch andere Kreationen wie z. B. Rahmsaucen, Paprikasaucen, Jäger- und Pilzsaucen.

Weinempfehlung

Die Wahl des richtigen Weins hängt sehr stark von der Art der Zubereitung des Fleisches ab. Auf alle Fälle sollten die Weine (weiß, rot oder rosé) fruchtig und auch von feiner Säure sein. Zu kurz gebratenen Pfannengerichten (z. B. Schnitzel, Kotelett, Steak) und zu solchen mit hellen Rahmsaucen wählt man eher einen Weißwein, zu Schmorbraten einen Rosé oder einen Roten.

Weisswein

Deutschland: Trockener oder halbtrockener Riesling aus allen Anbaugebieten, Weißburgunder aus Baden, Sylvaner aus Franken (Kabinett).
Österreich: Riesling oder Grüner Veltliner (Federspiel bzw. Kabinett) aus der Wachau, dem Kamptal oder Kremstal.
Frankreich: Riesling, Gewürztraminer oder Pinot blanc aus dem Elsass, Chablis (Dorflage), weißer Burgunder von der Côte de Beaune (Dorflage) oder aus dem Mâcon, weißer St-Joseph, weißer Crozes-Hermitage.

Italien	Pinot grigio oder Chardonnay aus dem Friaul, Vernaccia di San Gimignano, Weißwein aus Sizilien.
Spanien	Weißer Rioja.
Übersee	Chenin blanc (Steen) aus Südafrika, Sémillon oder Sémillon-Chardonnay aus Australien.

Roséwein

Deutschland	Spätburgunder Weißherbst aus dem Rheingau oder aus Baden.
Schweiz	Œil-de-Perdrix.
Frankreich	Tavel, Rosé aus Cassis, den Côtes de Provence oder den Coteaux Varois.
Spanien	Rosé aus dem Penedès oder aus Navarra.
Übersee	Zinfandel rosé aus Kalifornien.

Rotwein

Deutschland	Spätburgunder aus Baden oder dem Rheingau, Lemberger aus Württemberg, Dornfelder aus der Pfalz.
Österreich	Zweigelt oder Blaufränkisch aus dem Burgenland.
Schweiz	Dôle oder Pinot noir, Merlot aus dem Tessin, Ostschweizer Blauburgunder.
Frankreich	Pinot noir aus dem Elsass, Chinon, Côte de Beaune-Villages, Savigny-lès-Beaune, Aloxe-Corton, roter St-Joseph.
Italien	Valpolicella Classico, Barbera, Teroldego oder Lagrein aus dem Südtirol, Merlot aus dem Südtirol oder dem Friaul.
Spanien	Rioja Crianza, Navarra.
Übersee	Merlot aus Chile, Pinotage aus Südafrika.

Gepökeltes oder geräuchertes Schweinefleisch

Ob das Fleisch aus der Pökellake oder dem Rauch kommt, es besitzt einen mild-salzigen, aromatischen Eigengeschmack, der sich durch die Art der Zubereitung kaum verändert. Liebhaber solcher Fleischspezialitäten findet man hauptsächlich im deutschsprachigen Raum. Zu den Klassikern der Küche zählt man Eisbein und Rippchen mit Sauerkraut, Kasseler Rippenspeer, Schlachtplatte und Elsässer Choucroute.

Zutaten	Gepökeltes oder geräuchertes Schweinefleisch wird in der Regel kaum gewürzt; man gibt lediglich dem Sud Lorbeerblatt, Wacholderbeeren oder Wurzelgemüse bei.
Beilagen	Kartoffeln, besonders Kartoffelpüree, Sauerkraut und Gartengemüse passen gut.
Saucen	Senf und Meerrettich oder Senf- und Meerrettichsaucen sind sehr beliebt. Zu dem würzigen Eigengeschmack des Fleisches passen jedoch auch andere deftige Saucen, z. B. solche mit Kümmel oder Paprika.

Weinempfehlung

Säurebetonte Weißweine von mittlerer Fülle oder trockene, kräftige Roséweine. Zu dem eher strengen Geschmack von Senf und Meerrettich passen am besten halbtrockener Riesling oder Sauvignon blanc. Wird das Fleisch mit einer dunklen Sauce serviert, harmoniert auch ein fruchtiger, nicht zu schwerer Rotwein.

Weisswein

Deutschland	Trockener oder halbtrockener Riesling aus allen Anbaugebieten, Weißburgunder aus Baden, Sylvaner aus Franken (QbA oder Kabinett).
Österreich	Riesling (Steinfeder oder Federspiel bzw. QbA oder Kabinett) aus der Wachau, dem Kamptal oder Kremstal, Weißburgunder aus der Steiermark.
Frankreich	Riesling oder Pinot blanc aus dem Elsass, trockener Vouvray, Chablis (Dorflage), Entre-Deux-Mers.
Italien	Gavi di Gavi, Sauvignon blanc aus dem Friaul, Soave Classico, Orvieto Classico.
Spanien	Weißer Rioja, Albariño aus den Rías Baixas.
Übersee	Sauvignon blanc aus Australien, Neuseeland, Chile oder Kalifornien, Chenin blanc (Steen) aus Südafrika, Sémillon oder Sémillon-Chardonnay aus Australien.

Roséwein

Frankreich	Rosé aus Cassis, den Côtes de Provence oder den Coteaux Varois.

Rotwein

Deutschland	Spätburgunder aus Baden oder dem Rheingau, Lemberger aus Württemberg, Dornfelder aus der Pfalz.
Österreich	Zweigelt aus allen Anbaugebieten.
Schweiz	Pinot noir, Gamay und Dôle.
Frankreich	Pinot noir aus dem Elsass, Côte de Beaune-Villages, Beaujolais-Villages, Chinon.
Italien	Valpolicella Classico, Merlot aus dem Friaul, Barbera, Teroldego oder Lagrein aus dem Südtirol/Trentino, Chianti Classico.
Spanien	Rioja Crianza, Navarra.

Kalb Kalbfleisch gehört zum Feinsten, was der Metzger zu bieten hat. Ob Bries, Filet oder Haxe – für viele Gourmets zählen Kalbfleischgerichte zur Krönung eines Menüs. Neben traditionellen Zubereitungen wie Ossobuco, Wiener Schnitzel aus der Kalbsnuss oder Kalbskopf mit Schnittlauch-Vinaigrette bietet die exquisite Küche außergewöhnliche Variationen vom Kalb, z. B. Kalbsbries mit weißen Trüffeln auf Rahmspinat oder Kalbsfilet mit Backpflaumen im Blätterteigmantel. Zu den vielen köstlichen Zubereitungen serviert man die feinsten Weine.

Gebratenes oder geschmortes Kalbfleisch

Von wenigen Ausnahmen abgesehen, werden die meisten Kalbfleischgerichte in der Pfanne oder im Schmortopf gegart. Pochierte Zubereitungsarten passen zu denselben Weinen wie gebratenes oder geschmortes Kalbfleisch.

Zutaten Die Vielfalt von Kalbfleisch-Kreationen macht eine Aufzählung der Zutaten unmöglich. Alle üblichen Küchenkräuter und Gewürze können verwendet werden.

Beilagen Geeignet sind Kartoffeln in allen Varianten, Reis und Nudeln ebenso wie frische Gartengemüse und Pilze.

Saucen Am besten harmonieren Fleisch- und Bratenfonds, Glaces vom Kalbsfuß und deren Variationen mit verschiedenen Gewürzen oder Kräutern sowie verschiedene Rahm- oder Sahnesaucen. Saucen mit Weiß- oder Rotwein und auch mit Pilzen (Trüffeln, Morcheln, Steinpilzen und Pfifferlingen) passen hervorragend zu Kalbfleischgerichten. In der mediterranen Küche spielen auch Tomatensaucen eine bedeutende Rolle.

Weinempfehlung

Wenig säurebetonte, harmonisch ausgewogene und vollmundige Weine.

Weisswein

Deutschland Grauburgunder aus der Pfalz oder aus Baden (Kabinett oder Spätlese).

Österreich Grüner Veltliner (Federspiel oder Smaragd bzw. Kabinett oder Spätlese) aus der Wachau oder dem Kamptal.

Schweiz Fendant oder Malvoisie aus dem Wallis, Chasselas aus der Westschweiz.

Frankreich Tokay Pinot gris aus dem Elsass, Chablis (1er oder Grand Cru), weißer Burgunder (1er Cru oder Grand Cru) von einer der Montrachet-Lagen oder aus Meursault, Corton-Charlemagne oder ein anderer Premier oder Grand Cru aus Beaune (z. B. Clos des Mouches), Condrieu, weißer Hermitage, weißer Châteauneuf-du-Pape.

Italien Chardonnay oder Pinot grigio aus dem Friaul, Chardonnay oder Pinot grigio aus dem Südtirol oder dem Trentino, Vernaccia di San Gimignano.

Spanien Chardonnay aus dem Penedès.

Übersee Chardonnay aus Chile, Australien oder Kalifornien.

Rotwein

Deutschland Spätburgunder aus Baden oder dem Rheingau.

Österreich Blaufränkisch aus dem Burgenland.

Schweiz	Pinot noir aus dem Wallis, Merlot aus dem Tessin, Blauburgunder aus der Ostschweiz.
Frankreich	Rotweine aus der Touraine (Chinon und Bourgueil), Burgunder aus einer 1er- oder Grand-Cru-Lage der Côte d'Or, z. B. Clos St-Jacques oder Clos de Bèze aus Gevrey-Chambertin, Clos de la Roche aus Morey-St-Denis, Clos de Vougeot, St-Emilion, Pomerol.
Italien	Merlot aus dem Südtirol oder dem Friaul, Pinot nero aus der Toskana, Chianti Classico Riserva.
Spanien	Navarra oder Rioja Reserva oder Gran Reserva.
Übersee	Merlot aus Chile, Pinot noir aus Oregon, Pinotage aus Südafrika.

Rind Rindfleischgerichte zählen international zu den beliebtesten Speisen überhaupt. Zwischen Hamburger und Chateaubriand, zwischen Ochsenzunge und Tafelspitz bieten Charolais, Black Angus, Galloway, Hereford & Co. eine schier unerschöpfliche Auswahl von Fleisch für kleine und große Gerichte.

Pochiertes Rindfleisch

Bei vielen Gerichten der Hausmannskost wird das Rindfleisch, das zur Zubereitung einer Bouillon verwendet wurde, auch für eine weitere Mahlzeit verarbeitet, z. B. Rindfleisch (Brustkern) mit Meerrettichsauce. Für anspruchsvollere Gerichte werden hochwertige Teile in einer Court-Bouillon gegart und als Hauptgang gereicht (z. B. Tafelspitz).

Zutaten	Für eine Court-Bouillon (Sud zum Garen des Fleisches) oder einen Fleischfond (auch vom Kalbsfuß) eignen sich Zwiebeln, Lauch, Sellerie, Karotten, Petersilienwurzel und glatte Petersilie. Je nach Zubereitung können auch andere Gartenkräuter, Weißwein (eher selten Rotwein), Essig und Zitrone verwendet werden.
Beilagen	Unterschiedliche Zubereitungsarten von Kartoffeln harmonieren am besten mit pochiertem Rindfleisch. Bohnen, Erbsen, Brokkoli, Blumenkohl, Wirsing, weißer und grüner Spargel, Porree, Bleichsellerie, Fenchel, Mairübchen und Karotten sind ideale Beilagen.
Saucen	Helle Fleischglace (mit Kalbsfuß), Rahm- oder Sahnesauce, Weißweinsauce, Sauce hollandaise, Sauce béarnaise, Sauce aurore, Currysauce, Champignonsauce, Meerrettichsauce und Senfsauce.

Weinempfehlung

Wenig säurebetonte Weißweine von mittlerer bis dichter Fülle. Wenn Senf-, Meerrettich- oder andere pikante Saucen zum Fleisch gereicht werden, passt am besten ein halbtrockener Riesling oder ein Sauvignon blanc. Von Rotweinen ist eher abzuraten.

Weisswein

Deutschland	Riesling aus allen Anbaugebieten, Grauburgunder aus Baden (Spätlese).
Österreich	Riesling, Grüner Veltliner (Smaragd bzw. Spätlese) aus der Wachau oder dem Kamptal, Chardonnay aus der Steiermark.

Frankreich Riesling, Tokay Pinot gris aus dem Elsass, weißer Burgunder (1er Cru oder Grand Cru) von einer der Montrachet-Lagen, Meursault, Corton-Charlemagne, Premier oder Grand Cru aus Beaune (z. B. Clos des Mouches), Pouilly-Fuissé, weißer Hermitage, weißer Châteauneuf-du-Pape.

Italien Chardonnay oder Pinot grigio aus dem Friaul, Chardonnay oder Pinot grigio aus dem Südtirol oder dem Trentino.

Spanien Chardonnay aus dem Penedès.

Übersee Chardonnay aus Chile, Australien oder Kalifornien.

Geschmortes und gebratenes Rindfleisch

Hier sind der Phantasie der Küchenchefs (fast) keine Grenzen gesetzt. Steaks in allen Varianten, Ochsenkotelett und Beinscheibe, Schmorbraten gefüllt und ungefüllt, Rouladen, Gulasch und Ragouts, Ochsenschwanz und Ochsenbäckchen, dazu die unterschiedlichsten Zutaten und köstliche Saucen sind eine große Herausforderung für die Wahl des geeigneten Weins.

Zutaten Aufgrund der unendlichen Vielfalt von Zubereitungsmöglichkeiten kommen alle bekannten Gewürze, Kräuter und Suppengemüse als Zutaten in Frage. Auch Rotwein oder Essig werden häufig verwendet, was man bei der Weinwahl berücksichtigen sollte.

Beilagen Je nach Art des Gerichts eignen sich alle Kartoffelspeisen, Knödel, Reis sowie Nudeln. Alle frischen Gartengemüse und Pilze können das geschmorte oder gebratene Rindfleisch ebenfalls begleiten.

Saucen Eine dunkle Glace sowie Fleisch- und Bratenfonds und deren Variationen mit verschiedenen Gewürzen passen am besten. Zu Rindfleisch werden die Fonds oft mit reichlich Rotwein hergestellt, was man bei der Wahl des Weins beachten sollte.

Weinempfehlung

Traditionell wird zu gebratenen oder geschmorten Rindfleischgerichten ein Rotwein serviert. Dieser Regel muss man sich nicht beugen, da auch eine Reihe von üppigen, gereiften Weißweinen sehr gut zu diesen Speisen passt. Einzig die Zubereitungsart und vor allem die begleitenden Saucen entscheiden, welcher Wein die angestrebte Harmonie verspricht.

Liebhaber von Steaks und ähnlichen Gerichten greifen gerne zu einem Rotwein von herberem Charakter, mit Röstaromen und auch spürbaren Tanninen. Vor allem aus den Rebsorten Cabernet Sauvignon, Tannat, Malbec, Sangiovese und Nebbiolo gekelterte Weine sowie Gewächse aus den Regionen Médoc, Cahors, Madiran, Toskana, Piemont und aus Übersee eignen sich hervorragend.

Mit feinen Zubereitungsarten vom Rinderfilet harmonieren Weine der Sorten Pinot noir und Merlot ausgesprochen gut. Zu Gerichten, bei denen Kräuter und Gewürze stark im Vordergrund stehen (z. B. Rosmarin oder Thymian), sollte man einen der fülligen Weine der Rhône wählen (Côte Rôtie, Hermitage, Châteauneuf-du-Pape).

Weisswein

Frankreich Tokay Pinot gris aus dem Elsass, Chablis Grand Cru, weißer Burgunder (1er Cru oder Grand Cru) von einer der Montrachet-Lagen oder aus Meursault, Corton-Charlemagne, Premier oder Grand Cru aus Beaune (z. B. Clos des Mouches), weißer Hermitage, weißer Châteauneuf-du-Pape.

Spanien Chardonnay aus dem Penedès.

Übersee Chardonnay aus Chile, Australien oder Kalifornien.

Rotwein

Deutschland Spätburgunder (Spätlese) aus Baden oder dem Rheingau.

Österreich Blaufränkisch oder St. Laurent aus dem Burgenland.

Schweiz Merlot aus dem Tessin, Blauburgunder aus der Bündner Herrschaft.

Frankreich Roter Burgunder aus einer Dorflage, 1er oder Grand Cru der Côte d'Or (besonders Vosne-Romanée, Vougeot, Pommard und Volnay), Haut-Médoc Cru Bourgeois oder Cru Classé, Graves, St-Emilion Grand Cru oder Grand Cru Classé, Pomerol oder ein anderes Bordelaiser Gewächs, Rotwein aus der Touraine (Chinon und Bourgueil), aus dem Madiran oder aus Cahors, Côte Rôtie, Hermitage, Cornas, Châteauneuf-du-Pape, Gigondas, Vaqueyras sowie Rotwein aus der Provence und dem Languedoc.

Italien Barolo und Barbaresco, Merlot und Cabernet Sauvignon aus dem Südtirol, Chianti Classico Riserva, Brunello di Montalcino, Rosso di Montalcino, Vino Nobile di Montepulciano, Vino da Tavola aus der Toskana («Supertoskaner»).

Spanien Rotwein (Reserva oder Gran Reserva) aus dem Penedès oder Priorato, aus der Ribera del Duero, aus Navarra und der Rioja.

Übersee Cabernet Sauvignon aus Kalifornien, Australien, Südafrika oder Chile, Malbec aus Argentinien, Merlot aus Chile, Kalifornien oder Südafrika.

Lamm und Zicklein Das Fleisch von jungen Schafen und Ziegen erfreut sich auch an der heimischen Tafel immer größerer Beliebtheit. Rümpfte man früher noch die Nase über den strengen Geruch eines Hammelbratens, genießt man heute ein zartes Lammfilet auf Rosmarinjus oder den Rücken vom Zicklein auf Fenchelgratin.

Zutaten Zur Zubereitung von Lamm und Zicklein verwendet man hauptsächlich Kräuter und Gewürze der mediterranen Küche wie Knoblauch, Thymian, Majoran, Oregano, Rosmarin, Salbei, Basilikum und Bohnenkraut, aber auch Petersilie, Liebstöckel, Fenchelsamen, Anis sowie schwarzen Pfeffer.

Beilagen Besonders Kartoffelgratins, aber auch andere Kartoffelzubereitungen, Nudelspezialitäten und Wildreis passen sehr gut zu Lamm und Zicklein, ebenso alle Arten von Kohlgemüse und Hülsenfrüchten, Paprika, Tomaten, Zucchini und Auberginen.

Saucen Eine dunkle Glace, aromatisch gewürzte Fleisch- und Bratenfonds, Knoblauch und Tomatensaucen harmonieren ausgezeichnet, je nach Art der Zubereitung auch Weiß- oder Rotweinreduktionen.

Weinempfehlung

Neben einer Vielzahl von kräftigen bis üppigen Rotweinen begleiten auch einige gereifte Weißweine das Fleisch von Lamm und Zicklein sehr harmonisch.

Weisswein

Frankreich Tokay Pinot gris aus dem Elsass, weißer Burgunder (1er Cru oder Grand Cru) von einer der Montrachet-Lagen oder aus Meursault, weißer Hermitage, weißer Châteauneuf-du-Pape.

Spanien Reifer Chardonnay aus dem Penedès.

Übersee Reifer Chardonnay aus Kalifornien oder Australien.

Roséwein

Frankreich Tavel.

Rotwein

Österreich Blaufränkisch oder St. Laurent aus dem Burgenland.

Schweiz Merlot aus dem Tessin.

Frankreich Haut-Médoc Cru Bourgeois oder Cru Classé, Graves, St-Emilion Grand Cru oder Grand Cru Classé, Pomerol oder ein anderes Bordelaiser Gewächs. Rotwein aus dem Madiran und aus Cahors, Côte Rôtie, Cornas, Hermitage, Châteauneuf-du-Pape, Gigondas, Vaqueyras, Rotwein aus der Provence und dem Languedoc.

Italien Barolo oder Barbaresco, Barbera, Amarone, Lagrein, Merlot und Cabernet Sauvignon aus dem Südtirol, Chianti Classico Riserva, Brunello di Montalcino, Vino Nobile di Montepulciano, Vino da Tavola aus der Toskana («Supertoskaner»).

Spanien Rotwein (Reserva oder Gran Reserva) aus den Regionen Penedès, Priorato, Ribera del Duero, Navarra und Rioja.

Übersee Cabernet Sauvignon aus Kalifornien, Australien, Südafrika oder Chile, Merlot aus Chile, Kalifornien oder Südafrika, Malbec aus Argentinien.

Wild Wildbret bereichert besonders in der kalten Jahreszeit die Speisekarten, aber je nach Jagdsaison findet man auch im Frühjahr und Sommer ein hervorragendes Angebot. In Europa gehören Reh, Hirsch, Wildschwein und Wildhase zu den beliebtesten Wildsorten. Sehr selten und oft nur regional kommen auch Gamswild, Wildschaf und Steinbock auf den Tisch. Von seltenen Ausnahmen abgesehen, wird das Wildbret gebraten oder geschmort.

Zutaten Neben den klassischen Wildgewürzen finden auch aromatische Kräuter bei vielen Rezepten Verwendung.

Beilagen Kartoffelgratins, Semmel- und Kartoffelknödel, Schupfnudeln, Nudeln und Spätzle sowie Wildreis eignen sich am besten. Kohlgemüse und Pilze werden gerne zum Wild gereicht; auch Früchte wie Birnen, Äpfel, Quitten, Preiselbeeren oder Kompott und Konfitüre von Hagebutten, Schlehen und Holunder sowie Maronenpüree sind traditionell beliebt.

Saucen Dunkle Wildglace, Trüffelsauce (Sauce Périgueux), Périgordsauce, Rotwein-, Madeira- oder Portweinsauce, Saucen von Wildbeeeren (Preiselbeeren, Schlehen, Ebereschen, Holunder).

Weinempfehlung

Die klassische Kombination zu Wild ist ein kräftiger, üppiger Rotwein. Es gibt jedoch einige Weißweine, die sich hervorragend mit dem Eigengeschmack von Wild vertragen. Es sollten allerdings reife Gewächse sein.
Besonders zu Gerichten vom Wildschwein müssen die Rotweine nicht gar so schwer sein (Pinot noir) wie diejenigen, die man zu einem Braten von Reh oder Hirsch genießt.

Weisswein

Frankreich Tokay Pinot gris (auch Vendange tardive) aus dem Elsass, weißer Hermitage, weißer Châteauneuf-du-Pape.

Italien Trockener Vin Santo.

Übersee Reifer Chardonnay aus Australien oder Kalifornien.

Rotwein

Österreich Blaufränkisch oder St. Laurent aus dem Burgenland.

Schweiz Merlot aus dem Tessin, Humagne rouge aus dem Wallis.

Frankreich Roter Burgunder von der Côte d'Or (Gevrey-Chambertin, Vosne-Romanée, Nuits-St-Georges, Vougeot, Pommard, Volnay), Rotwein aus der Touraine (Chinon und Bourgueil), aus dem Madiran und aus Cahors, Côte Rôtie, Cornas, Hermitage und Châteauneuf-du-Pape, Gigondas und Vaqueyras sowie Rotwein aus der Provence (Les Baux, Bandol).

Italien Barolo oder Barbaresco, Amarone, Lagrein aus dem Südtirol, Chianti Classico Riserva, Brunello di Montalcino, Vino Nobile di Montepulciano, Pinot nero aus der Toskana.

Spanien Rotwein (Reserva oder Gran Reserva) aus den Regionen Penedès, Priorato, Ribera del Duero.

Übersee Pinot noir aus Oregon, Shiraz aus Australien, Merlot aus Chile oder Kalifornien, Malbec aus Argentinien.

Käse

Käse ist immer eine besondere Delikatesse – ob im Anschluss an den Hauptgang eines großen Menüs oder für sich alleine genossen. Die perfekte Harmonie ist dann erreicht, wenn der Käse von einem geeigneten Wein begleitet wird.

Natürlich gibt es viele Regeln, welcher Wein sich mit welchem Käse besonders gut vermählt. Heikel wird es aber, wenn besondere Gegebenheiten solchen Empfehlungen widersprechen. Ein Sancerre etwa, der normalerweise hervorragend zu einem Ziegenkäse passt, ist dann keine gute Empfehlung, wenn vorher zum Fleischgang ein schwerer Bordeaux und möglicherweise davor zum Fischgang bereits ein anderer Sauvignon blanc getrunken wurde. Vor ein weiteres Problem stellt uns der gemischte Käseteller, auf dem unterschiedlichste Käsesorten gemeinsam serviert werden, von denen ein jeder streng genommen nach einem anderen Wein verlangt. Doch keine Angst: Auch für solche lukullischen Extremfälle finden sich Lösungen, die ungetrübten Genuss garantieren!

Wird Käse nach einem Hauptgang gereicht, sollte der Wein fülliger sein als der vorangegangene. Die Entscheidung für Weiß- oder Rotwein ist ebenfalls von den erwähnten Kriterien abhängig.

Hartkäse, Schnittkäse und Cheddar-Sorten

Zu dieser Art von Käsen zählen unter anderen Emmentaler, Appenzeller, Gouda, Edamer, Tilsiter, Greyerzer, Sbrinz, Pecorino und Manchego.

Weinempfehlung

Der relativ hohe Fettgehalt und der oft strenge, würzige Geschmack der meisten dieser Käsesorten verlangen nach einem Partner, der einen harmonischen Ausgleich schafft. In Frage kommen sowohl trockene, reife wie auch süße Weißweine sowie trockene, samtige Rotweine. Trockene Weiß- und Rotweine wählt man, wenn der Käse ein eigenständiges Gericht ist, die süßen Gewächse, wenn der Käse nach dem Hauptgang eines Menüs serviert wird.

Weisswein

Deutschland Ruländer (Spätlesen und Auslesen) aus der Pfalz und aus Baden.

Schweiz Reifer Dézaley aus dem Waadtland.

Frankreich Tokay Pinot gris Vendange tardive oder Sélection des Grains Nobles, Vin jaune, Barsac und Sauternes, Monbazillac, Jurançon, Muscat de Beaumes-de-Venise, Muscat de Rivesaltes.

Italien Alle Arten von Vin Santo, Picolit, Torcolato.

Rotwein

Österreich Blaufränkisch aus dem Burgenland.
Frankreich Côte de Nuits-Villages, Rotwein aus der Touraine (Bourgueil und Chinon), aus Cahors und dem Languedoc.
Italien Amarone, Barbera und Dolcetto, Lagrein und Teroldego.
Spanien Rotwein aus dem Penedès (kein Cabernet Sauvignon!), Rioja Crianza und Navarra Crianza.
Übersee Malbec aus Argentinien.

Halbfeste Schnittkäse und Weichkäse Zu den halbfesten Schnittkäsen und Weichkäsen zählen Bel Paese, Taleggio, Pont-L'Evêque, Reblochon, Tomme de Savoie, Vacherin, Tête de Moine, Camembert, Brie, Saint-Albray, Brillat-Savarin, Chaource und viele andere.

Weinempfehlung

Diese Käse haben meist einen sehr dichten Schmelz und einen hohen Fettgehalt. Im Geschmack sind sie mildwürzig bis pikant. Man wählt als Begleiter trockene, reife und auch süße Weißweine sowie trockene, aber nicht zu herbe, samtige Rotweine. Die trockenen Weiß- und Rotweine serviert man, wenn der Käse als einzelnes Gericht gereicht wird, die süßen Gewächse, wenn der Käse einem Hauptgang folgt.

Weisswein

Deutschland Edelsüßer Riesling aus allen Anbaugebieten und Ruländer aus der Pfalz und aus Baden (Spätlesen und Auslesen).
Österreich Ausbruchweine vom Neusiedlersee.
Schweiz Johannisberg mit Restsüße aus dem Wallis.
Frankreich Tokay Pinot gris und Gewürztraminer Vendange tardive oder Sélection des Grains Nobles, gereifter Chablis Grand Cru, Vin jaune, Barsac und Sauternes, Monbazillac, Jurançon, Muscat de Beaumes-de-Venise, Muscat de Rivesaltes.
Italien Alle Arten von Vin Santo, Picolit, Torcolato.

Rotwein

Österreich Blaufränkisch aus dem Burgenland.
Frankreich Pinot noir aus dem Elsass, Côte de Beaune-Villages, Beaujolais-Villages, Rotwein aus der Touraine (Bourgueil und Chinon), aus Cahors und dem Languedoc.
Italien Amarone, Barbera und Dolcetto aus dem Piemont, Lagrein und Teroldego aus dem Südtirol bzw. dem Trentino.
Spanien Rotwein aus dem Penedès (kein Cabernet Sauvignon!), Rioja Crianza und Navarra Crianza.
Übersee Malbec aus Argentinien, Zinfandel aus Kalifornien.

Blauschimmelkäse Zu den Blauschimmelkäsen gehören unter anderen Roquefort, Bleu d'Auvergne, Fourme d'Ambert, Gorgonzola, Blue Stilton, Blue Cheshire.

Weinempfehlung

Der pikante, oft strenge, manchmal auch beißend scharfe Geschmack der Blauschimmelkäse ruft nach einem Wein, der sich über diese Eigenschaften hinwegsetzen kann. In aller Regel sind nur süße Weine dazu in der Lage, die neben der Süße auch eine feine Säure aufweisen dürfen.

Weisswein

Deutschland	Edelsüßer Riesling aus allen Anbaugebieten und Ruländer aus der Pfalz und aus Baden (Spätlesen und Auslesen).
Österreich	Ausbruchweine vom Neusiedlersee.
Schweiz	Edelsüße Petite Arvine und Johannisberg aus dem Wallis.
Frankreich	Riesling, Tokay Pinot gris und Gewürztraminer Vendange tardive und Sélection des Grains Nobles, Vouvray, Barsac und Sauternes, Monbazillac, Jurançon, Muscat de Beaumes-de-Venise, Muscat de Rivesaltes.
Italien	Süßer Vin Santo, Picolit, Torcolato.
Ungarn	Tokaji mit 4 bis 6 Puttonyos.

Frischkäse und Filata-Käse Zu den Frischkäsen zählen auch Quark, Schichtkäse, Mascarpone und Cottage Cheese. Am bekanntesten sind Robiola, Petit-suisse, Ricotta und Mozzarella.

Weinempfehlung

Frischkäse sollte man für sich alleine genießen; für einen Käsegang nach dem Hauptgang sind sie nicht geeignet. Zu ihrem sehr milden Geschmack und oft niedrigen Fettgehalt passen am besten ebenso feine, wenig extraktreiche Weißweine.

Weisswein

Deutschland	Weißburgunder aus der Pfalz und aus Baden, Sylvaner aus Franken (Spätlesen und Auslesen).
Österreich	Weißburgunder und Sauvignon blanc aus der Steiermark.
Schweiz	Trockener Johannisberg aus dem Wallis.
Frankreich	Sancerre, weißer Graves.
Italien	Arneis aus dem Piemont, Pinot bianco und Sauvignon blanc aus dem Friaul.
Spanien	Albariño aus den Rías Baixas.
Portugal	Vinho verde aus Monção (Alvarinho).
Übersee	Sauvignon blanc aus Chile und Neuseeland.

Ziegenkäse Ziegenkäse oder Käse, die überwiegend aus Ziegenmilch hergestellt werden, gibt es in großer Zahl, und zwar sowohl als Frischkäse wie auch als gereiften Käse. Zu den bekanntesten Ziegenkäsen gehören Valençay, Crottin de Chavignol, Chabichou, Saint-Maure, Pélardon und Picodon.

Weinempfehlung

Je nach Typ kann ein Ziegenkäse mild, säuerlich-aromatisch oder kräftig-pikant sein. Der von der Ziegenmilch herrührende Eigengeschmack verträgt sich am besten mit trocken-fruchtigen Weißweinen, die eine feine Säure aufweisen.

	Weisswein
Deutschland	Halbtrockener Riesling aus allen Anbaugebieten, Sylvaner aus Franken, Weißburgunder aus Baden (Spätlese).
Österreich	Sauvignon blanc aus der Steiermark.
Frankreich	Riesling aus dem Elsass, Sancerre, Pouilly Fumé, weißer Graves.
Italien	Sauvignon blanc aus dem Friaul, Soave Classico, Orvieto Classico.
Spanien	Albariño aus den Rías Baixas.
Portugal	Vinho verde aus Mançāo (Alvarinho).
Übersee	Sauvignon blanc aus Australien, Neuseeland, Chile oder Kalifornien.

Gemischte Käseteller, Käseauswahl Besonders im Restaurant, wenn der Käsewagen anrollt oder das große Käsebrett an den Tisch gebracht wird, verführt die große Auswahl meistens zum Genuss der unterschiedlichsten Käsesorten. Gleichgültig, für welche Käse man sich entscheidet, die Wahl des Weins richtet sich grundsätzlich nach dem aromatischsten, kräftigsten oder geschmacksintensivsten Käse. Wenn man sich zum Beispiel neben anderen Käsesorten für einen Blauschimmelkäse entscheidet, sollte man zum ganzen Käseteller einen Wein trinken, der zu Blauschimmelkäse empfohlen wird.

Dessert

Als krönender Abschluss verwöhnt ein Dessert den Gaumen – auch wenn das vorhergehende Mahl reichlich und opulent war. Eine unendliche Fülle von süßen Variationen und verführerischen Kreationen öffnet oft mühelos noch einmal den Magen und macht abschließend Lust auf einen besonderen Wein.

Die Art des Desserts ist natürlich ausschlaggebend für die Wahl des passenden Weins, denn nicht jedes süße oder edelsüße Gewächs harmoniert gleichermaßen mit allen Nachspeisen. Es ist nachvollziehbar, dass zu einer säuerlich-süßen Aprikosentarte nicht der gleiche Wein passt wie zu einer Mousse au chocolat mit kandierten Kirschen, oder dass man zu einem Halbgefrorenen von Waldhimbeeren einen anderen Tropfen genießt als zu einem Mokkaparfait im Baumkuchenrand. Schwierig wird die Wahl, wenn die kreative Küche ein Dessert präsentiert, das aus den unterschiedlichsten Zutaten zubereitet wird. So können beispielsweise Gebäck, Früchte, Eis und Schokolade zu einer traumhaften Dessertkombination verarbeitet werden; hier sollte der aromatisch dominierende Bestandteil die Wahl des Weins entscheiden.

Weinempfehlung

Für die Wahl des richtigen Weins zum Dessert gilt es einige Faustregeln zu beachten:

- Je säuerlicher ein Dessert ist (z. B. Früchte), desto mehr Säure sollte der begleitende Süßwein aufweisen (z. B. eine Riesling Auslese oder Beerenauslese bzw. Sélection des Grains Nobles, ein Vouvray oder Jurançon).
- Je mehr feine Bitterstoffe den Geschmack des Desserts beeinflussen (z. B. Nüsse oder Mandeln, Schokolade oder herbe Gewürze wie Zimt), desto herbere Noten sollte der Wein – neben der Süße – aufweisen (z. B. Picolit oder Torcolato, Tokaji, Banyuls oder Portwein).
- Je buttriger und fetter die Nachspeise (z. B. schwere Cremes, Blätterteig), desto fetter sollte sich auch der begleitende Wein präsentieren (z. B. Ruländer Auslese oder Beerenauslese, Tokay Pinot gris Sélection des Grains Nobles, Sauternes).
- Je würziger die Zubereitung eines Desserts ausfällt (z. B. Sternanis, Gewürznelke), desto würziger sollte der Wein sein (z. B. Gewürztraminer Sélection des Grains Nobles, Muskateller).
- Je kälter das Dessert ist (z. B. Eiscremes, Sorbets, Halbgefrorenes), desto alkoholreicher sollte der Wein sein (z. B. Muscat de Beaumes-de-Venise, Muscat de Rivesaltes, Banyuls. Letzterer passt besonders gut zu Schokoladen- und Mokkaeis).
- Je exotischer die Fruchtaromen (z. B. Ananas, Maracuja, Banane, Mango), desto exotischer sollten auch die Aromen des Weins sein (z. B. Sauternes oder Monbazillac).

Süsser Weisswein

Deutschland	Auslese, Beerenauslese, Trockenbeerenauslese und Eiswein von Riesling, Grauburgunder und anderen edlen Rebsorten aus allen deutschen Anbaugebieten.
Österreich	Auslese, Beerenauslese und Ausbruch vom Neusiedlersee.
Schweiz	Edelsüße Walliser Weine der Sorten Johannisberg, Malvoisie, Petite Arvine, Ermitage.
Frankreich	Vendanges tardives und Sélections des Grains Nobles von allen Rebsorten aus dem Elsass, edelsüße Weine aus Vouvray, Sauternes-Barsac, Monbazillac oder dem Jurançon, Muscat de Beaumes-de-Venise, Muscat de Rivesaltes.
Italien	Verduzzo, Picolit aus dem Friaul, Torcolato aus dem Veneto, Vin Santo.
Ungarn	Tokaji mit 4 bis 6 Puttonyos.

Süsser Rotwein

Deutschland	Auslese und Beerenauslese von Spätburgunder oder Dornfelder.
Österreich	Auslese, Beerenauslese und Ausbruch vom Neusiedlersee.
Frankreich	Banyuls.
Portugal	Portwein, vorzugsweise Vintage Port.

Eintöpfe

In romanischen Ländern ist es gang und gäbe, zu alltäglichen Gerichten, so auch zum Eintopf, Wein zu trinken. Obwohl in den nördlicheren Regionen oft ein Bier bevorzugt wird, gewinnt der Wein auch hier als Begleiter zum Eintopf zunehmend an Beliebtheit.

Die schier unendliche Auswahl von Rezepten, regionalen und lokalen Spezialitäten und Zutaten macht eine pauschale Weinempfehlung unmöglich. Zu einem Erbseneintopf mit Pökelfleisch schmeckt selbstverständlich ein anderer Wein als zu einer provenzalischen Soupe au Pistou. Deshalb sollte man die Weine entsprechend den geschmacksbestimmenden Zutaten des Eintopfs aussuchen.

Gemüseeintöpfe, Eintöpfe von Hülsenfrüchten, Kartoffelsuppe

Die meisten Gemüseeintöpfe werden auf der Basis einer Fleisch- oder Gemüsebrühe zubereitet, mit frischen Kräutern gewürzt und mit einer Fleischeinlage verfeinert. Je kräftiger der Geschmack von Gemüse, Kräutern, Gewürzen und Fleisch ist (besonders bei Eintöpfen der mediterranen Küche), umso fülliger sollte der begleitende Wein sein.

Weinempfehlung

Fruchtige, nicht zu herbe Weißweine, trockene oder halbtrockene Roséweine und leichte, fruchtige Rotweine (besonders zu Eintöpfen mit Rind- oder Lammfleisch-Einlagen).

Weisswein

Deutschland	Trockener oder halbtrockener Riesling aus allen Anbaugebieten, trockener Sylvaner aus Franken (QbA oder Kabinett).
Österreich	Riesling (Steinfeder oder Federspiel bzw. Qualitätswein oder Kabinett) aus der Wachau, dem Kamptal oder dem Kremstal.
Schweiz	Fendant aus dem Wallis, Chasselas aus der übrigen Westschweiz, Riesling × Sylvaner aus der Ostschweiz.
Frankreich	Pinot blanc oder Sylvaner aus dem Elsass, Sancerre, weißer Crozes-Hermitage, weißer Châteauneuf-du-Pape, provenzalischer Weißwein.
Italien	Arneis aus dem Piemont, Sauvignon blanc oder Pinot grigio aus dem Veneto oder dem Friaul, Soave Classico.
Übersee	Sauvignon blanc aus Chile, Kalifornien oder Australien.

Roséwein

Deutschland	Trockener oder halbtrockener Spätburgunder Weißherbst aus Baden oder dem Rheingau.
Schweiz	Œil-de-Perdrix.
Frankreich	Sancerre rosé, Tavel, Côtes de Provence rosé.
Spanien	Rosé aus dem Penedès oder aus Navarra.

Rotwein

Deutschland	Spätburgunder aus dem Rheingau oder aus Baden, Lemberger und Dornfelder aus der Pfalz.
Österreich	Zweigelt und Spätburgunder aus dem Burgenland.
Schweiz	Dôle aus dem Wallis.
Frankreich	Pinot noir aus dem Elsass, Côte de Beaune-Villages, Côte de Nuits-Villages, Beaujolais-Villages.
Italien	Barbera, Dolcetto, Bardolino, Teroldego aus dem Trentino.

Fleischeintöpfe, Gulasch- und Ochsenschwanzsuppen

Fleischeintöpfe, Gulasch- und Ochsenschwanzsuppen Grundlage von Fleischeintöpfen ist Fleisch vom Rind, Schwein, Lamm oder auch Wild. Oft wird der Fond mit Wein angereichert, Zwiebeln, Tomaten und anderes Gemüse schmoren mit, aromatische Gewürze verfeinern das Ganze.

Weinempfehlung

Man kann zu Fleischeintöpfen durchaus Weißweine empfehlen (besonders zu Eintöpfen von Pökelfleisch passt etwa ein Riesling), wenn es sich um füllige, kräftige und aromatische Gewächse handelt. Rosé- und Rotweine sollten nicht zu filigran sein und in ihrem Charakter dem rustikalen Gericht entsprechen.

Weisswein

Deutschland	Riesling (Kabinett) aus allen Anbaugebieten.
Österreich	Riesling (Federspiel oder Kabinett) aus allen Anbaugebieten.
Frankreich	Riesling, Gewürztraminer oder Muscat aus dem Elsass, weißer Crozes-Hermitage, weißer Châteauneuf-du-Pape, provenzalischer Weißwein.
Italien	Gewürztraminer aus dem Südtirol.

Roséwein

Frankreich	Tavel, provenzalischer Rosé.
Spanien	Rosé aus Navarra oder dem Penedès.
USA	Zinfandel rosé aus Kalifornien.

Rotwein

Frankreich	Bourgueil, Bordeaux Supérieur, Cahors, Corbières, Côtes du Rhône-Villages, Gigondas, Châteauneuf-du-Pape, Rotwein aus der Provence.
Italien	Barbera, Dolcetto, Chianti Classico, Rosso di Montalcino, Vino Nobile di Montepulciano
Spanien	Rioja Crianza, Navarra Crianza, Ribera del Duero Crianza.
Übersee	Shiraz aus Australien, Cabernet Sauvignon aus Australien, Chile und Kalifornien, Zinfandel aus Kalifornien, Pinotage aus Südafrika.

Kalte Platten und Buffets

Für die heiße Schlacht am kalten Buffet gilt es bei der Weinwahl kühlen Kopf zu bewahren. Oft treffen bei einem Buffet so viele Geschmackskomponenten aufeinander, dass es meistens nicht ausreicht, nur einen einzigen Wein anzubieten.

Klassische Buffets sind meistens eine Kombination von Aufschnitt von kaltem Braten (z. B. Roastbeef, gegrillter Kasseler etc.), Schinkenspezialitäten, Geflügel, Sülzen, Pasteten, Terrinen, Blätterteiggebäck, gefüllten Brioches, Räucherfischdelikatessen (Lachs, Forelle, Schillerlocke etc.), eingelegtem Gemüse, Gemüsetartes, Salaten mit verschiedensten Zutaten, Käsen sowie unterschiedlichen Desserts. Neben den kalten Platten werden häufig einige warme Gerichte, z. B. Suppen, gereicht.

Zu berücksichtigen ist auch, ob ein Buffet auf landes- oder regionaltypische Spezialitäten zugeschnitten ist (z. B. italienisches oder mediterranes Buffet, provenzalische Spezialitäten, spanische Tapas etc.).

Weinempfehlung

Idealerweise bietet man zu einem Buffet sowohl Weiß-, Rosé- als auch Rotwein an. Es ist unmöglich, zu jeder Spezialität einen passenden Wein zu wählen, deswegen sollte man sich auf solche Gewächse beschränken, die sehr vielseitig einsetzbar sind. Es hat sich bewährt, zwei oder drei Weißweine (für Fleisch- und Wurstspezialitäten, Fisch, Gemüse und Käse), einen Rosé (der mehr oder weniger zu allem passt) und zwei Rotweine (zu Fleisch, Schinken, Pasteten, Gulasch- und Ochsenschwanzsuppen) anzubieten. Bei landestypischen Delikatessen ist es sinnvoll, Weine aus der entsprechenden Region zu servieren.

Die ideale Zusammenstellung berücksichtigt zwei unterschiedliche trockene, fruchtige Weißweine, beispielsweise einen Sauvignon blanc (z. B. Sancerre) und einen grünen Veltliner, einen Riesling und einen Grauburgunder oder einen Chardonnay aus dem Friaul und einen Vernaccia di San Gimignano. Daneben stellt man einen halbtrockenen Weißwein bzw. einen Weißwein mit spürbarer Restsüße bereit.

Der Rosé sollte trocken und würzig sein. Besonders geeignet sind provenzalische Roséweine (z. B. Tavel).

Tischt man zwei Rotweine auf, sollte der eine eher von leichter, fruchtiger Art sein, z. B. ein Spätburgunder (aus dem Rheingau, aus der Pfalz oder aus Baden) oder ein Pinot noir (aus dem Elsass oder dem Burgund), der zweite etwas schwerer und fülliger. Hier eignen sich z. B. Bordeaux Supérieur oder Cru Bourgeois, Cahors, Corbières, Barbera, Chianti Classico, Rioja Crianza, Merlot aus Chile oder Pinotage aus Südafrika.

Exotische Gerichte

Die exotische Küche umfasst alle Landes- und Regionalküchen Asiens, Afrikas und Amerikas, deren Küchentraditionen sich allerdings stark voneinander unterscheiden. Viele Gourmets hegen Vorurteile gegen die exotische Küche; sie glauben, die Gerichte seien stets scharf gewürzt und von reichlich dubiosen Zutaten begleitet. Eine große Rolle spielt, ob man die entsprechenden Gerichte in ihrer Heimat oder zu Hause genießt, in oft moderater, auf europäische Gaumen abgestimmten Variationen.

Wenn auch die genannten exotischen Küchen sehr unterschiedlich sind, weisen fast alle Gerichte gewisse Gemeinsamkeiten auf: Sie sind oft pikant bis scharf, sehr aromatisch und mit dominierenden Gewürzen abgeschmeckt, die den Eigengeschmack von Fleisch und Gemüse oft in den Hintergrund drängen. Deshalb ist bei der Wahl des Weins weniger das Huhn, das Lammragout oder das Fischfilet zu berücksichtigen, sondern es sind vielmehr die verwendeten Gewürze, ihre Aromen und ihre Schärfe, denen man seine Aufmerksamkeit schenken sollte.

Zwischen exotischem Essen und Wein gibt es keine Liebe auf den ersten Blick, pardon: Schluck, doch findet man bei sorgfältiger Auswahl einige Weine, die durchaus in der Lage sind, eine dauerhafte Liebesbeziehung zu einem Curry, einem Chili oder einem Gumbo einzugehen.

Es ist unmöglich, einzelne Weine den entsprechenden Landesküchen zuzuordnen. Der erfolgsversprechendere Weg zum passenden Wein führt über die einzelnen Zutaten.

Weinempfehlung

Die unzähligen Gerichte der exotischen Küche werden meist von aromatischen Zutaten, Gewürzen und Kräutern (z. B. Ingwer, Tamarinde, Kreuzkümmel, Koriander, Kurkuma, Zitronengras, Kokosmilch etc.) dominiert. Chilischoten verleihen vielen Gerichten ihre charakteristische Schärfe.

Für die Wahl des Weins spielt es nur eine untergeordnete Rolle, ob ein Gericht aus Fleisch, Fisch oder Meeresfrüchten zubereitet wurde; entscheidend sind die verwendeten Zutaten. In der Regel empfiehlt sich ein fruchtiger, nicht zu trockener Weißwein. Bei pikanten bis scharfen Gerichten sollten Weine mit spürbarer Restsüße (halbtrockene bis süße Weine) gewählt werden. Curry und ähnlich aromatische Gerichte harmonieren am besten mit Muscat-Weinen und Gewürztraminern. Falls diese Speisen eine dominante Schärfe aufweisen, kann man auch einen aufgespriteten, weißen Süßwein (z. B. Muscat de Beaumes-de-Venise) wählen.

Bei geschmorten Fleisch- und Fischgerichten mit dunklen Saucen (z. B. mit Tamarinde oder Sojasauce) kann man auch zu einem Rotwein greifen. Dieser sollte fruchtig und nicht zu trocken sein.

WEISSWEIN

DEUTSCHLAND	Halbtrockener oder süßer Riesling (Kabinett oder Spätlese) aus allen Anbaugebieten, Ruländer aus der Pfalz oder aus Baden.
FRANKREICH	Tokay Pinot gris, Gewürztraminer und Muscat aus dem Elsass (bei scharfen Gerichten als Vendange tardive), Sancerre, Pouilly Fumé, Weißwein aus der Provence, Muscat de Beaumes-de-Venise, Muscat de Rivesaltes, süßer Vouvray.
ITALIEN	Sauvignon aus dem Friaul, Picolit zu scharfen Gerichten.
ÜBERSEE	Sauvignon blanc aus Australien, Neuseeland, Chile oder Kalifornien.

ROTWEIN

FRANKREICH	Corbières, Madiran, Cahors und Rotwein (mit hohem Syrah-Anteil) aus dem Languedoc-Roussillon.
ITALIEN	Barbera, Dolcetto, Amarone.
ÜBERSEE	Zinfandel aus Kalifornien, Shiraz aus Australien, Malbec aus Argentinien.

Spezialfälle

Die Wahl eines passenden Weins zu einem bestimmten Gericht entwickelt sich meistens dann zu einem schwierigen Unterfangen, wenn verschiedene Geschmäcker zu einem gemeinsamen Entschluss kommen sollten. Noch problematischer gestaltet sich die Situation, wenn mehrere Personen im Restaurant unterschiedliche Gerichte wählen, aber nur einen Wein bestellen möchten. Nachfolgend ein Beispiel:

Person 1 wählt Kalbsfilet auf Morchelrahm mit Schupfnudeln.
Person 2 wählt Filet vom Wildhasen auf Wirsing mit Walnusskroketten.
Person 3 wählt Filet vom Loup de mer, auf der Haut gebraten, mit Fenchelgratin.

Jedes Gericht für sich verdient eigentlich einen besonderen Wein. Die Aufgabe lautet aber, eine überzeugende Alternative zu finden. Für dieses und ähnliche Beispiele bieten sich Weine an, die von ihrer Struktur her sehr vielseitig sind. Sie dürfen von eleganter Frucht, aber nicht zu säurebetont und zu herb sein und sollten eine mittlere Fülle aufweisen. Weißweine dürfen ruhig etwas üppiger, Rotweine sollten nicht zu schwer und vollmundig sein.

Weisswein

Österreich	Grüner Veltliner (Smaragd bzw. Spätlese) aus der Wachau, dem Kamptal oder Kremstal.
Frankreich	Tokay Pinot gris aus dem Elsass, weißer Burgunder 1er oder Grand Cru aus einer Montrachet-Lage, Meursault oder Beaune, weißer Hermitage, weißer Crozes-Hermitage, weißer Châteauneuf-du-Pape.
Übersee	Chardonnay aus Kalifornien oder Australien.

Roséwein

Frankreich	Tavel.

Rotwein

Deutschland	Spätburgunder aus dem Rheingau oder aus Baden, Dornfelder aus der Pfalz.
Österreich	Blaufränkisch und Blauburgunder aus dem Burgenland.
Schweiz	Pinot noir aus der Westschweiz, Dôle aus dem Wallis, Merlot aus dem Tessin, Blauburgunder aus der Ostschweiz.
Frankreich	Pinot noir aus dem Elsass, Côte de Beaune-Villages, Côte de Nuits-Villages oder Dorflage von der Côte d'Or, z. B. Gevrey-Chambertin, Chambolle-Musigny, Vosne-Romanée, Volnay, Pommard, Chinon.
Italien	Merlot aus dem Südtirol oder dem Friaul, Chianti Classico.
Spanien	Rioja Reserva.
Übersee	Pinot noir aus Oregon, Pinotage aus Südafrika.

Saucen

Die Kreation von Saucen ist so alt wie die Kunst des Kochens. Ihre Blütezeit feierte die Saucenzubereitung im 17. und 18. Jahrhundert in Frankreich; damals wurden viele Saucen kreiert, die noch heute zur gehobenen Küche gehören. Nicht selten misst man die Leistung eines Kochs oder einer Köchin an der Perfektion seiner/ihrer Saucen, und oft ist es eine Sauce, die ein Gericht adelt und über das Alltägliche hinaushebt.

Die Sauce, die ein Gericht begleitet, ist ein besonderes Entscheidungskriterium für die Wahl des richtigen Weins. So sollte man auch im Restaurant regelmäßig nach der Sauce fragen, die zu den ausgewählten Speisen serviert wird, bevor man den Wein bestellt. Das hilft Enttäuschungen zu vermeiden.

Die Sauce ist ein wichtiges, aber nicht das allein entscheidende Kriterium für die Weinwahl. Die Zubereitungsart des Fleisches oder des Fisches, die Beilagen, der Wein, der vorher getrunken wurde, das nachfolgende Gericht – all diese Punkte müssen bei der Wahl des Weins berücksichtigt werden.

Wir listen nachfolgend einige der bekanntesten klassischen Saucen und die zu ihnen passenden Weine auf. Detailinformationen zu Saucen und deren Rezepten finden sich in allen guten Kochbüchern und besonders im «Kulinarischen Lexikon» von Cédric Dumont (Hallwag).

Butter- und Sahnesaucen Beurre blanc, Sauce béchamel, Sauce suprême, Sauce velouté, Sauce financière, Sauce hollandaise, Sauce divine, Sauce ivoire, Sauce mousseline.

	Weisswein
Deutschland	Trockener und halbtrockener Riesling aus allen Anbaugebieten, Weiß- oder Grauburgunder aus Baden.
Österreich	Grüner Veltliner aus der Wachau oder dem Kamptal, Weißburgunder aus der Steiermark.
Schweiz	Fendant oder trockener Malvoisie aus dem Wallis, Chasselas aus der Westschweiz.
Frankreich	Riesling oder Tokay Pinot gris aus dem Elsass, Sancerre, Pouilly Fumé, weißer Burgunder von der Côte de Beaune oder aus dem Mâcon, weißer Graves, Condrieu.
Italien	Chardonnay oder Pinot grigio aus dem Friaul, Chardonnay aus dem Südtirol oder dem Trentino.
Spanien	Weißer Rioja, Chardonnay aus dem Penedès.
Übersee	Chardonnay aus Chile und Neuseeland, Sémillon oder Sémillon-Chardonnay aus Australien.

SENF- UND MEERRETTICHSAUCEN

Sauce Albert, Sauce au raifort, Sauce dijonnaise, Sauce moutarde, Sauce Robert.

WEISSWEIN

DEUTSCHLAND	Trockener oder halbtrockener Riesling aus allen Anbaugebieten, Weißburgunder aus Baden, Sylvaner aus Franken.
ÖSTERREICH	Riesling aus der Wachau, dem Kamptal oder Kremstal.
SCHWEIZ	Johannisberg aus dem Wallis.
FRANKREICH	Riesling, Gewürztraminer oder Pinot blanc aus dem Elsass, Chablis, weißer Burgunder von der Côte de Beaune oder aus dem Mâcon, weißer St-Joseph, weißer Crozes-Hermitage.
ITALIEN	Arneis, Soave Classico, Pinot grigio oder Chardonnay aus dem Friaul, Vernaccia di San Gimignano, Weißwein aus Sizilien.
SPANIEN	Albariño aus den Rías Baixas.
ÜBERSEE	Chenin blanc aus Südafrika, Sémillon oder Sémillon-Chardonnay aus Australien, Chardonnay aus Chile oder Neuseeland.

ROSÉWEIN

DEUTSCHLAND	Spätburgunder Weißherbst aus dem Rheingau oder aus Baden.
SCHWEIZ	Œil-de-Perdrix.
FRANKREICH	Tavel, Rosé aus Cassis, von den Côtes de Provence oder den Coteaux Varois.
SPANIEN	Rosé aus dem Penedès oder aus Navarra.
ÜBERSEE	Zinfandel rosé aus Kalifornien.

ROTWEIN

DEUTSCHLAND	Spätburgunder aus Baden oder dem Rheingau, Lemberger aus Württemberg, Dornfelder aus der Pfalz.
ÖSTERREICH	Zweigelt oder Blaufränkisch aus dem Burgenland.
SCHWEIZ	Dôle aus dem Wallis, Pinot noir/Blauburgunder aus der ganzen Schweiz, Merlot aus dem Tessin.
FRANKREICH	Pinot noir aus dem Elsass, Chinon, Côte de Beaune-Villages, Savigny-lès-Beaune, Aloxe-Corton.
ITALIEN	Valpolicella Classico, Barbera, Teroldego oder Lagrein aus dem Trentino bzw. Südtirol, Merlot aus dem Südtirol oder dem Friaul.
SPANIEN	Rioja Crianza, Navarra.
ÜBERSEE	Merlot aus Chile, Pinotage aus Südafrika.

KRÄUTERSAUCEN

Sauce à l'estragon, Sauce béarnaise, Sauce chasseur, Sauce Chivry, Sauce Colbert, Sauce lyonnaise, Sauce vénitienne, Kapernsauce, Kräuterbutter.

WEISSWEIN

DEUTSCHLAND	Trockener und halbtrockener Riesling aus allen Anbaugebieten, Weiß- oder Grauburgunder aus Baden, Sylvaner aus Franken.
ÖSTERREICH	Riesling und Grüner Veltliner aus der Wachau oder dem Kamptal, Weißburgunder aus der Steiermark.
SCHWEIZ	Fendant oder Johannisberg aus dem Wallis, Riesling × Sylvaner aus der Ostschweiz.

Frankreich	Riesling und Pinot blanc aus dem Elsass, Sancerre, Pouilly Fumé, Savennières, weißer Burgunder von der Côte de Beaune oder aus dem Mâcon, weißer Graves, Condrieu.
Italien	Arneis, Gavi di Gavi, Soave Classico, Chardonnay oder Pinot grigio aus dem Friaul, Chardonnay aus dem Südtirol oder dem Trentino, Vernaccia di San Gimignano.
Spanien	Weißer Rioja, Chardonnay aus dem Penedès, Albariño aus den Rías Baixas.
Übersee	Sauvignon aus Chile und Neuseeland, Chardonnay aus Chile und Neuseeland, Sémillon oder Sémillon-Chardonnay aus Australien, Chenin blanc aus Südafrika.

Roséwein

Deutschland	Spätburgunder Weißherbst aus dem Rheingau oder aus Baden.
Schweiz	Œil-de-Perdrix, Federweißer.
Frankreich	Tavel, Rosé aus Cassis, aus den Côtes de Provence oder den Coteaux Varois.
Spanien	Rosé aus dem Penedès oder aus Navarra.
Übersee	Zinfandel rosé aus Kalifornien.

Fischsaucen und Saucen von Schalen- und Krustentieren

Fischsaucen und Saucen von Schalen- und Krustentieren Sauce Nantua, Sauce américaine, Sauce aux anchois, Sauce Bercy, Sauce cardinal, Sauce diplomate, Sauce genevoise, Hummersauce, Sauce Joinville, Sauce marinère, Sauce normande.

Weisswein

Deutschland	Trockener Riesling aus allen Anbaugebieten, Weißburgunder aus Baden.
Österreich	Trockener Riesling aus der Wachau, dem Kamptal oder dem Kremstal.
Frankreich	Riesling aus dem Elsass, Sancerre, Chablis, Pouilly Fumé, trockener Weißwein aus Anjou und Saumur (Savennières), Muscadet de Sèvre-et-Maine, weißer Graves, Entre-Deux-Mers, Condrieu, Weißwein aus der Provence (Cassis und Palette).
Italien	Sauvignon blanc oder Pinot bianco aus dem Friaul, Soave Classico, Orvieto Classico.
Spanien	Albariño aus den Rías Baixas.
Portugal	Vinho verde (Alvarinho).
Übersee	Sauvignon blanc aus Australien, Neuseeland, Chile oder Kalifornien.

Roséwein

Schweiz	Œil-de-Perdrix.
Frankreich	Rosé aus Cassis, den Côtes de Provence oder den Coteaux Varois.

Pikante Saucen Sauce aurore, Sauce bretonne, Sauce Choron, Sauce diable, Sauce portugaise, Sauce provençale, Tomatensauce.

Weisswein

Deutschland	Trockener oder halbtrockener Riesling aus allen Anbaugebieten, Weißburgunder aus Baden.
Österreich	Riesling aus der Wachau, dem Kamptal oder Kremstal, Weißburgunder aus der Steiermark.
Frankreich	Riesling, Gewürztraminer oder Pinot blanc aus dem Elsass, trockener Vouvray, Chablis (Dorflage), Entre-Deux-Mers, weißer Châteuneuf-du-Pape, Weißwein aus der Provence.
Italien	Arneis, Gavi di Gavi, Sauvignon blanc aus dem Friaul, Soave Classico, Orvieto Classico.
Spanien	Weißer Rioja, Albariño aus den Rías Baixas.
Übersee	Sauvignon blanc aus Australien, Neuseeland, Chile oder Kalifornien, Chenin blanc (Steen) aus Südafrika, Sémillon oder Sémillon-Chardonnay aus Australien.

Roséwein

Frankreich	Rosé aus Cassis, den Côtes de Provence oder den Coteaux Varois.

Rotwein

Deutschland	Spätburgunder aus Baden oder dem Rheingau, Lemberger aus Württemberg, Dornfelder aus der Pfalz.
Österreich	Zweigelt aus allen Anbaugebieten.
Schweiz	Dôle aus dem Wallis, Pinot noir und Gamay aus der Westschweiz, Ostschweizer Blauburgunder.
Frankreich	Pinot noir aus dem Elsass, Côte de Beaune-Villages, Beaujolais-Villages, Chinon, Rotwein aus dem Languedoc.
Italien	Valpolicella Classico, Merlot aus dem Friaul, Barbera, Teroldego oder Lagrein aus dem Trentino bzw. Südtirol, Chianti Classico.
Spanien	Rioja Crianza, Navarra.

Braune Saucen zu Fleisch (Schwein, Rind, Kalb, Lamm) und Geflügel Sauce brune, Sauce espagnole, Sauce madère, Sauce Périgueux, Sauce périgourdine, Sauce bordelaise, Sauce bourguignonne, dunkler Fleischfond.

Weisswein

Deutschland	Grauburgunder Spätlese aus der Pfalz oder aus Baden.
Österreich	Grüner Veltliner aus der Wachau oder dem Kamptal.
Frankreich	Tokay Pinot gris aus dem Elsass, reifer weißer Burgunder von einer der Montrachet-Lagen oder ein Meursault Premier oder Grand Cru, weißer Hermitage, weißer Châteauneuf-du-Pape.
Italien	Chardonnay oder Pinot grigio aus dem Friaul, Chardonnay oder Pinot grigio aus dem Südtirol oder dem Trentino.
Spanien	Chardonnay aus dem Penedès.
Übersee	Chardonnay aus Chile, Australien oder Kalifornien.

Rotwein

Deutschland	Spätburgunder (Spätlese) aus Baden oder dem Rheingau.
Österreich	Blaufränkisch oder St. Laurent aus dem Burgenland.
Schweiz	Merlot aus dem Tessin.
Frankreich	Roter Burgunder aus einer Dorflage, 1er oder Grand Cru der Côte d'Or (Vosne-Romanée, Vougeot, Pommard und Volnay), Haut-Médoc Cru Bourgeois oder Cru Classé, Graves, St-Emilion Grand Cru oder Grand Cru Classé, Pomerol oder ein anderes Bordelaiser Gewächs, Rotwein aus der Touraine (Chinon und Bourgueil), aus dem Madiran oder Cahors, Côte Rôtie, Hermitage, Cornas, Châteauneuf-du-Pape, Gigondas, Vaqueyras, Provence und Languedoc.
Italien	Barolo und Barbaresco, Merlot und Cabernet Sauvignon aus dem Südtirol, Chianti Classico Riserva, Brunello di Montalcino, Rosso di Montalcino, Vino Nobile di Montepulciano, Vino da Tavola aus der Toskana («Supertoskaner»).
Spanien	Rotwein (Reserva oder Gran Reserva) aus den Regionen Penedès, Priorato, Ribera del Duero, Navarra und Rioja.
Übersee	Cabernet Sauvignon aus Kalifornien, Australien, Südafrika oder Chile, Malbec aus Argentinien, Merlot aus Chile, Kalifornien oder Südafrika.

Braune Saucen zu Wild Sauce chevreuil, Sauce grandveneur, Pfeffersauce, dunkler Wildfond.

Weisswein

Frankreich	Tokay Pinot gris (auch Vendange tardive) aus dem Elsass, weißer Hermitage, weißer Châteauneuf-du-Pape.
Italien	Trockener Vin Santo.
Übersee	Reifer Chardonnay aus Australien oder Kalifornien.

Rotwein

Österreich	Blaufränkisch oder St. Laurent aus dem Burgenland.
Schweiz	Merlot aus dem Tessin, Humagne rouge aus dem Wallis.
Frankreich	Roter Burgunder von der Côte d'Or (Gevrey-Chambertin, Vosne-Romanée, Nuits-St-Georges, Vougeot, Pommard, Volnay), Rotwein aus der Touraine (Chinon und Bourgueil), aus dem Madiran und aus Cahors, von der Côte Rôtie, aus Cornas, Hermitage und Châteauneuf-du-Pape, Gigondas und Vaqueyras und aus der Provence (Les Baux, Bandol).
Italien	Barolo oder Barbaresco, Amarone, Lagrein aus dem Südtirol, Chianti Classico Riserva, Brunello di Montalcino, Vino Nobile di Montepulciano, Pinot nero aus der Toskana.
Spanien	Rotwein (Reserva oder Gran Reserva) aus den Regionen Penedès, Priorato, Ribera del Duero.
Übersee	Pinot noir aus Oregon, Shiraz aus Australien, Merlot aus Chile oder Kalifornien, Malbec aus Argentinien.